アジア地域文化学叢書2

アジア地域文化学の発展

―21世紀ＣＯＥプログラム研究集成―

早稲田大学アジア地域文化エンハンシング研究センター編

アジア地域文化学の発展　目次

はじめに

私たちが「アジア地域文化学」を標榜して、二〇〇二年に開始した東アジア諸地域の文化・社会、歴史の研究は、今年で5年目を迎えることになった。その間、八拠点の参加メンバーとその助手、大学院生を中心に、アジアの各地で地域に根ざした調査研究を展開してきた。研究方針として、外国研究機関との共同研究を謳い、教育においては、助手、大学院生の学位取得を重要なテーマに掲げながらの五年間であった。

今までに三回の国際シンポジウム（二〇〇三年、二〇〇四年、二〇〇五年）をはじめ、八拠点それぞれ個別に実施した研究集会などにおいて、調査研究成果を公表してきた。また当エンハンシング研究センターの月例の「若手研究者発表会」を加えると、成果発表会だけでも、数十回を超えることになるだろう。

一口に「アジア地域文化学」といっても、そこには東洋史学や日本史学、考古学、人類学、美術史、東洋哲学、中国文学などの峻別された個別ディシプリンが鼎立している。これまで個別科学として分断された各ディシプリンは、もちろんそれだけでも立派な成果を多く生み出してきたが、ここに学際的な一大プログラムが立ち上がると共に、互いの壁を乗り越えて、相互に関連した分野間で連携の機運が醸成されてきた。すると、今まで個別専門研究では無関心であったもの、あるいは関心の薄かったものが反対に強く意識されるようになった。それは境界領域だけではなく、本来ならば、他の専門分野に属することであっても、自分の専門領域との関わりの中で学術的な関心を喚起したのである。八拠点が集合してひとつのチームに凝集すると、互いに各自が他者との関係性を問い直すからであろう。この営為を抜きにして学際的研究は成立しないであろう。

学際的共同研究は、もちろん個々の専門分野からの真摯な議論と、異なる専門分野間の緊密な連携によって成立する。

しかし、アジア学のように余りにも広漠な領域では、未開拓分野が大きすぎて、当アジア地域文化エンハンシング研究センターの全メンバーを糾合したところで、その部分を嘗めるだけで終始するに違いない。数千年に及ぶアジアの歴史・文化をたった五年間で解明しようなどと、大それた考えはもとより懐いてはいない。しかし、それでも共同研究は、個人研究よりはるかに展望の開けた実り多い研究が期待できることも確かである。一人の研究者が茫々たる歴史の砂漠を歩むことの寂寥と無味乾燥を考えていただきたい。

私たちは、そのような刻苦を重ねて学問の道を切り開いた多くの先人たちを知っている。私たちの学問と研究は、彼らが営々と築いた学問的基盤の上に成り立つといってよいだろう。それらに対して、われわれの学問はいかほどの貢献をなすだろうか、と自問せざるをえない。軽々に先人の学恩に安座するわけではないが、早稲田大学をはじめ多くの斯学の先輩たちが築いてきた確固たる学問に対して、さらなる一ページを加えたいと願うは、COEに関わった研究者達の共通の願いである。

五年間の研究成果は、今年から来年にかけて、全一〇巻にわたって刊行される予定である。本巻は、今年三月に刊行された『アジア地域文化学の構築―二十一世紀COEプログラム研究集成―』に続く第二巻目である。本巻では、当COEの主要な研究課題である「アジア地域文化学」について、さらに研究を発展させている。中華帝国の築いた「東アジア世界システム」は、いみじくも十六世紀以来の、西洋に起こったより広範な「近代世界システム」によって凌駕されてしまった。それは前近代の東アジア世界を根本的に転換する出来事であった。「近世・近代との相克」とは、まさに中国を中心とした東アジアの運命的な課題であることが理解される。それまで中華世界を中心にして、東アジアは小さくともひとつの「世界システム」を構築していたのである。世界システム間の相克とも換言できる。それから2世紀を経た現在、東アジアは域内の経済的・政治的相互関連が促進され、東アジア地域として世界的に注目されるまでに成長した。それを踏まえて、近世・近代史がつなぐ当該地域の歴史を、現代史的な意味において問いかけ直す気運は日増しに高まっているのだと思う。それには、どうしても前近代の「東アジア世界」なるものを明らかにする必要があり、中華帝国システムの成立と展開にまで筆先を伸ばす必要がある。それを秦漢の古代に遡って検証するのが本巻の狙いである。

ご多忙の中、ご寄稿いただいた十一名の先生方には、この場をお借りして篤くお礼を申し上げたい。また編集作業にあたっては、多々ご迷惑をおかけいたした雄山閣の宮田哲男氏にお礼を申し上げる次第である。

第二巻編集代表者（高橋龍三郎）

アジア地域文化学の発展——総　論

高橋龍三郎

一　地域研究と今日的課題

私たちが、中国を中心とする東アジア地域の古代文化、社会、歴史を全体的に研究する理由は、それぞれの小地域における歴史的展開を、他地域との関係を通じて、いわば歴史の中核地域と周辺部との比較の中から俯瞰しようとするからに他ならない。中国の歴史だけではアジア全体を論じるには不十分だし、またその影響を受けた周辺部だけの様相だけでも不十分である。それらは個々にみれば、同じ歴史現象の部分的反映にすぎないのであって、総体を全体的過程に正当に位置づけることによって、初めて個別を超えた関係性の中に、諸文化・諸社会を対置することが可能になるのである。

山野河海といえども、社会関係の障壁とはならないことは、古代・中世日本と大陸部との関係をみても明らかである（村井一九九七）。自然・人為の境界によって分断された小地域の歴史・文化研究はもち論大切な研究対象であるが、しかしそれだけでは、個別研究に偏せざるを得ない。東アジア全体を一本の樹木に喩えるならば、幹から枝葉にいたるまでの詳細を観察して、根幹と枝葉の関係における構造的・機能的関係が歴史的連鎖体として把握されたならば、大樹の全体を俯瞰できるであろう。ここでは、歴史を中核地域だけの現象として矮小化せずに、末端の周辺地域までを総合的に含めて理解することが東アジア地域における研究の重要課題となる。

従来の研究では、ともすれば中核地域とその周辺部に展開したマージナルな文化・社会との対置が、支配と従属というような、一面的な視点で捉えられてきたことは否めない。このような視点は、結局は中核地域と周辺部地域の優劣関係だけを証明するだけで終始しがちである。過去にそのような研究の歴史を我々は持っている。圧倒的なハードパワーに基づく一方的な支配と従属という国際関係は、東アジアでは歴史上数少ないのであって、おそらく近代以後の西欧列強による帝国主義的植民地支配以後のことであろう。むしろ近代以前では、東アジアの世界観に基づく冊封的秩序関係の中に、地域的ヒエラルヒーとして構造づけられ包摂されたのである。

このように、広範囲な研究主題を取り上げる限りにおいては、中核地域も周辺地域も論理的全体の一部であって、それぞれは、現象の起こりえた地理的範囲の差異と呼べるものである。もとより周辺部においても、現象の末端部への波及という点で、二次的、従属的な位置づけがなされることが多いが、その従属的といえる歴史的立場を強調するだけでは、対極にあるもう一方の主体者の視点を述べるのと同等で、その意味では歴史的エスノセントリズムに陥りがちである。そこには、なぜ、どのようにして、そのような中核―周辺部的関係が築かれたのかについての重要な解答が見えてこないのである。

むしろ反対に、周辺部では、中核的地域の動態の波及を受けて、文化・社会変容を受けつつも、それに対して積極的・主体的に関わった歴史的主体者群がおり、その舞台も確かに存在したのである。

二　アジア研究の意義

「専制と停滞的アジア」像が過去のオリエンタリズムの中で結晶したころ、アジアは欧米的な規範からあまりにも逸脱した地域で、歴史的な後進性に基づくものとして理解された。「アジア的専制と停滞」、「儒教」、「官僚」などは、この地域の象徴的キーワードであった。これらの後進性は、憐れむべき隣人に対して啓蒙主義の視点から恩恵を施すに足る存在にしか映らなかった。したがって欧米的な規範と制度を導入することによって、その欠点は補正されると信じられた。これは東アジアの伝統社会を見た十八世紀以後の知識人たちの見方である（原二〇〇三、佐伯二〇〇三、子安二〇〇三）。しかし、それから一〇〇年余を経て、アジア観はどう変わったであろうか。

アジアに住む人々は、日常の世界で、経済分野では生計活動をし、社会の中で地域的紐帯を結び、親族社会の中で責任を果たし、また信仰と宗教活動を通じて精神的紐帯を強めている。このように人は誰でも多面的な属性を帯びている。誰彼を問わず、この統合的領域から逃れるものはおらず、経済活動のみ、あるいは地域活動のみ、宗教だけで生きている人は皆無であろう。文化・社会とは、そのような部分の組織的な総合であって、決して断片の単なる寄せ集めではない。そこに、組み合わせや統合のありかたに多様性があり、その背景に応じてその地域の文化の特性や社会の特性が存する。それらは地域性だけでなく、時代性によってもあり方は変わってくる。ヨーロッパに独特の組み合わせがあるように、アジアにはこの地域独特の伝統的文化と社会が長く存続した。それは、歴史的過程を通じて、様々な淘汰を経て、文化、社会的に適応したからに他ならない。変革を必要とするなら、どの部分をどの程度組織的に変革する必要があるのかを、文化・社会的な検討を経て生み出された地域社会からの回答こそが眼前の地域文化なのである。

欧米と対比して、欧米にはそれよりも新しいものがあるからといって、アジアの後進性を指摘するにとどまるならば、もはやそれ以上の議論を積み上げることは不可能である。むしろ、歴史的残滓のように見える伝統的制度や文化・社会規範は、それが現在も機能しているからこそ存在するのであって、その文化的・社会的なコンテクストを読み解き、適応的意義を研究するところから始まるのである。

また、二〇世紀の後半期まで見られたことだが、アジア内部での機能と社会的側面を分析せずに、いきなり欧米で確立した文化理論なり歴史観を援用して、アジアの文化と歴史、社会を跡付け、人類社会普遍の歴史として位置づけるならば、もはやアジアを研究する意味はない。むしろ、人類史的な一般性と、地域に根ざしたアジアの特殊性は、あらゆる地域の歴史と文化の場合と同様に、特殊性が出現する内的、外的要因を、生態学的視点、歴史学的視点から相対的に明らかにすることが肝要になる。そこで初めてアジア研究は重要な意味を持ってくる。欧米文化・社会との比較の意味もそこにあるだろう。

三　アジア地域エンハンシング研究の方向性

五年前に、本研究がスタートした時点の学術的スタンスは、東アジアを中心として、方法としての「地域研究」、証明方法としての「四川モデル」、地域エンハンシングの象徴としての「海外共同研究」であった。野外調査を基本として、文献にも現れぬ仔細な資料を収集し、それをデジタル化して蓄積する方針が決定されたのである。設定された文化・社会生態学的枠組みは、前巻においてすでに近藤一成氏が学史を踏まえて論理的に構想化している（近藤二〇〇六）。近藤氏がいうように、松田寿男の構想した自然生態学的アジアと、栗原朋信がいう古代東アジア世界の秩序化された構造体系とを共に包摂した統合モデルこそが、考究すべき学術的テーマであろう。

それらの個別の詳細は、今年中に順次出版される『早稲田大学二十一世紀ＣＯＥ地域文化エンハンシング叢書』に明らかにされるのでそれに譲るが、統合的基本的課題であり、八拠点の研究の収束点でもある「四川モデル」について、まず検討してみよう。そして、現今、歴史科学、経済史的視点から言及が続くウォーラー・ステインの世界システム論、世界帝国論、グローバリゼーション論と関連付けて、その関係性について明らかにしてみよう。

四　四川モデル

本ＣＯＥで基本的スタンスとして取り上げ、工藤元男氏が唱導する「四川モデル」は、基本的に二つの構成要素から編成されている。第一は、秦漢帝国の支配下に置かれた四川地域が、政治・経済・社会・文化的に大きな影響を受けて従属する過程で、中華帝国皇帝の「徳」と「礼」および「法」による古代東アジア独特の統治理念と統治体系が重要な役割を果たしたこと、さらに支配圏を内と外に区分し、内の臣下を内臣、外の臣下を外臣とする国際秩序を戦略的基盤としたことである。内臣（中央政府の百官、郡県の官吏、封建諸侯等）には皇帝の徳・礼・法が直接及び、外臣の地域では外臣となった君主に対してのみ徳・礼・法が及ぶ。しかし、その統治下にある族民には及ばない。しかし外臣になっても「礼」を軽んずれば罰せられ、たえず内臣化される危険にさらされる。そのような理念と戦略にしたがい、外臣から内臣化へのプロセスをへて、結局、征服され滅ぼされて郡県化されるモデルこそが「四川モデル」の主柱であろう。第二章で工藤氏が述べるように、中華帝国の論理に従って、外臣が内臣化され、そのような支配と従属の関係に置かれた例は非常に多いのである。

第二は、帝国化のプロセスを経て、あらたな地域文化が胚胎生成する過程を、支配と従属に続く一連のプロセスとして描く点である。秦は固有の領土（故秦の地）を越えて巴蜀の地を初めて占領下においたが、そのために巴蜀の地は秦化され、三星堆文化や十二橋文化にみられる固有の地域文化は消えていった。しかし、古代四川地域は秦漢帝国に編入された後、統一帝国内での人的・物的・情報的交流が盛んになり、本来の四川地域の文化は消滅し大きく変容したものの、帝国を媒介として他地域との文化交流を経て、二次的な、新たな地域文化が生成したと見るのである。

このように工藤氏の四川モデルは二つの構成要素から編成されるが、古代中国の歴史過程における「中華帝国モデル」と換言することができよう。工藤氏が明確に定義しているように、秦漢時代の中核地域の政治経済的・文化的・社会的影響力が、隷属する周辺部の四川地域において、支配と従属の対置的な関係において直裁的な影響力を持つと措定する点で、従来の「従属理論」に近いかもしれない。

一方、古代の各王朝があるサイクルをもって盛衰を繰り返し、その都度東アジア全体に亘る広範囲な帝国を築いたこと、それとは対極的に周辺地域としての四川地域文化は一旦は消滅するものの、中核地域と周辺部との有機的な関係を通じ、形と装いを変えて改めて復興し、新たな地域文化として登場する点は、ウォーラー・ステインの「世界システム論・世界帝国論」と同じ思考的枠組を共有している。

本ＣＯＥプログラムは、中核地域たる秦漢帝国の直接的・間接的影響力によって、四川地域が変革され中核に編入されて、やがて秦漢化される歴史的軌跡を、仏教美術・中国史・中国文学などを通して明らかにするのである。

工藤氏が進める長江流域文化研究所は、成都平原に形成された巴蜀文化の形成過程と民族との関係、および秦漢帝国成立以後の巴蜀文化の変容過程を検討する。大橋一章氏らの奈良美術研究所は、仏教東伝の新たなルートとして四川に入った仏教美術が独自の地域様式を形成する過程を検証する。稲畑耕一郎・岡崎由美氏らの中国古籍文化研究は、四川を中心とした都市巷間の年画などの印刷資料によって、庶民文化の生成・流布・変遷・交流の諸相を検証することを目的としている。こうして再構築されたいわゆる四川モデルは、さらに生態学的に区分される西北（オアシス地帯）、北方（草原地帯）、北東（森林地帯）、東南（亜熱帯・熱帯）における地域文化と比較検討することによって、東アジア前近代社会における中国文明と地域文化の諸相を明らかにすることができる。

このように四川モデルとは、一見、理論的な枠組みを提供する方法論に過ぎないように見えるが、これは秦漢帝国時代以後に具体的に様々な地域で生起した実像でもある点も見逃すことが出来ない。

古代国家中核地域の成立と崩壊、地域文化・社会の再編と地域伝統の復興とは、中国では、秦漢帝国の昔から隋唐帝国を経て、以後に何度と無く繰り返された歴史である。その意味で、ウォーラー・スタインの世界システム論、世界帝国論の論理的枠組みと重なる点が多い。もちろん中華帝国が一度も崩壊しなかったなどといっているのではない。唐代の九世紀末から一〇世紀にかけては、相次ぐ農民の逃戸や蜂起、「安史の乱」などの軍事政治的混乱に陥いり、明らかに崩壊の過程を歩んだのである（布目・栗原一九九七）。しかし、そのような断絶が例外的であるほど、中国は古代から中世を経て「中華帝国」を連綿と継承せしめた地域といっても過言ではない。

五　世界的視点とモデル化

ウォーラー・スティンは、十六世紀の世界初の世界経済システムの確立を論じて、英国の先進的な資本主義経済が、中核地を遠く離れたインドのような周辺部、半周辺部を国際的分業体制の中に巻き込んで引き起こされた汎世界的な現象だと捉える。それは当時の国際社会を個々の主権国家の単なる集合と考えるのではなく、「資本主義的世界経済」という大きな枠組みの中で捉えることによって、その世界システムがもつ歴史や動態を長期的サイクル、トレンドの法則から説明しようとするものである（I・ウォーラー・スティン一九七〇）。その意味では「一国単位の分析」から先進諸国の近代化過程のプロセスを概念化した近代化論に対するアンティテーゼであるといえる（大庭二〇〇五）。

中核地から遠く離れて、まったく影響下にないと考えられた周辺部すらも、その歴史過程から孤立を保ちえず、その一端を担ったことを論証したわけだが、彼は中核地域、半周辺部、周辺部という三つの地域分業からマージナル化を説明するための地域設定を行う。また、彼はシステムが無限に拡大され繰り返されることのない、いわば有限で明確な崩壊を伴う必然的な現象として捉える。

ウォーラー・ステインは、広範囲で包括的な経済現象としての「世界経済」と併置して「世界帝国」を挙げている。その中に古代エジプト、バビロニア、古代中国などを挙げている。中国では秦漢帝国や隋唐帝国がそれに列せられることになろう。ウォーラー・ステインの理論的枠組みを、古代中国を検証の場として検討する試みもいずれ必要になるであろう。

「四川モデル」は、秦漢帝国以来の古代帝国が、「中華思想」と「王化思想」に基づいて東アジア全体に版図を拡大し、民族的にも文化的にも異なる周辺的文化社会を中華的序列の中に初めて包括したモデルである。版図に加えられた人々、国々は、その拡大された世界システムに巻き込まれたことを、支配関係と中華的序列を通じて意識したはずである。その意味で、世界帝国論は、かなりの部分で四川モデルと整合面を有するといってよい。

ただし、工藤氏の議論がネオ・マルキシズムとしてのウォーラー・ステインと同一で経済決定論であるというのでは無いことは指摘しておく必要がある。むしろ古代中国に特徴的な中華思想や王化思想の論理的媒介を通じて、中核と周辺部の関係を統合的に分析する視点を提供するもので、ウォーラー・ステインと「思考の枠組み」を共有するのである。この立場は、近年では歴史学だけでなく、考古学などにおいても多くの地域に応用されている。

六　古代版世界システム・世界帝国論

ギレルモ・アルゲイズは、著書『ウルク・エクスパンション』の中で、紀元前四千年期の第二半期に起こった、ウルクの居住の拡大について、ウォーラー・ステインと同様の視点から、西アジアの歴史展開を描いている（G. Algaze1987）。ウルク期における周辺部の拠点は、殆ど川を横切る内陸部の大きな交易路に沿って位置していた。それらの経済的拠点は、チグリス川、ユーフラテス川間内陸部に多数点在する。交易路の拠点として位置し、またメソポタミアを通じて統制された経済的交易拠点であったと考えられる。ウルクの拡大した居住はただ単に政治的な理由に基盤を持つのではなく、経済的な理由に基盤を持ち発達したと考える。アルゲイズが注目するのは、中核となるウルク文明がどのようにして、領域を確保し、経済的物資を得て、住民から貢納を受け取るのに、周辺部をどのように位置づけ対処したのかという問題である。アルゲイズは自らのウルク・エクスパンションに関する理論の背景として、多くのメソポタミアの遺跡から出土した多くの考古学的資料を駆使している。メソポタミアでは、ウルク・スタイルの土器片や、ウルク・スタイルの後に続く建築や出来事などの資料が多くの遺跡から発見される。これらの周辺部の遺跡が、真のウルク文明の拡大を意味するのではなく、ウルクに向かう交易路の中継所で、それらの経済的物資をコントロールするための結節点であることを見出した。それらの交易拠点を統制するために、ウルク・スタイルの建築や様式が持ち込まれただけで、それらは決して真のウルク文明が拡大し、中核化したことの証拠ではない。これは帝国が中核と周辺部の有機的な経済関係のなかで、連鎖的な序列構造を形成せしめた結果と考えるわけである。

この他にも、古代帝国の成立と発展、崩壊について、世界システム論からの理論を援用したものもある。古代アメリカのミシシッピ文化では、「カホキア」や「マウンドビル」など、巨大な土盛りマウンドに象徴される「首長国」段階の地域文化が、ミシシッピ川沿いに多数発見されている。それらの形成と崩壊を、ウォーラー・ステインの世界システム論・帝国論から読み解く研究者も多い（Peregrine, P. 1991、Sanderson,S. K. 1991）。これらでは、いったん立ち上がった文明や、首長国が頂上を極めた後に、崩壊してまた小さな地域伝統に逆戻りする傾向が強い（菊池他二〇〇六）。

このように、近代の「世界システム」論的解釈を、古代世界に遡らせて論じるのは、中核的地域の検討だけでは、歴史的な全体像が見落とされかねないからである。中核と地域的な周辺部を単に対置するのではなく、連鎖的な有機的統合体として認識することで歴史的なダイナミズムを描き出すからであろう。

七　現代のグローバリゼーションと東アジア

ＩＴ技術の発達と世界的普及によって、現代世界は瞬時のうちに情報を共有できるようになった。また交通手段の時短化により、瞬時のうちに人々は世界中に移動・拡散することができるようになった。それにより、共通の情報基盤に基づいて、世界のどこで何が起こっているのかを同時に把握し処理できるようになった。これらはアメリカなどの先進国が先導し、各種の標準と規格を設定して発展途上国に押し付け、そのために発展途上国や異なる宗教・価値観を有する集団との間に大きな文明間の摩擦と軋轢・衝突を生み出して、ますます両者間の懸隔が大きくなると信じられている（S・ハンチントン二〇〇〇）。画一化のために、各地域の文化的独自性は奪い取られ、アメリカ発の世界標準が世界中を席巻すると危惧されている。しかし、実態はどうであろうか。近年起こった様々な出来事は、世界的統一に向かうことのない、新たな地域主義と排他主義を生み出していることから判明するように、決して世界の画一化を意味するのではない（J・ナイ二〇〇〇、青木二〇〇三）。その原因は、世界標準の規格化が進展し、価値観の画一化などを通じて新たな文化、社会が生成する過程で、在来的な文化・社会の伝統をベースにして組み立て直すからである。だからこそ、ＩＴ産業が日本の国策として最も重要な産業として位置付けられても、尚日本文化が欧米的合理性に染まることなく、かえって日本独自の文化・社会を顕現化しているのである。在来的文化・社会の伝統は、拭い難くその後の社会のあゆみに影響を与えるのである。その過程は改めて検討する必要があるが、そのような世界システム、グローバリゼーションの古代バージョンを東アジアの歴史はもっているのである。十八世紀に伝統的な冊封的国家体制を止められ、ヨーロッパ列強の「世界システム」の前に屈した中華帝国（中華世界システム）が、それから百数十年の雌伏を経て近代化を遂げ、今日の資本主義絶頂期に改めて「アジアの宗主」として、個性豊かに再登場してきたのもその好例であろう。

現在世界には、経済的に中核となる地域が三箇所ある。北米大陸の米国・カナダ・メキシコからなるNAFTA（北アメリカ自由貿易協定）とヨーロッパのEU、そして中国・日本・韓国・ASEAN諸国を中核とする東アジアを地域である。それらの地域は、グローバリゼーションの大きなうねりの中で、地域としての独自性を強めながら、互いに競覇的な地域連合を形成しているのである。

先に述べたように、中国の古代帝国を中心とする古代東アジア世界の歴史的動態は、古代版のグローバリゼーションであって、中核地域におけるヘゲモニーの確立と崩壊、周辺部における従属と変容・復興の歴史でもある。時間の経過と勢力の衰退に伴い必ず在地的文化・社会の復興を見るのである。その姿を現代とダブらせて考えることは、近現代史との関係において重要な意味を持っている。

八　秦漢の冊封体制と周辺地域

本巻では、中国と朝鮮半島、日本列島、東南アジアを含めて展開した古代から中世、近世の東アジア世界についての考察を収録している。敢て現代流に言い換えるならば、「中華世界システム」の考察ということになろう。ここでは、本COEの研究スタンスに基づきながら、本巻の構成と内容について瞥見してみよう。

秦漢帝国が押進めた冊封「郡県支配」、「郡国支配」が、基本的に「中華思想」と「王化思想」を基盤として、具体的には朝貢と官爵賜与によって成立していたことは事実である。東アジアの安定と秩序はまさしくこの冊封体制上に構築されたものである。しかし、秦漢は時には帝国的武力に訴えて、服さぬ王侯（外臣）や蛮夷を力ずくで討伐し、版図に編入することも多かった。外臣から内臣への編入は、皇帝支配の冊封体制では、しばしば見かける事態であった。

これと関連して、巴蜀の地が秦漢帝国によって征服され領土に編入されたにもかかわらず、朝鮮半島や南越の故地を含むベトナムでは、同様に前漢の郡県支配に組み込まれながらも、後に民族国家を立ち上げた事実に注目する工藤元男氏は、前漢帝国が百越世界を征服する過程を分析する（第二章工藤論文）。

秦漢は北方の匈奴に対して特に国境を固めるとともに、西南においては、越や南越に対して冊封体制を堅持するために、入朝を促し招撫しようとした。しかし、病気などを口実に朝貢しない王侯もいた。それらに対して、秦漢は、派遣した特使の調停が失敗すると、軍隊を送って攻撃したのである。それらは郡県の内部に組み込まれ直接の支配を受けることを意味する。工藤氏が分析したのは、越、南越と秦漢帝国との冊封関係、敵対関係である。特に南越国は、秦が滅ぶとともに趙佗を武王としていただいたが、後に「南越武帝」を称帝した。一旦は漢の説得に応じて元の「武王」に戻るが、国内的には「南越武帝」を僭称した。そのため漢から問責され、やがて反撃を受けることになる。趙佗と趙胡、趙嬰斉、興の4代の南越王の後に、漢の内臣化に反旗を翻した呂嘉の乱に乗じて、漢は総攻撃を開始し南越を撃破した。その後、南海、鬱林、蒼梧、交趾、合浦、九真、日南の七郡を置き、これを漢の支配下に組み入れたのであった。服従を拒否したり、「置吏入朝」を拒否すればたちまち攻撃され、内臣化されて漢土に編入される。これこそが、先鋭化した漢帝国のとった途である。工藤氏の「四川モデル」が最も顕著に一般化される地域でもある。

秦漢の中核地域と周辺部との関係はいかがでろうか。朝鮮半島と日本列島を含む周辺部は、当時朝貢国として冊封されていた。体制に巻き込まれて、多くの葛藤、対峙を経ながらも、それらの朝貢国は、中華文明に浴しながら自らの体制を整備していった。

李成市氏は、秦漢の郡県制に基づく朝鮮半島の直接支配が、高句麗の伝統文化と社会を大きく変容せしめたが、四世紀以後の半島南部への対外的発展を機に、新羅、百済、加耶、倭にも高句麗の文化が波及する点に注目し、高句麗の政治秩序や法が周辺諸国、諸民族に与えた影響を、官位制、大王補弼制、律令、地方統治制度などの視点から分析する（本巻第三章李成市論文）。古代国家の国内秩序は「官位制」によって裏打ちされるが、高句麗、百済、新羅では、官位が衣・冠・帯などで可視的に表現する点は共通しており、高句麗の官位十三に基礎として、諸国は官位制度を整備していく。推古朝の冠位十二階も、高句麗の影響下で成立した。新羅の「上大等」（マカリタロ）は新羅国家の王の臣下としてランクされる職位であったが、これは高句麗の「大対盧」（マカリタロ）に倣って据えられた職位である。しかし、高句麗では「大対盧」は最高権力者の地位であり、新羅とは必ずしも同一の構成ではなかった。むしろ百済の大佐平の職位に一致する。この制は大臣制として七世紀の日本にも影響を及ぼし、大王（オホキミ）を補佐する「大臣」（オオマエツキミ）として登場する。これは高句麗の大対盧制の影響下で広く諸国が採用した制度である。このような王権を補弼する職位を、李氏は「大王補弼制」と仮称する。

高句麗では小獣林王三年（三七三）に律令を発布した。新羅では遅れて五二〇年に律令が発布された。六世紀の新羅の律令では、衣冠成や刑罰の他に、年齢毎に人民を籍帳で把握したというから、戸籍の整備が進展したことを思わせる。李氏によると、当時、新羅は中国王朝との交渉を断っており、高句麗からの強い影響下で律令が整備された可能性が高いという。また地方統治制度として高句麗には重要度に応じて3段階にわたる「城」のヒエラルヒーがあり、それを司る地方官の階層序列と密接に関係していた。同様の三段階に序列化された地方体制は、新羅や百済においても認められるという。

この他に高句麗が前漢との対峙で築造した「山城」が、百済や新羅、そして日本にまで波及して築造されたこと、さらに石碑文字や壷底に描かれた魔よけの印などの共通性を挙げて、高句麗の文化が新羅、日本に大きな影響を及ぼしたことから、政治的背景を持った国際的な交渉関係を証拠づけている。李氏によれば、中国の皇帝を頂点とする東アジアの冊封体制下では、中国と周辺地域諸蛮夷の君長との二カ国間の直接的関係と言うよりは、むしろ周辺諸民族相互間の関係で中国文明の伝播と受容が促進されたという。

九　先進文明の波及と日本

「東アジア世界の成立」を古代の秦漢時代に措定する西嶋定生によれば、広く東南アジアを含めて「東アジア世界」を象徴化する四つの表徴があるという。律令制、仏教、儒教、漢字である（西嶋二〇〇〇）。確かに、朝鮮やベトナム、日本を基準に考えるならば、それらがまとまりをなして受容されており、古代国家の誕生と共に、日本は東アジア世界の一員となったわけである。

日本が文明化し国家を形成する上で特に重要であったのは、成文法である「律令」を如何に導入するかということであった。律令の基盤は、人民の掌握のための「戸籍」の整備である。新川登亀男氏は、古代の戸籍の成立過程から東アジアと日本の関係を探ろうとする（本巻第四章新川登亀男論文）。現在大宝律令（七〇一制定）が、遡り得る最古の文献記録である。戸令には、五〇戸編制、五〇戸一里制が謳われている。『日本書紀』には、持統四年（六九〇）の「庚寅年籍」に、飛鳥浄御原令の戸令にしたがって造籍が始まったと記されている。新川は、飛鳥京跡出土の所謂五〇戸木簡に記載された内容から、既に天智四年（六六五）に五〇戸編制が開始されていたこと、さらに法隆寺幡銘（六六三）にも五〇戸編制を思わせる内容が見られるという。しかし、それだと依拠する令が「近江令」（六六八）よりも古く遡ってしまう虞がでてくる。この矛盾をどのように考えればよいのか。新川氏は、その問題に対して、日本の戸令が、五〇戸編制の施行を後追いする形で成文法化したという自身の仮説を検討する。新川氏がその手掛かりとして注目するのは、『隋書』倭国伝と『日本書紀』ミヤケ関係の記事である。『隋書』倭人伝に「軍尼」、「伊尼?」とあるのを、それぞれ「クニ＝国」、「イナキ＝稲置」と読み、「国」が一二〇、「稲置」が八〇戸毎に置かれたと理解し、一二〇の国、八〇戸編制が倭国起源かと措定する。新川氏は八〇戸編制が、稲置の現実的な経営規模と関連すると見て、稲作経営を基軸として戸編制がなされたとみなす。そこで新川が改めて注目するのは、六世紀のミヤケ経営である。ミヤケ経営は蘇我大臣稲目・馬子が主導した政策で、基本的に吉備の「白猪屯倉」に示される「田部」配置の広域なミヤケと、「児嶋屯倉」の集散・貢納拠点かつ中枢施設としてのミヤケに二分される。ここで重要なのは前者で、それには「田部（丁）」を「田戸」とする「田部丁籍」がある。「田戸」編制は半島から渡来した王辰爾の甥・膽津が「田令」として任用されてから、飛躍的に進展したとし、その画期を欽明三〇年と考える。吉備のミヤケ経営で造籍が行われ、欽明十六年ごろ「田部丁籍」の原初的な形態が作成されたと推定する。欽明朝の十五年間に「田部丁籍」から「田部名籍」への転換が起こり、「田戸」籍に基づく戸編制、「田部」戸籍が誕生したと推定した。新川によると、田部は秦人など多くの渡来人が関与して、広域から占定された集団で、その集団編成の原理として「田」戸編制が不可欠であったという。渡来系氏族が混じて設定された「田部」と、彼らが大陸・半島から齎した知識と技法により、社会的基盤が形成されたとみる。新川はさらに編制される戸数が、三〇戸を単位とする編制と、五〇戸を単位とする編制原理があり、三〇戸単位が上番「丁」の基盤となり、五〇戸単位が稲作農耕「丁」の基盤になったと推定する。三〇戸単位の起源として、新川は中国文献を渉猟して、六世紀ごろの中国には五〇戸（家）制と三〇戸制の併存形態が見られることを見出し、北斉の河清三年令（五六四）の五〇戸（家）制から影響を受けたものと位置づける。日本の吉備のミヤケで画期的な「田部」戸籍が設けられたのは欽明三〇年だから、河清令発布から五年後のことで、年代的にも矛盾しない。六世紀区後半期に、韓半島の新羅、高句麗、百済などの朝鮮半島の三国はすべて北斉に朝貢し冊封を受けている。高句麗が最も濃密な交流を展開したなかで、倭と半島部との交流を記録した唯一の例は高句麗からの渡来集団についてであることから、新川は王辰爾の甥・膽津が高句麗からの渡来集団から北斉の新制の知識を得た可能性を指摘する。「田部」戸籍の淵源は、大陸の北斉の河清令にあり、それを齎した高句麗系の情報に接した王辰爾一族が、吉備のミヤケ経営において戸（家）編制を導入した可能性が高いと判断している。以後、「国記」を経て庚午年籍や庚寅年籍などの戸籍制度が整う過程を論証する。戸籍の整備は、古代国家の成立基盤の基礎をなすもので、今までの研究では解明出来なかったが、もし新川の推定するように、北斉からの影響を受けたとするなら、日本古代国家の成立基盤を東アジアとの関係で具体的に展望することができよう。

西嶋定生が東アジア世界の共通表徴の一つとして挙げる仏教に話を移そう。百済の聖明王から日本に仏教が伝えられたのは西暦五三八年である。『日本書紀』には敏達六年（五七七年）に、造寺工と造仏工が日本に派遣されたとある。日本初の仏教寺院である飛鳥寺が発願されたのが五八七年であるから、本格的な仏教思想の理解や寺院建築技術の導入まで十年を費やしたことになる。この期間を、百済から派遣された造寺工と造仏工が、日本の弟子達を育成する期間だと考える大橋一章は、元来、仏教の伝来そのものが一大文明の到来と考え、巨大寺院建築や仏教絵画、彫像に到るまでが東アジアの先端技術からなるので、日本人による習得には、相応の時間が必要であったと考える（第五章大橋一章論文）。古代日本に齎された巨大寺院建築や青銅造仏が、日本工人の手で実際に製作されるまでの道具立てや設計図のあり方、組み立てや模型、材質の選定などの手順などについて推察している。実際、そのような過程を踏まないことには、日本に仏教文化が開花し根を降ろすことはなかったであろう。それまでに金属加工や木彫、木造建築などの技術がなかったというのではない。もちろんその基盤をなす諸技術は確かに存在していたが、仏教寺院や大型のブロンズ製仏像などは桁違いに複雑で高度の技術を必要とし、在来の技術では対応が困難であったのである。

十　東アジア世界の特質と中華へゲモニー

中国と周辺部地域、国家との外交は、先ほど述べたように、常に、中華帝国を中核とした冊封・朝貢体制による序列化構造をなしており、この姿勢は秦漢帝国以来、基本的に大きく変わることはなかった。この体制は、秦漢帝国から清朝末までの一千数百年間行われた世界でも稀な制度である。したがって、この版図に組み込まれた国家や周辺地域は、中核地域の動乱や政変に極めて敏感に反応する。時には内臣化の恐れもあったであろう。それだけに諸国は、その正確な情報の確保に躍起になったが、それは日本も例外ではない。江戸時代には琉球や朝鮮通信使を通じて、多くの情報を入手していた。長崎出島を中心とした俵物三品の唐船貿易（小川一九七三）でも、相当の情報を入手したと思われる。紙屋敦之氏は、近世日本の支配下にあった琉球が日本との関係を中国に対して隠蔽する外交政策についてとりあげる。その原因が、中国との冊封・朝貢関係を安定的に維持するために、琉球使節の江戸上りによって、幕府の面目を保たてさせると同時に、中国への体面を維持しようとしたからと推定し、ここに日中両国を相手取った小国琉球の外交術をみようとする（紙屋敦之第六章参照）。周辺地域における一筋縄では行かない外交・朝貢関係を垣間見ることができよう。

東アジアの近世・近代移行過程は、西欧との接触・衝撃とそれに続く受容と自己改革に左右された時代である。深谷克己氏は、この時代が「東アジア仁政徳治的法文明」が「西欧万国公法的法文明」によって解体的影響を受けた時代と認識する。近世における「武断」から「文治」への変化には、東アジアに共通する「儒教核の仁政徳治」への移行が根本をなし、「安民」と「無事」の民本的仁政を基本とする「教諭支配」が、法令と並んで重要な役割を演じたと説く（本巻第七章深谷克己論文）。東アジアに共通する仁政徳治とは、処罰を伴う法令とは異なり、「人格的な道徳的経験的判断」を前提に構成される。親や長老に対する尊敬と忠孝を主原理とする教諭支配は、東アジアに古来から発達した政治風土であり、中国から朝鮮、日本に浸透した共通の政治文化である。深谷氏はその日本への伝播と受容の過程を、明の洪武帝が民衆教化のために一三九七年に宣布した六か条の「六諭」の定着、普及過程を通して検証する。「諭」は、元来、古代中国の皇帝による宮廷政治の頃から官僚に向けて宣布されたが、十五世紀あたりから民百姓へと法文明の垂直化が起こったという。東アジアへの拡散と伝播は、まず一六八三年に清から琉球へ齎され、日本へは琉球から薩摩藩の津島氏を経て齎された。幕府には津島氏から「六諭衍儀」が献上された。それらが公儀、諸藩の手を経て形を変えて解題され、寺子屋などを通じて一般庶民に行き渡る過程を踏む。これらは東アジアの法文明では共通分母になるものであるが、ともに「心意統治」を目指すものであった。しかし、近世・近代の移行期において、無宿・窮民層からはそれらの教諭の有効性に疑問符がうたれ、世直し騒動と関連して民衆運動が多発した。公儀権威に対する民衆の離叛は、新しく明治維新政府と天皇制国家を樹立し、西欧的な政治体制を整えることによって、多くの旧制度を廃滅するに到る。しかし、深谷氏が指摘するように、「教諭」から「教育」へ移行する過程でも、不定形的・内面性的な「諭」は、その後も連綿として生き続け、明治期以降の社会の統合において、「心意統治」のメカニズムとしての重要性を失っていないのである。

日本に限らず、東アジア諸国は、「外よりも内、世界的基準（万国公法的基準）よりは内的基準」を暗黙の内に身中に浸透させていたのである。東アジアのもつ伝統的排他性や停滞性はこのような古来の法文明のあり方と無関係ではなく、仁政徳治の政治風土を新しい西欧文明受容の基盤としたからに他ならない。

十一　文明以前の社会との交渉

冊封体制においては、中国中原の中核を遠く離れた外縁部地域は、朝貢国に対置された。それは、栗原朋信が述べるように、生活や文化・社会においても、当時未開状態にあった蕃族を含めていたからに他ならない（栗原一九七〇）。皇帝の徳が遠く異郷の地にまで及び、それを慕って朝貢する人々がいることこそ、皇帝としての資質を証明する要件であったからであろう。古代から蛮夷の地として、僻遠の地の住人たちの使者が、実際に洛陽や長安などの帝都に参内して朝賀することも稀ではなかった。日本の弥生時代中期・後期の倭人もその一例である。『史記』『漢書』西南夷伝に登場する、九真、日南、永昌などの境外の夷種の君長にも、印璽を与え冊封している。これらには郡国制に基づいて「国王」に列せられた記録があるが、これはもとよりその地域が厳密な意味で「国家」に達していたというのではない。一〇〇余国に分断して統一される以前の弥生社会は、国家以前の「首長国社会」であった（高橋二〇〇六、菊池等二〇〇五）。しかし、皇帝から下賜される威信財などの獲得を通じて、内部での政治的再編が進展するなど、当時の中華帝国は、周辺部社会の発展と変革に大変重要な意義と契機を与えた。それを一方的な文明の波及として理解するのではなく、巻き込まれた地域社会が、それをどのように自らの文化・社会の中に積極的に取り込み、自己の発展と改革に組み込んでいったのか、その主体性が問われなくてはならない。中には、紀元後九七年に永昌郡（現在のビルマあたり）のような境外の僻遠地から、揮国王擁由調が使者を遣わし、これに対して和帝が印綬を授けたことが記録にある。これも倭と同様に、厳密な冊封体制に基づく。しかし、中核の思惑とは異なって、化外の夷種がそれをどのように受け止め、自己の発展に利用したかは、必ずしも同一ではなく、多様なあり方が推察されるが、大変興味のある課題となっている。

一方、それらの冊封体制が出現する以前にも、大陸と周辺地域の間には文明社会以前に交流があったことは言うまでもない。海を隔てた日本列島も例外でなく、住民は、大陸との交流を通じて多くの文物を導入していたらしい。水田稲作と農耕技術などはその一つに数えられるだろう。考古学ではその証拠を先史時代に遡って探索してきた。古くは山形県三崎山から発見されたという青銅製刀子（柏倉一九五六）や内反りの石刀（喜田一九二五）、三足土器（喜田一九二六、菊池他一九九六、安志敏二〇〇五）などが、素材や形態面から検討対象とされてきた。近年では山形県羽黒町中川代遺跡で発見されたという刻文付有孔石斧（浅川・安孫子二〇〇二）や、縄文時代早期末前期初頭の福井県桑野遺跡から多量に発見された、玦状耳飾と靴箆状石器が検討材料として取り上げられている（木下一九九三、藤田一九九八）。特に靴箆状石器は、石材や形状、加工法などの諸点から、中国の天津市牛道口遺跡や遼寧省阜新市査海遺跡などの「匕形器」と寸分違わない属性が見出され、彼我の交流を考えざるを得ない状況にある（藤田一九九八）。

大陸と日本海を挟んだ列島との文化的交渉は、常に中国大陸の先進的な文物ばかりと信じる科学的根拠はない。本巻では、菊池徹夫氏が北海道の日本海側に開口するフゴッペ洞窟と手宮洞窟の岩面刻画を題材に取り上げ、それらが続縄文文化、後北式土器の時期の所産であることを確認しつつ、ロシア極東ハバロフスク周辺および韓国釜山周辺などを踏査して、その比較を試みている。検討の結果、文字ではないにせよ他に類を見ない絵文字的な特徴をもつもので、続縄文文化の後北式土器、北大式土器および擦文土器と密接な関係をもつこと、それにアイヌ民族の紋章シロシ・イトクパとの比較から、アイヌ民族文化の形成過程を雄弁に物語るものではないかと考える（本巻第八章菊池徹夫論文）。

紀元前数百年、日本列島が大陸からの新しい文化（水田稲作、灌漑技術、磨製石器、金属器など）を導入して、生業や文化・社会に大きな変動と変容を来たした頃、さらに周辺部にあたる北海道では、間接的な影響を受けて内地とは異なる方向に文化・社会が変容していった。しかし、これは従来いわれたような一方的な影響関係ではなく、後世にみる北海道と大陸との毛皮交易のように、双方向的な動きとして理解できないであろうか。それに関する考古学的証拠はいまのところ多くはないが、単に文化や社会が伝播して在地伝統を変容させるとは考えられない。伝播というよりは、もっと具体的な人間の政治性や活動的側面が関与したと考えることはできないであろうか。中国大陸と朝鮮半島北部、朝鮮半島北部と半島南部、朝鮮半島南部と日本列島西日本、列島西日本と列島東日本、東日本と北海道という連鎖状の関係において、それらは一つの関係体に編入されていた可能性を検討することが可能である。中核となるのは言うまでもなく、中国の先史時代から、殷周、春秋戦国時代、秦漢帝国時代の動乱や政治的動向であって、その社会的影響が半周辺部、周辺部、縁辺部というようにマージナルな階梯にしたがって玉突き状に連鎖して構造化する姿を見ることができるかもしれない。もちろん、それらは地域が単に異なるだけでなく、受け入れる前提となる社会・文化の内容に大きな差異が横たわり、どのようなロジックで受容したのかは、それぞれの伝統で異なるわけだが、今後それについて十分に研究する必要があろう。

十二　中華文明と基層文化

稲畑耕一郎氏は、中国の蘇州の年画を中心に見られる「鼠の嫁入り」の歌辞、「毛虫の嫁入り」・「烏飯」、「採茶山歌」などの習俗の地域分布を探り、庶民の風土に根ざした基層文化に複合的な実態を読み取る（本巻第九章稲畑耕一郎論文）。明確な地域性を示す指標がある一方で、歌辞の地域的比較を通じて蘇州から遠く離れた北京や広東に広く拡大して、類似する「採茶山歌」の歌辞があること、またそれが「故事型」、「非故事型」などに類型化できることを見出しつつも、民歌である「採茶山歌」が類似の歌辞を持ちながら広範囲に分布する原因を探る。蘇州年画に見る「鼠の嫁入り」はユーラシア全域に広がる普遍的な題材であるが、蘇州ではそれが『西遊記』と連結して地域独特の歌辞をなすなど、普遍性と地域性を兼ね合わせている。基層文化とはそのような無数の要素の組織的統合である。民衆のレベルで保持されたそれらの伝承は、時代と社会の変化に応じて漸次、喪失されてゆく命運にあるのかもしれないが、稲畑氏が説くように、比較的社会の深くに根を張った生命力の強い基層文化なのであろう。

中国では医薬といえば「不老長久」を願う漢方医薬である。これは皇帝制度を敷き不老長寿を願った秦始皇帝以来の課題である。天帝と同等の地位を獲得した皇帝地位の発祥とも関係している。

岡崎由美氏は、本巻第一〇章において、唐、宋、明、清時代の史書や雑記、伝承に現れた薬市関係の文献を洗い出し、当地域の神仙伝説との結びつきを明らかにした。現在でも薬学の連想が四川と結びつくのは、四川が古くから中華薬材の集散地として知られ、現在なお盛んに薬材の交易が行われている土地柄であることが大きく影響していると考えられ、岡崎氏は四川の薬市が広く知れ渡る唐、宋から明清時代を対象に、薬市を巡る文学作品とその背後にある薬文化の発想を考察している。四川成都は薬都として医薬文化の発信地である。唐代に始まる四川の薬市のイメージの背後には、道家の神仙観がある。薬市にはしばしば神仙が紛れ込んで薬を売るといった伝承が少なからず作られ、文学には、道家の神仙観があり、薬市にはしばしば神仙が紛れ込んで薬を売るといった伝承が少なからず作られた。この時代の小説は、神仙や幽霊、精霊などと一瞬の接近遭遇を果たす不思議を描いたものが多いが、それはしばしば都市を舞台としており、生身の人間の方から山野の奥深くに潜む仙境へ出向いていく六朝志怪の桃花源的異界訪問譚の都市化が進んだと岡崎氏は説く。道士や山中の採薬の民、珍奇な薬材を売りに来る異民族など、さまざまな人々でにぎわう成都の薬市もまた、そうした発想に題材を提供したのである。

十三　世界システムと中華世界システム

古屋昭弘氏は、清朝以後の中国知識人の言語生活と、同時代の書籍における反映について検討する（本巻第十一章古屋論文）。十六世紀といえば、西欧において大航海時代が幕を開け、洋の東西を結ぶ海の導線が敷かれた時代で、大陸を結んで多くの情報が往来した。中国の清朝には、この時期ヨーロッパの商人や宣教師が到来し、西欧に輸出された漢籍も多い。これらの国際的交流に伴い、様々な要因に基づいて多様な会話言語、記載言語が必要であったという。当時の中国語では、方言による差異、皇帝と官僚、庶民などの階層の差に基づく差異の他に、口語、文語、口頭語など会話言語や記述言語の上にも大きな差異があった。中国近世には、『正字通』や『康熙字典』などの江西の地方方言により刊行された漢籍が、日本や朝鮮、ヨーロッパに伝えられた。古屋は、清代の書籍の流通と地域言語のあり方から、『正字通』の成立を追及して、中国の激動期であった明末清初の出版状況について明らかにしている。

十六、十七世紀は、多くの経済学者や歴史家、政治学者たちが、後に開花する近世・近代国家の発達を予兆する前段階として注目している。先に述べたウォーラー・ステインも「長い十六世紀」として、近世領主群形成の前段として経済的・政治的状況について重視する。この段階を経て、後にカール・ポランニが経済的な「転換」、すなわち土地や労働など、本質的に資源や商品にならない擬制商品が交換価値を持つ「転換」が起こった時代として注目する時代がやってくる（カール・ポランニ二〇〇三）。これから世界的市場経済の幕は切って落とされたのである。同時期、新たな航路の発見により、地中海地域は相対的に重要性を失ってゆく時代でもある。

ウォーラー・ステインがいうように、英国の農業資本主義の発達と、インドなど西南アジアにおける植民地的搾取などは、世界経済システムの網がアジア・アフリカを覆い始めたことと表裏の関係にある。ほぼ同時期に、アフリカのダホメ、奴隷海岸や象牙海岸などでは、ヨーロッパ列強との奴隷貿易が絶頂期を迎えていた（カール・ポランニ二〇〇三）。インド西南部では、植民地の労働者としてそれらの黒人奴隷が殖民されたのである。黒人奴隷を連れて海洋を行き来する商人が中国にも来訪している。もはやアジアはアジア一人ではありえず、ヨーロッパ、アフリカ、アジアを結ぶ広範な世界システムが形成され始めたのである。中華帝国を中核とする東アジア世界は、西欧の世界システムに呑み込まれたのである。

このように十六、十七世紀が、近世・近代に向けた経済や社会の大変革の伏線として認識されているのだが、東アジアにおいても、その大きなうねりの波は確実に波及し、以後のアジアの歴史を決定してゆくのである。この時期の西欧に起きた大きな発見と発明が、帝国的な政策に反映して、汎世界的な影響を与えたことは、中南米・北米における殖民動向と一致することからも伺われるのである。果たして中華世界システムが世界システムの中で、どのような命運をもつにいたったか、改めて説く必要もないが、近世末から近代にかけて中国は最も大きな歴史の転換点を迎えたのである。

十四　まとめ

過去五年間、各チームの研究で浮かび上がったアジアの実像は、地域の歴史的特性と多様性が、地域ごとに独立して生成・展開した結果ではなく、互いに様々な脈絡の中で接触、交流を持ちながら、全体として「アジア的なもの」の中に収斂していく姿であった。五年間の研究を総括し、古代から近世に到る政治経済、文化と社会、思想宗教について、「アジア的なるもの」の解明を目指して、アジア地域の特性と一般性を把握するように務めてきた。「アジア的専制と停滞性」とは、かつてアジア地域の歴史的特殊性に貼られたレッテルである。古代に発する専制君主と官僚制、基幹思想宗教としての儒教と仏教、漢字などは、確かにこの地域を貫く特性の一つである（西嶋二〇〇〇）。しかし、このネガティブな評価も、欧米を中心とした十九、二〇世紀の進歩主義的、普遍主義的史観に基づくものである（浜下一九九四、佐伯二〇〇三、原二〇〇三）。今、あらためて東アジア独自の文明のあり方として、アジア発の前近代史の視点から再評価し模索して行く必要があるだろう（子安二〇〇三）。

東アジアの前近代史を研究する者として、常に思いを致すのは、前近代の文化・社会が、近代にどのように継承されたのか、という点である。二〇世紀には、欧米の主導により、アジア諸国は民主主義、市場経済、科学的思考の導入などを経て大きく変化し、近代化を遂げた。東アジア諸国は、植民地時代に決別し、新たな国民国家として一歩を歩み始め、最近の二〇年間の内に奇跡的ともいえる経済的発展を遂げつつある。二千年来の歴史に楔を打ち込み、従来型の伝統的因習文化とは明らかに決別する歴史を歩み始めた筈であった。しかし、それでもアジア的なものは確実に残存した。「外部よりは内部、世界的基準よりは地域内基準」を規範とする、アジア的な文化規範は、それらを支える地域民の価値観や文化、世界観などとともに、あらためて今日的な実態を持ち始めている（原二〇〇三）。特に今日のグローバリゼーションの中で、それらの歴史世界は改めて登場してきているといえよう。

これらの前近代社会・文化が、現代社会・文化とどのように脈絡を持つのかを、それらの間にある相違を越えて理解するには、アジアの前近代を近代の歴史的関連において再構築し直す必要があろう。これは、この地域の歴史学が共有する新たな課題である。

二〇〇六年四月に早稲田大学には、アジア地域を研究する拠点として、「アジア研究機構」が発足した。私たちが、新たな課題として掲げた「前近代社会と近代社会の相克」は、そこにおいても大変重要な課題として検討されることになろう。五年間の研究蓄積を経て、私たちは、確実に次のステップへ向けて、アジア地域文化を再構築したいと考えている。

引用参考文献

青木保　二〇〇三『多文化世界』岩波新書　岩波書店

淺川利一・安孫子昭二　二〇〇二『縄文時代の渡来文化』雄山閣

安志敏　二〇〇五「縄文時代の鬲形土器と有孔石斧」『東アジアの古代文化』一二四号　大和書房

石川卓二〇〇五年「国際政治理論としての世界システム論」『連鎖する世界―世界システムの変遷と展望』石川卓編　森話社

伊豫谷登士翁一九九八年「グローバリゼーションとナシナリズムの相克」『グローバリゼーションのなかのアジア』伊豫谷登士翁・酒井直樹・テッサ・モリス・スズキ編　未来社

大庭三枝二〇〇五「世界システム論と東南アジア」『連鎖する世界―世界システムの変遷と展望』石川卓編　森話社

小川国治一九七三『江戸幕府輸出海産物の研究』吉川弘文館

柏倉良吉一九五六「青銅刀を追うの記」『荘内文化』第四号

菊池徹夫・岡内三眞・高橋龍三郎一九九六「青森県虚空蔵遺跡出土土器の共同研究」『早稲田大学大学院文学研究科紀要』第四二輯

菊池徹夫・佐藤宏之・高橋龍三郎二〇〇六「北米ミシシッピ文化の比較考古学的基礎研究」『史観』第一五四冊　早稲田大

学史学会
喜田貞吉一九二五「奥羽地方のアイヌ族の大陸交通はすでに先秦時代にあるか」『民族』第一巻二号
喜田貞吉一九二六「奥羽北部の石器時代文化における古代シナ文化の影響について」『民族』第二巻二号
木下哲夫一九九三年『桑野遺跡発掘調査概要』金津町教育委員会
近藤一成二〇〇六年「アジア地域文化学の構築―総論」『アジア地域文化学の構築―二十一世紀COEプログラム研究集成―』早稲田大学アジア地域文化エンハンシング研究センター編
工藤元男二〇〇六年「秦の巴蜀支配と法制・郡県制」『アジア地域文化学の構築―二十一世紀COEプログラム研究集成―』早稲田大学アジア地域文化エンハンシング研究センター編
栗原朋信一九七〇年「漢帝国と周辺諸民族」『古代4　東アジア世界の形成』岩波講座世界歴史四　岩波書店
子安宣邦二〇〇三年『「アジア」はどう語られてきたか』藤原書店
佐伯啓思二〇〇三年『人間は進歩してきたのか―近代文明論―』PHP新書　PHP研究所
高橋龍三郎二〇〇六「弥生社会の発展と東アジア世界」『アジア地域文化学の構築』アジア地域文化学叢書一　二十一世紀COEプログラム研究集成　早稲田大学アジア地域文化エンハンシング研究センター編
西嶋定生　二〇〇〇年『古代東アジア世界』岩波現代文庫　李成市編　岩波書店
西嶋定生二〇〇二年『西嶋定生東アジア史論集　第二巻―秦漢帝国の時代―』岩波書店
西嶋定生二〇〇二年『西嶋定生東アジア史論集　第一巻―中国古代帝国の秩序構造と農業―』岩波書店
西嶋定生一九九七年『秦漢帝国』講談社学術文庫　講談社
布目潮渢・栗原益男一九九七年『隋唐帝国』講談社学術文庫
浜下武志一九九四年「周縁からのアジア史」『アジアから考える（三）周縁からの歴史』溝口雄三・浜下武志・平石直昭・

宮嶋博史編　東京大学出版会

原洋之介二〇〇三年「アジア学の方法とその可能性」『アジア学の将来像』東京大学東洋文化研究所編

藤田富士夫一九九八年『縄文再発見』大巧社

村井章介一九九七年『国境を超えて』校倉書房

山下範久二〇〇六年「帝国化する世界システム」『帝国論』山下範久編　講談社選書メチエ　講談社

イマニュエル・ウォーラーステイン著　川北稔訳一九八一年『近代世界システムI―農業資本主義と「ヨーロッパ世界経済」の成立』岩波現代選書　岩波書店

ジョセフ・ナイ著　山岡洋一訳二〇〇〇年『アメリカへの警告』日本経済新聞社

サミュエル・ハンチントン著　鈴主税訳二〇〇〇年『文明の衝突』集英社

カール・ポランニ著　玉野井芳郎・平野健一郎訳　二〇〇三年『経済の文明史』ちくま学芸文庫　筑摩書房

Algaze, Guillermo. *The Uruk World System: The Dynamics of Expansion of Early Mesopotamian Civilization*, Second Edition. 2.

Algaze, Guillermo. The Uruk Expansion: Cross-Cultural Exchange in Early Mesopotamian Civilization. *Current Anthropology* December, 1989 Vol. 30(5): 571-608.

Sanderson,Stephen K. 1991 The Evolution of Societies and World-Systems, in *Core/Periphery Relations in Precapitalist Worlds*, edited by C.Chase-Dunn and Thomas D. Hall, Westview Press

Peregrine, P. 1991 Prehistoric Chiefdoms on the American Midcontinent:A World-System Based on Prestige Goods, in *Core/Periphery Relations in Precapitalist Worlds*, edited by C.Chase-Dunn and Thomas D. Hall, Westview Press

東アジア世界の形成と百越世界
―前漢と閩越・南越の関係を中心に―

工藤元男

はじめに

中国東南・南部地域に分布する古代越人の諸族を総称して〝百越〟という。百越の語は『呂氏春秋』巻二〇恃君覧恃君篇に初めてみえ、その分布地について『漢書』巻二八地理志下の粤（越）地の条で顔師古が引く臣瓚曰に、

交趾より會稽に至るまで七、八千里、百越雜處し、各〻種姓有り。

とあり、これによれば交趾（五嶺以南）より会稽（福建全省、浙江の大部分、江蘇の長江以南・茅山以東）にまで及んでいたことになる。また周振鶴・游汝傑の両氏は、史籍にみえる南方の歴史地名の常用字と古越語との間に密接な関係がある点を指摘し、その古越語を話す種族は現在の山東・江蘇・安徽・浙江一帯に分布していたとする。このように古代越人の分布地は、地誌と言語分析ではやや広狭の幅を異にするが、おおむね中国東南・南部一帯に居住する先住民の汎称として大過ないであろう。儒家典籍では当該地域の種族を蛮・三苗等と称し、『逸周書』王会解は殷の成湯のとき

の漚深《おうしん》・越漚・損子・産里・九菌《きゅうきん》、西周の成王のときの東越・欧人・於越・姑妹・且甌・共人等の種族名を伝え、蒋炳釗氏らは殷周時代のいわゆる東土・南土に分布していたこれら種族の大部分が後の百越と関連あることを指摘している。(3)

春秋時代に入ると、これらの中から最初に建国するのが於越（于越）である。単に越ともいうが、越は越国青銅器では〝戉〟に作り、戉は越国の自号である。(4)『左伝』宣公八年（前六〇一）条で、越は呉と共に楚の荘王と盟っている。これが春秋時代に登場する越・呉の初見とされ、両国は楚の従属下にあった。越国が一大勢力に発展するのは、これより百年ほど後の越王勾践のときである。勾践は呉王夫差を滅ぼし、中原に覇を称したことで史乗名高いが、彼が没した後の越国の歴史はあまり分明でない。しかし百越世界ではその後も越人の活動が活発だったようで、〝揚越〟の汎称も登場し、その支系も少なくなく、戦国晩期から前漢初期にかけては閩越・東甌《とうおう》・南越・西甌・駱越などの国名、もしくは部族名が現れるようになる。しかし前漢になって武帝が西南夷・南越・閩越などを征服すると、越人の多くはその郡県制下に編入され、百越の名やその支系の族称も消滅した。

ところで、先に筆者は秦の六国統一の過程で秦が巴・蜀をどのように征服し、統治したかという問題を、秦の法制・郡県制の面から検討した。(5)そしてその検討をふまえて、巴・蜀の地は秦漢帝国の領土に編入されてしまったが、おなじく前漢武帝のとき郡県支配に組み込まれた朝鮮半島や南越の故地をその領土内に含むヴェトナムでは、なぜ後に民族国家を起ち上げることができたのか、という問題を提起した。(6)自ら提起した問題に対して、まだ必ずしも一定の展望をもつに至っていないが、小論では前漢帝国による百越世界の征服の過程が、同時に東アジア世界形成の重要な端緒になってゆくことを、とくに漢と閩越・南越の関係を検討することによって、その手がかりを探ってみたいと思う。

一、前漢と閩越

閩越《びんえつ》は現在の浙江省南部・福建省北部に分布していた古代越人の一支で、その基本史料は『史記』巻一一四東越列伝、それを転載した『漢書』巻九五閩越伝である。関連史料は『史記』巻一〇六呉王濞列伝、『漢書』巻三五荊燕呉伝、『漢書』巻六四厳助伝等にもみえる。『史記』東越列伝によると、その興亡史は以下のようである。

閩越と東甌

秦の閩中郡と前漢の冊封　六国統一後、秦は越王勾践の後裔とされる閩越王騶《すう》無《む》諸《しょ》と越の東海王騶搖《すうよう》を君長に貶し、その地に閩中《びんちゅう》郡を置いた。始皇帝が没して陳勝・呉広の乱が起こると、無諸と搖は越人をひきいて鄱陽《はよう》令呉芮《ごぜい》に帰附し、秦に反した。秦が滅んで楚漢戦争になると、彼らは漢にくみして楚軍と戦った。漢の五年（前二〇二）、劉邦が帝位に即くと、高祖は無諸を閩越王として閩中の故地に封じ、冶（福州市、一説に閩侯県）に都させた。恵帝三年（前一九二）には、搖を東海王に封じ、東甌（浙江省温州市）に都させ、世人はこれを東甌王と呼んだ。

閩越の東甌攻撃　景帝三年（前一五四）、呉楚七国

の乱が起こると、呉王劉濞《りゅうひ》は閩越を味方に取り込もうとしたが、閩越は応ぜず、東甌がこれに応じた。しかし呉王が破れて丹徒に逃亡すると、東甌は裏切り、漢の懸賞に応じて呉王を殺害した。そのため呉王の子子駒《しく》は閩越に逃れ、東甌を恨んでこれを撃つべく閩越に働きかけた。武帝の建元三年（前一三八）、閩越は東甌を攻め、これを包囲した。東甌は危急を武帝にうったえた。漢の朝廷では太尉田蚡《でんふん》が出兵に消極的であったが、中大夫厳助は武帝に対して〝萬國を子〟とする天子の道を説き、自ら会稽郡におもむいて兵卒を徴発し、海上から東甌を救援しようとした。閩越は漢軍が到着する前に撤兵した。東甌は閩越の攻撃から免れるため国を挙げて〝中国〟に移ることを漢にもとめ、漢はこれを許してその全住民を〝江淮《こうわい》の間〟（長江・淮河間）に移した。

閩越の南越攻撃と漢の繇王・東海王冊立　前一三五年、閩越王騶郢《すうえい》は南越に侵入した。南越は漢に危急をうったえた。漢は大行王恢《おうかい》を豫章郡から、大農韓安国を会稽郡から出撃させた。漢軍が大庾嶺（五嶺の一つで、江西省大余県・広東省南雄市が交界する一帯）を越える前に、王の弟騶余善《すうよぜん》は宗族等と謀り、兄の騶郢を殺害して、首級を王恢に届けた。そのため漢軍は進撃を中止し、武帝は南越侵入に関与しなかった騶無諸の孫の繇君丑《ようくんちゅう》を越の繇王に封じ、閩越の祖先祭祀を奉じさせた。兄を殺した余善は閩越国内での実力をたのみ、自立して王となったが、繇王はそれを阻止できなかった。そこで漢は余善を東越王に封じ、繇王と並立させた。

漢の南越攻撃と閩越の滅亡　前一一二年、南越で実力者の呂嘉《りょか》が漢に叛旗を翻すと、余善は漢の楼船将軍に従って参戦することを求めた。しかし両端を持して南越と通じた。南越の都番禺《はぐう》（広州市）が陥落すると、楼船将軍楊僕は叛服常ない東越に対して討伐することを要請した。武帝は兵卒の疲労を理由に許可しなかった。翌年秋、余善は楼船将軍が東越の討伐を武帝に要請して、そのため漢軍が国境に集結している情報を掴むと、南越の武帝（趙佗）の故事に倣って〝武帝璽〟を刻み、自立を宣言した。前一一〇年、前漢の武帝は四つのルートから東越に攻めると共に、漢軍の出撃直前に漢に滞在していた越人の衍侯呉陽を派遣し、余善を説得させた。余善は聴き入れなかった。そこへ横海将軍の軍が到着すると、衍侯呉陽はその邑民をひきいて余善に反し、越軍を漢陽に攻めた。そして東越の建成侯敖に従い、その後さらにその兵卒と共に繇王居股に従って、余善を殺して漢に帰順する計画を謀った。余善を殺害すると、その部下をひきいて横海将軍に降服した(7)。

閩越を滅ぼすと、漢はその民を先に東甌が移住した江淮の間に移住させ、そのため東越の地は無人の境と化した。東越の民が強制移住させられた〝江淮の間〟は、現在の江蘇・安徽の長江・淮河流域にほぼ相当するが、その地域に含まれる寿春・合肥の風俗に関して、『史記』巻一二九貨殖列伝に「閩中・于越と俗を雑う」とあり、東越旧民の大量移住に伴う当地の俗の変化を伝えている。

二、前漢と南越

秦漢帝国の成立によって百越世界は多大な影響をうけたが、そのような百越世界の動向は逆に中原世界にも跳ね返り、その相互の交渉から東アジア世界は秩序づけられてゆく。それを検証する上で漢と南越の関係は好個の史料である。南越に関する基本資料は『史記』巻一一三南越列伝、およびそれを転載した『漢書』巻九五南粤伝である。関連する史料は『漢書』巻六四厳助伝等にもみえる。『史記』南越列伝によると、その興亡史は以下のようである。

南越の建国と前漢高祖の冊封　六国統一の七年後（前二一四）、秦は嶺南を征服し、桂林・象郡・南海の三郡を開置した(8)。しかし前二一〇年に始皇帝が没して陳勝・呉広の乱が起こると、その波及を危惧した南海郡尉任囂《じんごう》は病床に竜川県令趙佗を召して後事を託し、彼を行南海尉事に命じた(9)。趙佗は横浦・陽山・湟谿の三関を封鎖して、中原から南越国に通ずる道路を遮断し、また秦の長吏を法にあてて排除し、徒党の者を郡の仮守とした。前二〇六年に秦が滅亡すると、趙佗は桂林・象郡を武力併合し、自立して南越国の武王と称した。一方、中原では項羽に勝利した劉邦が漢を樹立すると、前一九六年、陸賈を派遣して趙佗を漢の南越王に冊封し、「與《とも》に符を剖《さ》いて使いを通じ、百越を和集して、南邊の患害を爲すを毋《な》からし」めた。正式に漢の外臣となった南越国は、長沙国が漢との国境となった。

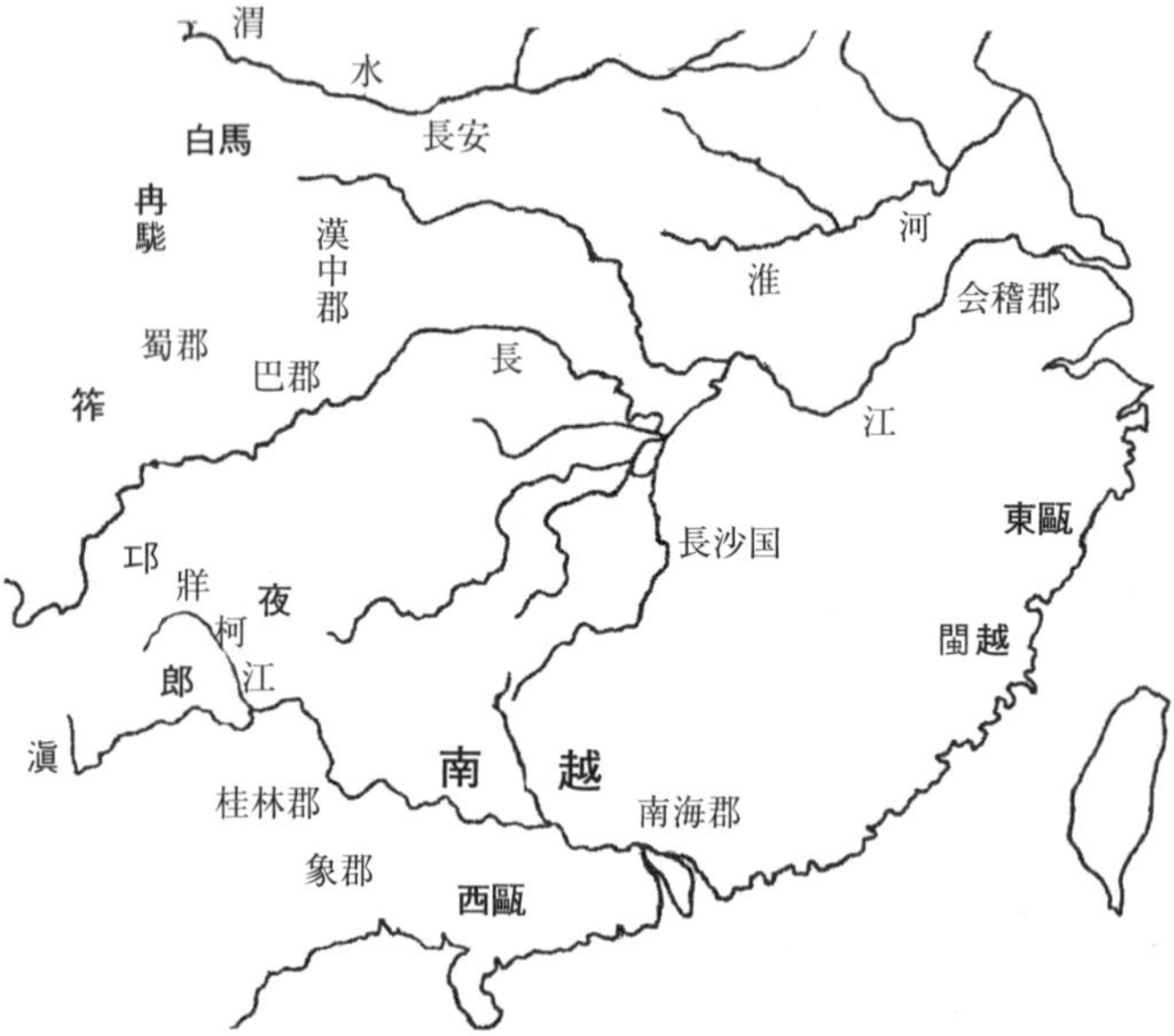

漢と南越

高后の鉄器搬出の禁止と南越の称帝　高祖の没後、恵帝をへて高后（呂后）が臨朝称制すると、所轄の官吏から南越への鉄器搬出の禁止が要請されてきた。趙佗はこれを長沙国の謀略と疑い、翌前一八三年、自ら王号を高めて〝南越武帝〟と称し、長沙国の辺邑を掠奪した。(10) 漢は反撃したが、まもなく高后が亡くなったので撤兵した。そこで趙佗は再度国境地帯に進出し、百越諸族の閩越・西甌・駱等を財物贈与で取り込み、東西万余里の地を支配下におき、黄屋左纛《こうおくさとう》（皇帝専用の馬車）に乗り、その命令も皇帝の詔と同じく制と称した。

文帝の宥和政策と外臣への復帰　高后が没し、朝廷で呂氏が粛清されると、高祖の庶子の代王恒が皇帝に迎えられた。文帝は天下の諸侯と四夷に対してその即位を伝えると共に、南越との関係を修復するため、前一七九年、ふたたび陸賈を使者にやり、「(趙) 佗が自立して帝と爲り、嘗《かつ》て一介の使いの報ずること無きを讓《せ》」めさせた。趙佗は書面で謝罪し、これまでの経緯を弁明し、漢の藩臣（外臣）に戻る旨を誓った。趙佗は次の景帝のときも称臣し、使者をやって朝請したが、国内では依然として帝号を称していたという。

趙胡の即位と閩越の侵攻　漢武帝の建元四年（前一三七）、趙佗は没した。秦滅亡時から起算すると七三年であり、相当高齢である(11)。孫の趙胡が後を嗣いだ。閩越が南越に侵攻したのはまさにこのときである。趙胡はただちに前漢武帝に上書し、救援を求めた。武帝は「南越の義にして、職約を守るを多とし」、王恢・韓安国の両軍をさしむけた。上文で述べたように、恐れをなした王弟余善は兄郢を殺してその首級を王恢に届け、漢に降伏した。漢は荘助（厳助）(12)を南越にやって、武帝の〝意を諭《さと》さしめ〟た。趙胡もそれを受け入れ、太子嬰斉を長安に送って宿衛にあたらせ、荘助には帰朝してもらい、入朝の準備をした。しかし南越の大臣が「入りて見《まみ》えば、則ち復た帰るを得ざらん、亡國の勢いなり」と諫めたので、病気と称して入朝をやめた。それから十余年後、じっさいに病気となった。嬰斉は帰国を許され、「（趙）胡、薨《こう》じ、諡《おくりな》して文王と為」し、第三代の南越王となった。

趙嬰斉、〝其の先武帝の璽を蔵む〟　帰国した嬰斉が最初に行ったことは、「其の先の武帝璽を蔵《おさ》」めたことである。その意味については後述する。嬰斉は長安に宿衛中、邯鄲の樛《きゅう》氏の女と結婚し、子興をもうけていた。帰国後、前漢武帝に妻を王后、子を太子に立てることを求め、許された。漢は嬰斉に対しても入朝を求めた。嬰斉は「尚お擅《ほしいまま》に殺生して自ら恣《ほしいまま》にするを樂しみ、入りて見《まみ》えば、要《かなら》ず漢の法を用って、内諸侯に比せられんことを懼《おそ》れ」、先代と同様に病気を理由に入朝せず、子の次公を長安に送って宿衛にあたらせた(13)。その嬰斉も没して、明王と諡された。

趙興・太后時期における南越国の内臣化　太子興が第四代南越王、母王后が王太后になると、これを境に南越国に対する漢の干渉は急激に厳しくなる。太后は嬰斉と結婚する前に安国少季と〝通〟じていた。漢は嬰斉没後の前一一三年、その安国少季を使者にやり、王・太后に対して「入朝して、内諸侯に比するを以て」諭させ、諫大夫終軍らにその辞を補って説得を重ねさせ、衛尉路博徳の軍にこれら使者の帰りを桂陽で待たせる強圧ぶりだった。一方、南越国内では、王が年少、太后が〝中国人〟で、しかも安国少季と〝復《ま》た私《わたくし》〟したことが知れ渡り、国人はこの母子を見限った。反乱を恐れた太后は、いっそう漢側に身を寄せ、前漢武帝に上書して「内諸侯に比し、三歳に一たび朝し、邊關を除かんことを請う」た。これに対して前漢武帝は南越の丞相呂嘉に銀印、内史・中尉・大傅《たいふ》にも応分の漢印を与え、〝其の故《もと》の黥劓《げいぎ》の刑を除き、漢の法を用い〟させ、南越を〝内諸侯に比せし〟めた。かくて太后はその総仕上げと言うべき入朝の準備を進めた。

呂嘉の叛乱　漢使に後押しされた太后の行動に対し、抵抗勢力の中心をなしたのが呂嘉である。呂嘉は丞相として三王に仕え、王に勝る民心を得ていた。在地の越人酋長層だったのであろう。呂嘉は王が諫言を聞かないので、病気と称して漢使を避けるようになった。呂嘉の謀反を恐れた王・王后は、呂嘉を酒宴に誘って殺そうと謀ったが、失敗した。南越の逼迫した状況を打開するため、漢は韓千秋等に二千人をひきいて出撃させた。漢軍が越の国境に入ると、呂嘉は叛旗を翻し、王・王后・漢使を攻め殺し、趙嬰斉の長男で越女の子趙建徳を王に立て、漢軍を都の番禺の手前で全滅させた。

これを機に漢は総攻撃を開始した。前一一二年秋、伏波将軍路博徳は桂陽に出て匯水《かいすい》を下り、楼船将軍楊僕は豫章に出て横浦を下り、もとの帰義越侯の二人は戈船将軍・下厲将軍として霊陵に出て、一人は離水を下り、一人は蒼梧に向かった。また馳義侯《ちぎこう》に命じて巴蜀の罪人および南夷の兵を徴発し、牂柯江《そうかこう》（北盤江および紅水河。一説に都江）を下らせることにした。これらの諸軍はみな番禺に合流する予定であった。翌年冬、楼船将軍は尋陝《じんきょう》を攻め落とし、石門を破り、南越の船に積んだ穀物を奪い、さらに前進して南越の出ばなを挫き、伏波将軍の到着を待った。楼船将軍は期日におくれて合流した伏波将軍と共に進軍し、番禺に到着した。楼船将軍は城の東南、伏波将軍は西北に布陣した。楼船将軍は夜に紛れて南越軍を攻め、火を放って城を焼き、逃げる南越の兵を伏波将軍の陣営に追い込んだ。翌早朝、城中の南越の兵はみな伏波将軍に投降した。呂嘉と建徳は脱走し、船で西に去ったが、追撃されて呂嘉は誅殺され、建徳は後に列侯に封じられた。かくて南越国は五代九三年で滅亡した。

南越の故地には漢の九郡が置かれた。すなわち前一一一年に南海・鬱林・蒼梧・交趾・合浦・九真・日南の七郡が置かれ、翌年に儋耳・珠崖の二郡が置かれ（『漢書』巻二八地理志下）、これら九郡の地は以後永く漢唐の支配下に置かれることになった。

三、南越の称帝問題の再検討

前節では趙佗が高后の鉄器禁輸に抗議して〝武帝〟と称し、後に文帝の説得で撤回して元の武王に戻ったが、国内では依然として称帝し続け、なおかつ〝武帝璽〟も制作していた経緯をみた。ではこの称帝は南越国でいかなる意味をもっていたのであろうか。

趙佗の武帝璽を伝える『史記』の文を『漢書』南粤伝では、

嬰齊、嗣いで立ち、即ち其の先武帝・**文帝**璽を臧む。

に作り、「文帝」の二字が多い。すると趙佗だけでなく趙胡までも帝璽を制作し、称帝したことになる。この史漢の相違について、清の梁玉縄は『史記』の方が「文帝の二字を缺く」と指摘しているが（『史記志疑』巻三四）、それは一九八三年に広州市象崗山で発見された南越王墓（以下、象崗大墓と称す）出土の金印で裏付けられた。

すなわち象崗大墓の主棺室で墓主の遺体の胸部から金印、腹部から「泰子」と刻まれた金印・玉印が各一枚、腹部・足部間から「趙昧《ちょうばつ》」玉印と「帝印」玉印が各一枚発見された。そこでこれらの印章の相互の関連についてみてゆきたい。

1、象崗大墓主棺室出土の「文帝行璽」金印

金印は、一辺三・一センチと三センチ、通高一・八センチ、重さ一四八・五グラム。方形。印面は田字格。篆文で「文帝行璽」と陰刻されている。鈕はS字に身をくゆらせた竜形で、印面の溝や印台の四周にはぶつけたり擦れたりしたさいに生じた傷痕があり（『報告書』二〇四・三〇四頁）、紅褐色の印泥が残留していたので、[14]それは明器でなく、墓主生前の実用印であったことが知られる。したがって『史記』に「（趙）胡、薨《こう》じ、謚《おくりな》して文王と爲す」とあり、文王を謚とするのは、司馬遷の中原的解釈によるといえよう。また「趙眛」玉印と共に西耳室からも〝眛〟字の封泥が出土している。この趙眛と趙胡の関係をめぐって諸説あるが、両者を同一人物とすることに異論はないようだ。また「泰（太）子印」は趙佗の子（趙佗の父）の遺物で、彼が王位を嗣がないまま亡くなったので、子の趙眛に帰し、趙眛の亡後、嬰斉はそれを「文帝行璽」金印といっしょに象崗大墓に埋葬したと解されている（『報告書』三二一～三二二頁）。[15]これらのことから、趙胡は趙眛とも称し、文王はその生前の王号（生号）で、生前からその帝号（文帝）も称していたことが分かる。また東耳室後壁出土の銅勾鑃《こうちょう》より、趙胡の帝号の紀年も存在することが分かった。銅勾鑃とは古呉越の楽器の一種であり、八点一組で、それぞれに、

文帝九年

象崗大墓出土「文帝行璽」金印

広州市文物管理委員会他『西漢南越王墓下』（文物出版社、1991年）より

樂府工造

と両行に篆書で陰刻されている（『報告書』四〇～四四頁）。なお文帝九年とは前漢武帝の元光六年（前一二九）にあたる。

2、象崗大墓主棺室出土の「帝印」玉印

一方、このような「文帝行璽」金印に対し、「帝印」玉印の方には固有人名がない。一辺各二・三センチ、通高一・七センチ、重さ一八・二グラム。方形。印面は横日字格、篆書で「帝印」と陰刻され、印台の周囲に雲気紋を施している。鈕式については『報告書』になぜか〝螭虎《ちこ》〟（二〇一・三〇一頁）・〝蟠竜〟（三〇五頁）の二種類の記述がある。[16]ともあれ、いわゆるこの〝螭虎紐〟と〝雲気紋〟の組合せは、咸陽市韓家湾公社狼家溝で発見された「皇后之璽」玉印、および満城一号漢墓（中山王劉勝墓）後室の棺床の南側で出土した玉印[17]にその共通例がみられる。前者は一辺各二・八センチ、通高二センチ、印面に篆書[18]で「皇后之璽」と陰刻され、辺欄・竪横の界格はない。後者は一辺各二・八センチ、通高二・三センチ、重さ三三グラムで、印文はない。

そもそも秦波氏が「皇后之璽」玉印の鈕式を螭虎とした理由は、後漢・衛宏（清・孫星衍等輯）『漢旧儀』巻上に、

皇帝六璽は、皆な白玉、螭虎紐。文に曰く、皇帝行璽・皇帝之璽・皇帝信璽・天子行璽・天子之璽・天子信璽、凡そ六璽なり。

とあり、同書巻下に、

皇后玉璽、文は帝と同じ。皇后之璽は、金螭虎紐なり。

とあり、後漢・応劭（清・孫星衍校集）『漢官儀』巻下に、

印は、因なり。虎紐たる所以は、陽類なればなり。虎は、獣の長なり。其の威猛を取り、以て羣下を執伏するなり。

とある文による。これら三点の玉印はみな同一獣形の鈕式と雲気紋の組合せである。獣の身体に鱗はみられないようで

象崗大墓出土「帝印」玉印

同上『西漢南越王墓下』より

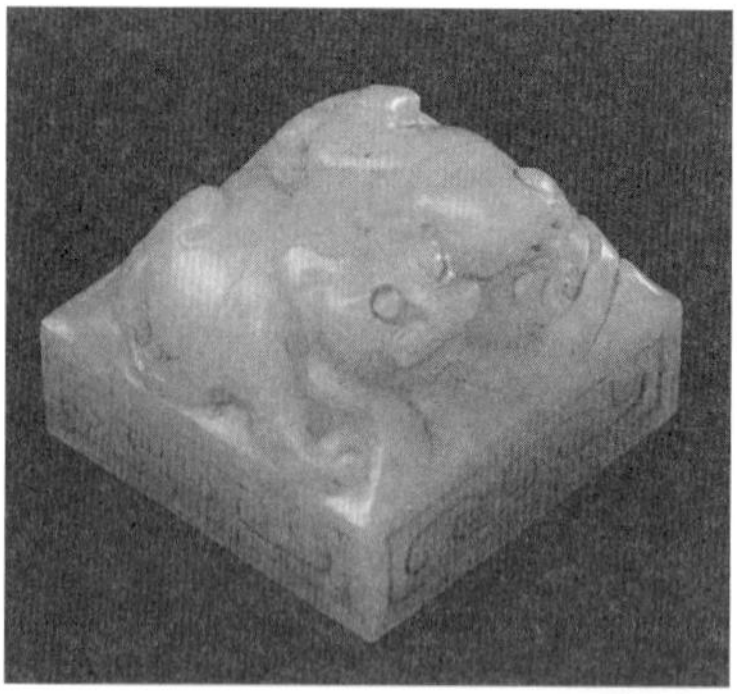

「皇后之璽」玉印

『始皇帝と彩色兵馬俑展』（TBSテレビ・博報堂、2006年）より

満城漢墓出土玉印

同上『始皇帝と彩色兵馬俑展』より

あるが、雲気紋は竜の属性にかかわり、長い爪も認められるので、鈕式は虎頭竜身に象ったものとみなされる。ただし『漢旧儀』は「皇后玉璽」を〝金螭虎紐〟とするが、金の意味は不明で、(19)また諸侯王の身分の劉勝墓になぜ螭虎紐が副葬されたのかも不明であるが、ともあれ「帝印」玉印の鈕式は螭虎とみて大過ないであろう。(20)

3、象崗大墓後蔵室出土の「乗輿」銀洗

象崗大墓出土の文物には〝文帝行璽〟・〝帝印〟の如く直截な称帝表現をとるもの以外に、後蔵室から出土した銀洗（洗面や手洗い用の銀器）に〝乗輿〟の語がみえる。銀洗は、口径二〇・四、高さ四・五センチで、その平沿の背面に、

六升　畀（共）左令三斤二兩　乗輿

の十一字が草隷で刻されている。(21)〝乗輿〟とは、後漢・蔡邕『独断上』に、

天子は至尊なれば、敢えて渫瀆《せっとく》して之を言わず。故に之を乗輿に託す。乗は猶お載のごときなり。輿は猶お車のごときなり。天子は天下を以て家と為す。京師の宮室を以て常處と為さざるは、則ち當に車輿に乗りて以て天下を行《めぐ》るべければなり。故に羣臣、乗輿に託して以て之を言う。或いは之を車駕と謂う。(22)

とあるように、至尊の存在を直接口にすることを憚り、天下を巡幸する天子の車輿にその名を託す、すなわち〝天子の別名〟の謂いである。このような「乗輿」字を有する漢代の金文は、前漢成帝の永始二年（前一五）、少府の考工で製造された「永始乗輿鼎」(23)等にもみえる。

4、嬰斉の称帝の可能性をめぐって

称帝についても次の嬰斉においても同様の伝承が存在する。北宋の地理書『太平寰宇記』巻一五七嶺南道一広州条引の『南越志』（以下、Aと簡称）に、

黄武五年（二二四）、孫權、交趾治中従事呂瑜をして訪《たず》ねて佗の墓を鑿《うが》たしむ。……（中略）……功費彌《いよいよ》〃多く、卒《つい》に得る能わず。嬰齊の墓を掘る。即ち佗の子なり。珠襦玉匣《しゅじゅぎょくこう》の具、金印三十六を得。一は皇帝信璽、一は皇帝行璽、餘の文は天子なり。又た印三紐、銅劍三枚を得。並《み》な爛《かがや》き、龍文の若し。其の一刻を純鈞《じゅんきん》と曰い、二を干將と曰い、三を莫邪と曰い、皆な玉と雜じえて匣を爲す。

とあり、南宋の方信孺撰『南海百咏』巻五六引の『南越志』（以下、Bと簡称）に、

孫權の時、趙陀の墓、異寶を以て殉と爲すこと多しと聞き、乃ち卒數千人を發し、尋ねて其の塋（?）を掘る。役夫多く死し、竟《つい》に得可からず。次に嬰齊の墓を掘る。嬰齊は即ち陀の孫なり。玉璽・金印・銅劍の屬を得れども、而るに陀の墓は卒に知ること無し。…（後略）…

とある。この『南越志』の著者は劉宋の沈懐遠とみなされる[24]。両者の構文は同じで、これを整理すると、①三国呉の孫権が趙佗墓と嬰斉墓を盗掘させようとした、②趙佗墓の方は断念せざるを得なかった、③嬰斉は「佗の子」あるいは「佗の孫」で、その嬰斉墓から璽印や銅剣等を得た、となる。しかし両者の内容には大きな違いがある。すなわちAでは、嬰斉墓から発見されたものを「珠襦玉匣の具、金印三十六を得。一は皇帝信璽、一は皇帝行璽、餘の文は天子なり」とし、Bでは「玉璽・金印・銅劍の屬を得」たとする。珠襦・金印三六等を発見したとするAは、象崗大墓より「絲縷玉衣」や「文帝行璽」金印が出土したことから、その内容は一見信用できそうにも思えるが、しかし「一は皇帝信璽、一は皇帝行璽、餘の文は天子なり」とあるのは問題であろう。阿部幸信氏の指摘のごとく、前漢宣帝以前において漢の皇帝六璽は、まだ皇帝信璽・皇帝行璽しか存在していなかったとみなされるからである[25]。したがって、皇帝信璽・皇帝行璽の他に天子璽もあったとするAは、疑ってみる必要がある。またAの③の構文において、嬰斉を趙佗の子と誤記しているのも、その史料的信頼性を低めている。出土した銅剣が純鈞・干将・莫邪等の古の名剣であるというのもさらに疑わしい。おそらくAは『南越志』の文を元に、俗耳に入りやすい内容を盛り込んで書き変えた二次的・三次的な文

であろう。(26) つまり同じ『南越志』でもAよりBの方が比較的信頼できると思われる。

現地の考古学調査によると、象崗大墓が発見される一ヶ月前、象崗山の北西二・五キロの西村鳳崗で広州市最大とみなされる大型木椁墓が発掘された。(27) 墓室は長さ一三・八、幅五・七メートル。早くに盗掘を受けていたが、まだ多数の玉器が残されており、その玉質と彫刻技術は象崗大墓に勝るとも劣らず、そのためこの墓葬は嬰斉墓の可能性が高いと指摘されている。(28) してみると孫権が嬰斉墓を盗掘したという伝承はほぼ史実らしく、Bはその史実に基づく伝承なのであろう。するとBに「玉璽・金印・銅劍の屬を得」たとある文も、慎重に取り扱う必要がでてくる。

そこで改めて象崗大墓の出土物を参照すると、まず印章については、全部で二三点のうち、玉印は九点、金印は三点で、表1はそのなかの有字印を列挙したものである(『報告書』三〇一頁の表三〇を参考に作成)。また「銅劍の屬」に関しては、剣一・矛一・戈四・鐓五・弩機一五・鏃九二一である。『報告書』は南越国時代の三七二基の墓葬から出土した武器を総括して、「南越の武器は銅製が多い。主な銅製武器は剣と矛で、次は戈と鉞」としている(三五一〜三五二頁)。このような象崗大墓の印章・銅剣の出土傾向をBと重ねてみると、「其の先の武帝・文帝璽を藏めた」嬰斉もまた、趙佗・趙胡と同様にその国内ではひそかに称帝し、それを表象する玉璽・金印を制作したという可能性を

表1　南越趙胡墓出土の有字璽印

資料	印文	特徴	鈕式
玉	趙眜	有辺欄、有竪界	覆斗鈕
玉	帝印	有辺欄、有竪界	螭虎
玉	泰子	無辺欄、無竪界	覆斗鈕
金	文帝行璽	田字格	竜
金	泰子	有辺欄、有竪界	魚
金	右夫人璽	田字格	亀
銅	景巷令印	田字格	魚
銅鎏金	〔部〕夫人印	田字格	亀
銅鎏金	左夫人璽	田字格	亀
銅鎏金	泰夫人印	田字格	亀
象牙	趙藍	有辺欄、有竪界	覆斗鈕

否定することはできないのである。

5、帝璽制作の背景をめぐって

このように、歴代の南越王が称帝し、同時に帝璽も制作し、その実例が象崗大墓出土の「文帝行璽」金印や「帝印」玉印等であったが、しかしそれらは『漢旧儀』の皇帝璽に関する文と一致しない。そこでこれらの帝璽を制作した南越国の意図をめぐって、さまざまな解釈が展開されることになった。

筆者は比較的早期にこの問題を漢の皇帝六璽制との関連で比較検討したことがある。(29) しかしそれは一般書の中に書き留めた覚書に過ぎなかったので、現時点では再検討を必要としている。まず元の私見を要約してみよう。「文帝行璽」金印は皇帝六璽中の皇帝行璽・天子行璽の「行璽」を継承したもので、金印は白玉よりランクが下であることから、当該金印は皇帝六璽制を下敷きにしつつも、それより規格を意識的に後退させていることが看取される。したがってそれは漢朝に対して使用されたものではなく、南越を中心とする百越世界に対して使用されたものと解され、漢が皇帝璽を中心に世界秩序を構成したように、南越国もまたこの金印を中心にある種の小世界を南方に形成していた。以上の私見のうち、皇帝六璽制に関する部分については、宣帝以前に前漢の帝璽は皇帝信璽・皇帝行璽のみであったとする阿部氏の説に従って、金印を皇帝六璽制と直接比較する方法は撤回せざるをえない。また中村茂氏は、「文帝行璽」金印が一辺一寸二分の皇帝璽よりも大きい点を私見では考慮していないと批判するが、(30) もともと私見では金印を皇帝六璽制と直接比較する方法を採っていたため、白玉よりランクの下がる金印の寸法は考慮の外にあった。その後、この金印の寸法に関して平勢隆郎氏は楚の三分損益法が辰を起点とし、亥を最長とし、辰を二・三センチ（一寸）とした場合に亥は三・一センチになるとし、「文帝行璽」金印が楚の伝統にのっとっているとしている。(31) 吉開将人氏(32)は、南越国の制度に楚制の要素が認められることを印章・封泥等の検討から実証し、それは漢に対抗するイデオロギーの一環として、建国当初に主体的に取り込んだと解している。(33)さらに阿部氏は、この南越国の楚制の問題を承け、「行璽」の印文が楚の公印「下蔡行鉨」にみられることから、「行璽」を楚の系統とし、文帝行璽はこの楚制を継承した南越の印制に由来するとし、また高祖が項羽から楚の封建制を受け継いで封建を実施したとき、この南越の印制を取り込み、そのような過程で封建に用いる「皇帝行璽」が成立した、と推測している。(34)

また南越国の帝璽制作の背景をなす称帝問題を、吉開氏は〝競争構造〟という視点から説明している。すなわち漢初から南越国滅亡にかけて、南越・長沙両国の周縁地域には、王や侯を自称したり、二十等爵制の枠外にある特殊な封爵を受けた境界的な勢力が存在し、そのため両国の間でこれらを取り込もうとする競争構造(覇権争い)が生じた。南越で帝号を称したのは、これらの諸勢力に自らの正統性を主張するためである、と。以上が小文を著して以来、私見に対する批判的な言及のなかで議論されてきた主な論点である。なかでも南越国における楚制の存在を実証した吉開氏の研究は、今後の南越国史研究に大きな道筋をつけたといえよう。

それにしても南越国には「文帝行璽」金印の他になぜ「帝印」玉印も存在するのであろうか。さらに「帝印」玉印以外に西耳室から「帝印」封泥が二枚も出土している。それは後述するように、「帝印」玉印より一回り小さく、字形も異なるので、「帝印」玉印の他に実際に使用されたもう一つの「帝印」が存在すると想定されている(『報告書』三〇五頁)。吉開氏は出土した方の「帝印」玉印を「初代趙佗以来の南越における伝国の帝印そのもの、あるいはそれを模した明器」の可能性を指摘する。(35)「伝国璽」の語は正史に七〇例ほど検索できるが、しかし「伝国印」もしくは「伝国之印」等の印文例は一つもないようだ。また張家山漢簡「二年律令」第九簡の賊律に「皇帝信璽・皇帝行璽」の語がみえる。(36)これは呂后二年時(前一八六)の漢律集成とみなされ、まさに趙佗と同時代の資料である。趙佗自身、郡県の吏(竜川県令→南海郡尉)を務めているので、漢の皇帝璽の印文が「璽」であることは熟知のはずである。仮に「帝印」玉印が趙佗に始まる伝国璽ではなく、趙胡の制作であるとしても、こうした認識は南越国内で共有されていたであろう。

にもかかわらず南越の宮廷に「文帝行璽」金印と「帝印」玉印が併存する。吉開氏の後者の推測を敷衍していえば、南越国には初代の趙佗が帝制を開始して以来、伝国璽に類する「帝印」玉印が制作され、それは固有名を冠した一代限りの帝璽（武帝璽・文帝行璽）と異なって宮廷に代々安置され、代わりにその明器（「帝印」玉印）を副葬した、ととりあえず解しておくより他はないであろう。

じっさいに出土した「帝印」玉印は「皇后之璽」玉璽や満城一号漢墓の玉印と比較すると、みな白玉・螭虎紐・雲気紋の要素を共有する。もし皇帝璽にも雲気紋があったとすれば（皇帝璽の実物は未発見）、南越王の「帝印」は前漢の皇帝璽を意識して制作した可能性がでてくる。ところが不可解なことに、宮廷内の本物の「帝印」で封緘されたとみなされる出土封泥は一辺一・七センチで、「皇后之璽」玉璽の一辺二・八センチ、「皇帝信璽」封泥の一辺二・六センチよりもだいぶ小さい。これは本物の「帝印」が封泥にほぼ即応する大きさであったことを意味する。旧稿において筆者は「文帝行璽」金印を皇帝六璽制と直接比較したため、現在ではその方法を撤回せざるをえないが、しかし「（南越国が漢朝に対して）規格を意識的に後退させている」という解釈は、改めてこの本物の「帝印」に対して適用すべきと思われるのである。

四、南越国宮署遺址出土木簡

中村茂氏は「南越の帝璽が漢に送る簡牘に使用されたという記録はなく、匈奴の場合とは異なって、漢に対抗する意図から作り出されたとは一概に言えない」とするが、[37] 帝璽封緘の書簡を南越が漢に対抗して送るなどという不敬行為は、当時の漢・南越関係においてはありえない。しかし印章が元来封緘に用いるものであることはいうまでもない。象崗大墓から出土した多くの印章から、われわれは南越国における文書行政の可能性を想定できる。じっさい、その一端を示す木簡がごく最近発見された。

一九九五年・九七年、広州市考古研究所は広州市の中心部にある中山四路で南越国宮署遺址を発掘し、南越国時代の石構宮池、曲流石渠等の御苑遺跡を清理した。(38) さらに二〇〇〇年に南越国宮署遺址に対する発掘を行い、南越国一・二号宮殿の敷地、廊下・排水施設、井戸等の遺跡を清理した。(39) そして二〇〇四年末、御苑遺址の西北面の井戸のなかから百余枚の南越国時代の木簡を発見した。これは南越国の遺跡で発見された最初の木簡である。広州市文物考古研究所等による簡報は(40)、その内容を以下のように紹介している。

木簡を出土した井戸J二六四は曲流石渠遺跡の西北にあり、井戸には一六層の堆積があり、木簡は第六層～第一五層から出土した。木簡には整簡・残簡合わせて百余枚ある。整簡は長さ二五、幅一・七～二・四、厚さ〇・一～〇・二センチ。ほとんどは単行文書である。整簡の文字数は最多で二三字、最少は三字、木簡全体では一二字前後が多数を占めている。字体の多くは横扁平で、波磔が発達した隷書であるが、一部に篆書風の字もみえる。全体の傾向としては、長沙馬王堆漢墓出土の簡牘・帛書や江陵張家山漢簡の文字と近く、睡虎地秦簡の文字とは一定の違いがある。これらの木簡は文書が廃棄された後に井戸に投棄された如くで、名実伴う王宮の檔案資料である。木簡は簿籍と法律文書の両種を含む。宮室の管理に関しては「出入」の語がみえ、職官制度に関しては「陛下」・「公主」・「舎人」・「左北郎」等の語がみえ、地理に関しては「蕃禺」・「南海」・「横山」等の語がみえ、法制に関しては「當笞五十」・「不當笞」等の語がみえ、社会風俗に関しては「大鶏官」等の語がみえ、宮宛の管理に関しては「宮門」・「守宛」等のように宮室苑囿と関連する語がみえる、と。

簡報で紹介された原簡の写真は、彩色図版六が五枚、同七が四枚で、それらのうち以下の四簡の釈文を発表している。

第六八簡　：壺棗一木第九十四　実九百八十六枚（彩版七、左二）

第八四簡　：詰□地唐＝守苑行之不謹鹿死腐。（彩版七、右二）

彩版七、左二

彩版七、右二

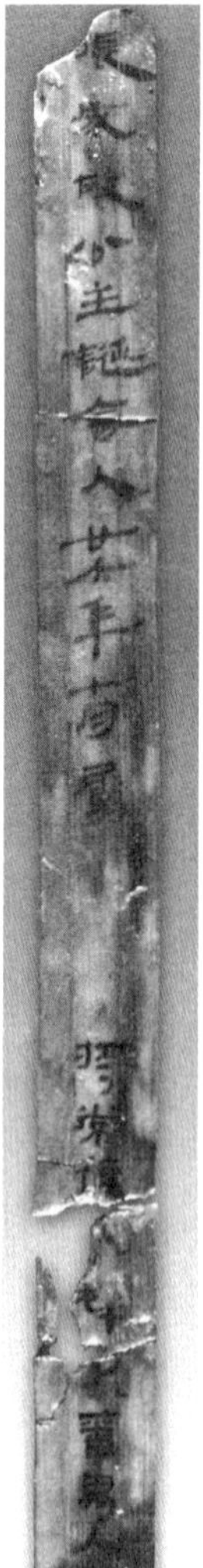

彩版七、右一

彩版六、左二

彩版六、右一

広州市文物考古研究所編『羊城考古発現与研究』
（文物出版社、2005年10月）より

第九一簡　…□張成　故公主誕舎人　廿六年七月屬　將常使□□番禺人。（彩版七、右一）

第一〇五簡…大奴虖　不得鼠　當笞五十（彩版六、左二）

以下は簡報による概略的説明である。すなわち第六八簡は、南越国では棗樹やその果実を管理する専門の官吏を置き、簿籍で管理していたことを示す。第八四簡は、苑を守る官吏□（□は人名）に対して、職務行為が不当であるため処罰する法律文書中の一部である。第九一簡は記事簡で、「廿六年」は当該木簡の年代を示す。南越国で二六年の在位を有する王は趙佗一人である。漢朝では武帝が在位五四年であるが、武帝時代に汾陰で銅鼎が発見されて以来元号があり、その在位二六年は元鼎二年にあたる。よって「廿六年」とは趙佗の紀年に他ならない。第一〇五簡は、肉刑の一種の笞刑に関するものである、と。

さて、これらのなかで南越国の称帝問題との関わりで注目されるのは、第九一簡にみえる「公主」である。公主とは、『独断上』に

帝の女は公主と曰う。

とあるように、皇帝の娘の称号である。「二年律令」置吏律第二二三簡に、

諸侯王の女は、公主と稱するを得る毋かれ。

とあるように、漢律では諸侯王の娘を公主と称することを禁じている。その禁を犯して公主の称号が南越国内で行われているのは、南越の称帝と不可分の関係があろう。そして第九一簡が趙佗の紀年の「廿六年」とすれば、公主誕は趙佗の娘と解される。また趙佗の「廿六年」は高后八年（前一八〇）でもあり、前漢ではこの年に高后が崩じ、文帝が即位している。その前後の略年表を示すと以下のようになる。

〔高后八年〕

七月　高后、崩ず。

九月　太尉周勃、諸呂を殺す。

後九月、文帝、即位す。

すると、第九一簡は「□張成は、故《も》と公主誕の舎人で、廿六年七月に屬す」と読むことができ、居延旧簡に「屬」の例として、

□里當富年卅三　九月屬□。（四五・二六B、五七・二一B）

とあるように、[41]第九一簡の「屬」は「任に就く」の意と解される。すると□張成が公主誕の舎人の任に就いたのは、趙佗の即位二六年と解され、同年の七月は漢では高后が崩じた同じ月であるから、南越国で趙佗が称帝していたもう一つの傍証となる。

また簡報が「陛下」の語がみえると指摘する簡（彩版六右一）を、図版に基づいて釈文すると、

受不能□痛臣（？）往二日中陛下

となるであろう。前後の簡との関連が不明なので全体の意味は定かでないが、『独断上』に、

之を陛下と謂うは、羣臣の天子に言《もう》すに、敢えて天子を指斥せず、故に陛下に在る者を呼びて之に告ぐるなり。

とあるように、「陛下」は天子（皇帝）の謂いである。このように、南越国木簡には南越国の帝制に深く関連する「公主」・「陛下」等の新資料が確認される。

さらに第一〇五簡には南越国の法制を検討する上で重要な資料がみえる。「大奴」について簡報は『漢書』六三昌邑哀王劉髆伝の顔師古注に

凡そ大奴と言うは、奴の尤も長大なるを謂うなり。

とあるのを引き、「虜」を大奴の名とする。また「不得」を〝秦漢の習語〟として、『史記』巻三殷本紀に、

帝乙長子曰微子啓、啓母賤、不得嗣。

とあり、『史記』巻三〇平準書に、

　天子従官不得食、隴西守自殺。

とある例を挙げている。しかし「不得」を〝秦漢の習語〟としながら、文例として挙げている殷本紀・平準書の「不得」は、いずれも「……するを得ず」の意で、別に〝秦漢の習語〟ではない。引用の間違いか。むしろこの「不得」は、睡虎地秦簡「日書」甲種の「秦除」第一五正貳簡に、(42)

　除日　臣妾亡げ、不得(得られず)。

とみえるように、〝捕まえることができない〟の意であろう。したがって「大奴虜　不得鼠　當笞五十」は「大奴の虜が鼠を捕まえなければ、笞五十に当てる」の意味になる。この「笞五十」に関して、睡虎地秦簡「秦律雑抄」第一九・二〇簡(八四頁)に、

　大車殿なれば、司空嗇夫を貲すること一盾、徒は治(笞)五十。

とあり、「二年律令」亡律第一五七簡(一五四頁)に、

　其れ自出なれば、笞五十。

とあり、同じく行書律第二七三簡(一七〇頁)に

　郵人、書を行《や》るに、一日一夜行、二百里とす。程に中らざること半日なれば、笞五十。

とあり、この他睡虎地秦簡の笞刑には「十」・「卅」・「百」があり、「二年律令」には「五十」・「百」の各段階が認められる。また「不當笞」の語については、睡虎地秦簡「法律答問」第一三簡(九七頁)に、

　工、盗みて以て出で、臧(贓)、一錢に盈たず。其の曹人は治(笞)に當るや當らざるや。治(笞)に當らず。

とある(43)。「虜」を大奴の名と解すると、第一〇五簡は必ずしも律文とはみなし難いが、あるいは爰書の類の断簡かも知れない。公表されている木簡がわずかなので、推測を重ねることは危険であるが、ただここでわれわれは、太后が漢

に対して〝内諸侯〟となることを求めたとき、漢が〝其の故の黥劓の刑を除き、漢の法を用い〟させたという一文を想起する必要がある。〝故の黥劓の刑〟とは南越国の法を言い換えた表現で、したがって木簡にみえる「笞刑」もそのなかに含まれるであろう。するとこの「笞刑」は南越国成立以前の越人の法を継承したものか、それとも南海郡時代の秦律を継承したものか（〝笞五十〟に注意されたい）、きわめて興味深い問題である。

新出土の木簡からは印章と文書行政に関する直接の証拠を検証することができなかったけれども、南越国がその前身である南海郡の行政機構を継承している以上、今後、新たな木簡の公表を待つなかで、南越国の法制と秦律との関連を推測してみた次第である。

五、前漢の対外進出と百越・西南夷

先にわれわれは、閩越・南越が漢に滅ぼされ、漢の領土に編入されてゆく過程をみたが、その流れを改めて秦漢の対外政策のなかで再検討してみたい。

秦漢の対外政策と百越　秦が百越を攻め、嶺南の地に三郡を置いたのは、蒙恬が匈奴を破ってオルドスを奪回し、そこに三四県（四四県とも）を置いたのと同年（前二一四）のことである。このことは、六国統一後の秦帝国において、北方の匈奴と南方の百越が対外政策の中心だったことを示している。その政策は前漢にも引き継がれた。武帝の即位直後、張騫が西域に出発して匈奴に捕らえられたとき、単于が張騫に対して、

月氏は吾が北に在り、漢、何を以て往きて使するを得ん。吾れ越に使せんと欲せば、漢、肯えて我に聴《ゆる》さんや。

と言ったというのは（『史記』巻一二三大宛列伝）、匈奴もまた自らと百越との戦略的関係を深く見抜いていたことを示している。換言すれば、秦漢の対外政策は北方の匈奴を主軸とするが、それは南方の安定によって支えられるもので、両

者は相互に連動する関係にあった。前二〇一年に高祖が白登山で匈奴に包囲され、和議が結ばれると、それに呼応して趙佗を南越王に封じたのは（前一九六）、その好例である。

また漢は趙佗の冊封に前後して、騶無諸と騶搖をそれぞれ閩越王と東海王（東甌王）に封じた。二人は陳勝・呉広の乱のとき越人をひきいて呉芮に帰附し、その後の楚漢戦争で漢側に従ったからである。さらに呉楚七国の乱が起こり、東甌はそれに呼応したが、呉王濞が破れて敗走すると、これを殺害して漢の追求をかわした。このように、百越の越人政権は秦末漢初の混乱期や前漢最大の政治的危機において、政局を左右するほどの重要なポジションにあった。閩越が東甌を攻めたのも、呉楚七国の乱の余波である(44)。こうした百越世界の動きに対して、漢は東甌を江淮の間に移住させ、閩越を滅ぼし、南越に入朝を迫り、あげくこれを滅ぼした。これは漢の側からすれば自己防衛策の一環であるかも知れない。恵帝・高后のとき朝鮮王衛満が遼東太守を通じて漢とかわした〝約〟として、『史記』巻一一五朝鮮列伝に、

　外臣と爲り、塞外の蠻夷を保って、邊に盜せしむる無かれ。諸蠻夷の君長、入りて天子に見《まみ》えんと欲せば、得て禁止する勿れ。

とあるように、周辺諸民族が漢に服属して外臣となる場合、このような約を義務づけられた。南越列伝ではこれを〝職約〟とし、東越列伝では〝天子の約〟とし、国境地帯の安定と中華帝国の秩序の維持が命じられている。しかし南越国を滅ぼした後の漢は、当初の防衛段階から急激に帝国主義的な拡大路線に転換してゆくのである。

南越の滅亡と漢の帝国主義的拡大路線への転換　閩越の南越侵入事件の後、趙胡の入朝を促すために派遣された使者の一人に、鄱陽令唐蒙がいる。唐蒙は南越でもてなされた蜀の物産枸醤《くしょう》から、巴蜀東南に位置する南夷の夜郎国から牂柯江に船を浮かべて南越に下るルートを覚り、それを利用する南越侵攻策を武帝に進言した。武帝は唐蒙を夜郎に遣使し、夜郎に漢吏を置くことを約束させた。そこで犍為《けんい》郡を開置し、治所の僰道《ほくどう》（四川省宜賓市）から牂柯江に至る道路工事を開始した。

一方、西夷の邛・筰の君長等は、南夷が漢に服属して多くの賞賜を得ていると聞き、〝内臣妾〟となって漢吏を置き、南夷の例に倣いたいと望んだ。そこで武帝は司馬相如を中郎将として西夷に派遣した。『史記』巻一一七司馬相如列伝に、

司馬長卿、便ち西夷を略定す。邛《きょう》・筰《さく》・冉駹《ぜんぼう》・斯楡《しゆ》の君、皆な内臣と爲らんことを請う。邊關を除き、關、益〃斥《ひろ》まり、西は沫・若水に至り、南は牂柯に至って徼と爲し、零關の道を通じ、孫水に橋して以て邛都に通ず。

とある。こうして西夷地区は〝略定〟され、この地域を統治するため「一都尉・十餘縣を置きて、蜀に屬せし」めた(『史記』巻一一六西南夷列伝)。しかしそれにかかる出費は多大で、人的・物的消耗も激しく、西南夷の反抗も激しかったので、武帝は御史大夫公孫弘の進言に従って、西南夷政策を大幅に変更し、北方の匈奴対策に集中することにした。こうして西夷の県は廃止され、南夷・夜郎の二県と一人の都尉だけを置く体制に縮小し、犍為郡には将来自力で統治してゆけるよう手当てした。

ところが、張騫が西域から帰国すると、大夏(バクトリア)でみた蜀布・邛竹杖の流通ルートをヒントに、蜀から南下して身毒国(北インド)に至り、そこから西域に至るルート(後に西南シルクロードと呼ばれる)を武帝に報告した。そこで武帝はふたたび犍為郡から使者団を派遣することにした。使者団は四つのルートで大夏に向かったが、途中に割拠する諸族に阻まれ、目的は達しなかった。しかしその探索のなかで〝象に乗る國〟滇越(雲南省騰衝一帯)の存在を伝聞し、それが漢が滇国とつながるきっかけとなった。

前一一二年、南越丞相の呂嘉が叛乱を起こすと、漢の西南夷経略もこれに連動し、急激に大きなうねりとなる。南越を討伐するため、漢軍は五つのルートから進撃したが、そのルートの一つは、馳義侯に犍為郡を足場にして巴蜀の罪人と南夷を徴発させ、牂柯江を下って番禺に向かわせるものだった。しかし南夷の且蘭君は出兵を拒否し、叛乱を起こした。そこで漢は南越討伐に合流させる予定の八人の校尉をやってこれを鎮圧させた。南越が滅亡すると、彼らは帰還す

る途中で、滇に通ずる交通路を妨げていた頭蘭を殺した。こうして南夷は平定され、その故地に牂柯郡（治所は且蘭県、貴州黄平県西南、一説に貴陽付近）が置かれた。

南越が滅亡し、南夷の且蘭君・邛君・筰侯が漢に殺されると、夜郎は漢に入朝した。こうした南夷の状況が西夷に伝わると、西夷に激震が走った。西南夷列伝に、

> 冉駹、皆な振恐し、臣と爲り吏を置かんことを請う。乃ち邛都を以て越巂《えっすい》郡と爲し、筰都を沈犂《ちんり》郡と爲し、冉駹を汶山《びんざん》郡と爲し、廣漢の西の白馬を武都郡と爲す。

とあるように、西夷諸族は雪崩を打って漢に称臣服属した。漢は邛都の故地に越巂郡（治所は邛都県、四川省西昌市東南）、筰都の故地に沈黎郡（治所は筰都県、四川省漢源県東北）、冉駹の故地に汶山郡（治所は汶江県、四川省茂県北）、白馬の故地に武都郡（治所は武都県、甘粛省西和県南仇池山東麓）を置き、郡県に編入した。

その後、漢は雲南の昆明湖を中心とする滇国に対して、南越を滅ぼし、南夷を誅罰したという軍事的圧力をもって滇王の入朝を求めた。前一〇九年、滇王の同姓の労浸《ろうしん》・靡莫《びばく》は漢への服属を拒否して滅ぼされ、漢はその軍をもって滇国に迫った。滇王は降伏して置吏入朝を申し出、漢はその故地に益州郡を置き、滇王に王印を与えた。ここにおいて、西南夷の大部分は漢の版図に帰入することになった。結局、西南夷のなかで王制の保持を認められたのは夜郎王・滇王のみで、他はことごとく漢の郡県となったのである。

朝鮮四郡の開置　このような漢の領土拡大のプロセスは、東北の朝鮮においてもほぼ同様の展開をみせた。滇王が服属して益州郡が開置された前一〇九年、漢は渉何を衛満の孫の右渠のもとにやり、朝鮮が一度も入朝せず、真番付近の諸国が天子に上書謁見するのを阻止しているのを責めさせようとしたが、右渠はそれを拒否した。帰路、国境に至ると、渉何は送ってきた朝鮮の裨王長を殺した。渉何は帰還して遼東東部都尉となったが、これを怨んだ右渠が渉何を攻めて殺し、これを機に漢の朝鮮討伐の出兵が始まった。朝鮮の相路人・相韓陰、尼谿の相臣参、将軍王唊等は王殺害を

謀議し、前一〇八年、尼谿の相臣参は人をやって右渠を殺させ、漢に投降した。こうして平定された朝鮮の故地に楽浪・臨屯・玄菟・真番の四郡が置かれた。してみると、朝鮮の場合は入朝要請の拒否と重臣たちの裏切りという点で、南越と閩越の中間を示しているともいえよう。

むすび

これまでみてきたように、前漢の帝国的領土形成は百越世界における東甌・閩越・南越が相次いで消滅したことが大きな転機となっている。これら越人諸国が消滅することにより、漢は北方匈奴に対して後顧の憂いなく対処できるようになった。しかしそれと同時に、漢初以来の防衛的な対外政策は急激に膨張政策へ転化し、西南夷・朝鮮が郡県化されていった。こうした漢の周縁領域を帝国内に取り込む過程で、東アジア世界も秩序化されていったのである。

先に引用した朝鮮王衛満が遼東太守を通じて漢とかわした〝約〟に関して、西嶋定生氏は次のように述べている。

その第一条件は、辺境の守備を固くして、周辺の蛮夷に中国を侵略させないようにすること、第二条件は、これら蛮夷の君長が中国の天子に謁見を求めようとしたときには、これを妨害してはならないことであった。前者は、中国の皇帝が外藩を置くことによって、蛮夷の侵寇を防御しようとしたもので、中華思想によって蛮夷を拒否する姿勢の表現である。それに対して後者は、天子の徳を求めて来朝する蛮夷があったばあいに、外藩はそれを妨害してはならないということで、王化思想によって蛮夷を招撫する姿勢の表現である。外藩設置のばあいに指示されているこの二条件は、中国王朝国家が周辺の外民族国家に対する中華思想（＝華夷思想）と王化思想（＝王道思想）の二大原則を示すものであり、外藩の設置・存続も、この原則の範囲内で許容されることであった。(45)

中華帝国の立場からの説明としては、これは至極もっともであるが、外藩の立場からすると、逆の言葉が跳ね返ってく

る。たとえば趙胡が入朝の準備を進めていたとき、南越の大臣が先代の趙佗の言葉を引用してこれを諌め、

且つ先王、昔言えり、天子に事《つか》うるには禮を失う無きを期す、と。之を要するに、以て好語を説《よろこ》んで入りて見《まみ》ゆ可からず。入りて見えば、則ち復た帰るを得ざらん、亡國の勢いなり。（南越列伝）

と言っている。つまり入朝し天子に対して〝礼〟を失する事態のあることを恐れるのは、〝法〟で罰せられるからで（入朝を拒否した嬰斉の言葉を想起されたい(46)）、それは亡国のもとであり、外藩としてその危険を避けるには、病気を理由に入朝を拒否するしかない、という論理である。外藩が漢の入朝の誘いを拒否し、あるいはためらうのは、この理由からである。しかしそれでも周辺諸民族が漢に服属を求めてくるのも事実で、しかしそれは中華思想によるのでも、王化思想によるのでもない。栗原朋信氏が深く洞察されたように、外臣となることで、漢との間に国境不侵や相互援助の協定等が成立し、さらにまた外臣相互間にも漢の権威を媒介とする安全保障が成立するからに他ならない(50)。しかし外臣になれば、その君主自身に漢の礼・法が及び、やがては内臣化される危険もある。外臣はかくもアンビバレントな存在だった。そのため周辺諸民族は漢の外臣となると同時に、独自の自立の道を模索せざるをえなかった。南越の称帝にはこのような背景があった。文帝が陸賈を使者として趙佗の称帝を責めたとき、趙佗は文書で次のように答えた、と南越列伝にある。

蠻夷の大長老夫臣佗、前日、高后、南越を隔異す。竊《ひそ》かに疑うらく、長沙王、臣を讒せるならん、と。又た遥かに聞く、高后盡く佗の宗族を誅し、先人の冢を掘焼せり、と。故を以て自弃し、長沙の邊境を犯せり。且つ南方は卑溼にして、蠻夷の中間なり。其の東は閩越、千人の衆にして、號して王と稱し、其の西は甌駱《おうらく》の裸國、亦た王と稱す。老臣妄《みだ》りに帝號を竊《ぬす》むは、聊《いささ》か以て自ら娯しむのみ、豈に敢えて以て天王に聞せんや。

これによると、称帝の意図は、閩越・甌駱等の越人諸王に対して〝諸王の王〟としての〝帝〟を称することにあり、漢に対抗して〝皇帝〟を称したと言っているわけではない。称帝はあくまで百越世界を対象として行われたものである。

それは「文帝行璽」金印に楚制が反映されていることや、また称帝の直接の契機が長沙国との軋轢にあったこととも矛盾しない。南越国の帝璽は百越諸族の盟主としての〝帝〟を表象するものであり、それによって自らを中心とする政治秩序を独自に形成していたのである。その帝璽が一代ごとのものだったのは、百越世界では世襲された帝者よりも、個人の実力の方が評価される世界だったからであろう。このように解して初めて、閩越が趙佗の死去と共に南越を攻めたことも、南越が滅亡すると同時に東越の余善が〝武帝璽〟を刻んで自立を宣言したことも、すべて了解されるのである。

注

（1）倉修良主編『史記辞典』（一八八・六一〇頁、山東教育出版社、一九九一年六月）。
（2）周振鶴・游汝傑「地名的学問」（『百科知識』一九八〇年第四期）。
（3）蒋炳釗・呉綿吉・辛土生『百越民族文化』（二頁、学林出版社、一九八八年一月）
（4）董楚平『呉越文化新探』（一六～二一頁、浙江人民出版社、一九八八年十二月）。「戊」は甲骨文にも方国名として見え、越の前身に比定する説もあるが、趙誠氏は戊の地望を殷の西北方に比定して、その可能性を否定している（『甲骨文簡明詞典―卜辞分類読本―』一五六頁、中華書局、一九八八年一月）。
（5）工藤元男「秦の遷刑覚書」（『日本秦漢史学会会報』第六号、二〇〇五年）
（6）工藤元男「秦の巴蜀支配と法制・郡県制」（21世紀ＣＯＥアジア地域文化エンハンシング研究センター編『地域文化学の構築』所収、雄山閣、二〇〇六年三月）。
（7）余善殺害に関して『漢書』南粤伝は「及び故の粤の健成侯敖、繇王居股と與に謀り、倶に餘善を殺し、其の衆を以て横海将軍に降る」とし、これによれば東越の健成侯敖が繇王居股と共に余善の殺害を謀り、二人が余善を殺し、その部下をひきいて横海将軍に降服したことになり、衍侯呉陽は余善殺害に直接関与していなかったことになる。

（8）ただし秦が嶺南征服を開始した年代に関しては『史記』・『漢書』に明文がなく、秦王政二五年（前二二二）説、秦始皇二六年（前二二一）説、始皇二九年（二一八）説があり（余天熾他『古南越国史』三～四頁、広西人民出版社、一九八八年一月）、余天熾氏等は始皇二八年（前二一九）秋冬に想定し、張栄芳・黄淼章『南越国史』（二四頁、広東人民出版社、一九九五年十二月）は陶維英『越南古代史』（中訳本、科学出版社、一九五七年）に拠って、始皇二九年（前二一八）に想定している。

（9）『史記』巻一一二平津侯主父列伝所載の厳安の上書文によると、嶺南征服にさいして秦は監禄に命じて運河を開鑿し糧食を運ばせ、尉屠睢に命じて水軍で百越を攻めさせたが、糧食が欠乏すると越人の激しい反撃に遭って大敗した。そこで秦は「乃ち尉佗《ママ》をして卒を将いて以て越を戍《まも》らし」めたとある。これより趙佗は、秦の嶺南征服に派遣された将の一人であったことが知られる。

（10）長沙国は高祖五年（前二〇二）に呉芮が長沙・豫章・象郡・桂林・南海の五郡をもって冊封されたことに始まるが（『漢書』巻一高帝紀下）、実際に領有したのは長沙・豫章のみで、他の三郡はすでに趙佗の占領下にあった。さらに長沙国が冊封された六年後に趙佗は正式に漢の南越王に冊封されたので、長沙国・南越国間の積怨はこれによるという（揚万秀・鐘卓安主編『広州簡史』三七頁、広東人民出版社、一九九六年三月）。

（11）趙佗の没年齢をめぐる問題については、広州市文物管理委員会・中国社会科学院考古研究所・広東省博物館編輯『西漢南越王墓上』（三二三頁、文物出版社、一九九一年十月）に諸説が検討されている。以下、本書を『報告書』と略称する。

（12）『漢書』では後漢明帝劉荘の諱を避けて「厳助」に作る。

（13）この次公については古来ほとんど注釈もなく、嬰斉の家族中でいかなる位置にあるのか定かでない。ちなみに王利器主編『史記注釈（四）』（二四一一頁、三秦出版社、一九八八年十一月）では「次公という名の子供」と人名に解し、必ずしも兄弟間の長幼の呼称と解していない。
(14) 麦英豪・林斉華・王文建（西江清高訳）「「文帝行璽」金印と「泰子」金印」（『中国・南越王の至宝ー前漢時代　広州の王朝文化ー』一一六頁、毎日新聞社、一九九六年）。
(15) 栗原朋信氏は「秦・漢の際には、楚・越の地にはまだ生号を称する習慣があっ」たとしている（同氏著『秦漢史の研究』一七九頁、吉川弘文館、一九六〇年五月）。
(16) 秦波「西漢皇后玉璽和甘露二年銅方炉的発見」（『文物』一九七三年第五期）。
(17) 中国社会科学院考古研究所・河北省文物管理処『満城漢墓発掘報告上』（一四〇〜一四一頁、文物出版社、一九八〇年十月）。
(18) 梶山勝氏は漢隷とする「前漢南越王墓出土の金印『文帝行璽』に関する一考察」（『古代文化』第三六巻第一〇号、一九八四年）。
(19) 皇帝の鈕が〝螭虎紐〟であるのに対して「皇后之璽」玉印が〝金螭虎紐〟である理由を、栗原朋信氏は「玉よりも一級さがる黄金色の紐を附して、皇后の地位に適合させていたのであろう」と推測するが（同氏著『秦漢史の研究』一五五頁、吉川弘文館、一九六〇年五月）、三種の螭虎紐からそのような痕跡は確認できない。
(20) 以前筆者は、螭虎鈕を漠然と「ある種の竜と虎の組み合わさった形」と推測したことがあるが（『中国古代文明の謎』一八二頁、光文社文庫、一九八八年十月）、以上に述べたような意味でこの解釈をふたたび採用する。
(21) 『報告書』二九八頁では「六升　界（共）……」、同二〇三・三一三頁では「六升□共……」と釈文に相違がみられるが、銘文の写真や拓本はない。
(22) 福井重雅編『訳注　西京雑記・独断』（二一〇〜二一一頁、東方書店、二〇〇〇年三月）。以下に引く『独断』の文はこの読みに従っている。

郵便はがき

料金受取人払

麹町局承認

5625

差出人有効期間
平成２０年２月
２４日まで

1028790

108

東京都千代田区富士見
二―六―九

株式会社 雄山閣

愛読者カード係 行

■ご購読ありがとうございました。　是非ご意見をお聞かせください

ご購入の書名をご記入下さい。

書名

本書のご感想および小社の刊行物についてご意見をお聞かせください。

雄山閣購読申込書

◇お近くの書店にご注文下さい。

書　名	冊 数
	冊
	冊

ご指定書店名	取次店・番線印	（この欄は小社で記入致します。）

◇お近くに書店がない場合は、このはがきを小社刊行図書のご注文にご利用下さい。
郵便振込み用紙を同封させていただきます。
その際、送料380円ご負担となりますので、ご了承下さい。

ふりがな お名前		性別		生年月日 年　月　日
ご住所	〒 お電話番号　（　　）			
ご職業 勤務先		所属研究 団体名		

■アンケートにご協力下さい。

○本書をどこでご購入されましたか？
1.書店 2.生協 3.古本屋 5.インターネット 7.弊社直接販売 8.その他（　　）
○本書を何でお知りになりましたか？（複数回答可）
1.書店でみて 2.新聞・雑誌（　　）の広告で 3.人にすすめられて
4.書評・紹介記事をみて 5.図書目録（内容見本等）をみて 6.その他（　　）
○本書への感想をお聞かせ下さい。
内容1.満足 2.普通 3.不満（理由　　）
分量1.満足 2.普通 3.不満（理由　　）
価格1.満足 2.普通 3.不満（理由　　）
○弊社図書目録を希望しますか？ ○新刊案内等の発送を希望しますか？
1.はい 2.いいえ　　1.はい 2.いいえ

■ご記入いただきました個人情報は、弊社からの各種ご案内（刊行物の案内等）以外の目的には利用いたしません。

(23)『呉雲両罍軒彝器図釈』九・四。容庚『秦漢金文録』(一八五頁、洪氏出版社版、一九七四年六月)の釈文は「乗輿十湅銅鼎容一斗并重十斤四兩永始二年考工工林造護臣博守佐臣褒嗇夫臣康掾臣閎主守右丞臣閎守令臣立省第一」である。『秦漢金文録』はこの他に五点ほどの「乗輿」字を有する金文を著録している。

(24)『宋書』巻八二沈懐遠列伝附沈懐遠列伝に「『南越志』及び『懐文文集』を撰し、竝びに世に傳わる」とある(『南史』巻三四もほぼ同文)。輯本は『説郛』(一二〇巻本)六一、同(一〇〇巻本)六、『玉函山房輯佚書補編』、『経籍佚文』などに収録されている。

(25)阿部幸信「皇帝六璽の成立」(『中国出土資料研究』第八号、二〇〇四年)。

(26)栗原朋信氏もこの『太平寰宇記』引の『南越志』の記事を信用できないものとしている(同氏前掲書『秦漢史の研究』一八〇頁)。

(27)「広州鳳凰崗発現西漢大木椁墓」(『中国歴史学年鑑(一九八四年版)』三七八頁、人民出版社、一九八四年十月)。

(28)麦英豪・林斉華・王文建(三宅俊彦訳)「嶺南文化の光」(前掲『中国・南越王の至宝』所収、四頁)。

(29)工藤元男前掲書『中国古代文明の謎』一七四〜一八三頁。

(30)中村　茂「南越国の印璽と「帝制」」(『東アジア―歴史と文化―』第三号、一九九四年)。

(31)平勢隆郎「南越王墓出土の文字史料」(前掲書『中国・南越王の至宝』所収、一三四・一三五頁)。

(32)吉開将人「印からみた南越世界(前篇)―嶺南古璽印考―」(『東洋文化研究所紀陽』第一三六冊、一九九八年)、同中篇(第一三七冊、一九九九年)、同後篇(第一三九冊、二〇〇〇年)。

(33)吉開将人前掲論文「印からみた南越世界(中篇)」。

(34)阿部幸信前掲論文「皇帝六璽の成立」。

(35)吉開将人前掲論文「印からみた南越世界(前篇)」一三〇頁。

(36)張家山二四七号漢墓竹簡整理小組編著『張家山漢墓竹簡』「二年律令」(一三四・一三五頁、文物出版社、二〇〇一年十一月)。以下、張家山漢簡を引用するときは、本書の頁数だけを表記する。

(37)中村　茂前掲論文「南越国の印璽と「帝制」」九頁。

(38)広州市文物考古研究所・南越王宮博物館籌建弁公室「広州南越国宮署遺址一九九五―一九九七年発掘簡報」(『文物』二〇〇〇年第九期)。

(39)中国社会科学院考古研究所・広州市文物考古研究所・南越王宮博物館籌建処「広州南越国宮署遺址二〇〇〇年発掘邦国」(『考古学報』二〇〇二年第二期)、陳偉漢・劉瑞「広州南越国宮署遺址発掘又獲重大成果」(『中国文物報』二〇〇四年十二月八日)。

(40)広州市文物考古研究所・中国社会科学院考古研究所・南越王宮博物館籌建処「南越国宮署遺址出土木簡」(広州市文物考古研究所編『羊城考古発現与研究』所収、広州文物考古集之五、文物出版社、二〇〇五年十月)。以下、これを「簡報」と略称する。

(41)図版は中国社会科学院考古研究所編『居延漢簡甲乙編　上冊』(乙図版肆貳、中華書局、一九八〇年七月)、釈文は同下冊(三三頁、一九八〇年十二月)による。

(42)睡虎地秦墓竹簡整理小組編『睡虎地秦墓竹簡』(一八三頁、文物出版社、一九九〇年九月)。以下、睡虎地秦簡を引用するときは、本書の釈文の頁数だけを表記する。

(43)睡虎地秦簡「封診式」の「告臣」に、士伍甲が自らの所有する臣(奴隷)を県に売却を求める内容がみえる(前掲書『睡虎地秦墓竹簡』一五四頁)。

(44)呉王濞の子子駒《しく》が閩越に逃れ、父を殺害した東甌を恨んで、これを撃つよう閩越に働きかけたことが閩越の東甌侵入の原因である(第一節参照)。

(45) 西嶋定生『秦漢帝国—中国古代帝国の興亡—』(一九七頁、講談社学術文庫、一九九七年三月)。

(46)「外臣王国は、漢の爵命をうけた君主たちが漢の礼・法に従うだけで、国内の礼・法は独立していた」(栗原朋信「漢帝国と周辺諸民族」、同氏著『上代日本対外関係の研究』所収、三〇頁、吉川弘文館、一九七八年九月)。

(50) 栗原朋信前掲書『秦漢史の研究』二六一頁。

東アジアからみた高句麗の文明史的位相

李成市

はじめに

漢の武帝は、紀元前一〇八年に朝鮮王・衛右渠（衛氏朝鮮最後の王）を滅ぼし、朝鮮半島北部に楽浪郡をはじめとする四郡を設置した。他の三郡はその後に廃止されたり、移置されたりしたが、今日の平壌におかれた楽浪郡だけは、紀元後三一三年まで約四二〇年間存続した。楽浪郡設置以前にも、たとえば中国の青銅器文化は波状的に及んではいたものの、高度な中国文明が直接、しかも急激にこの地方に押し寄せたのは、楽浪郡が設置されてからである。こうした意味で、楽浪郡等の郡県設置は、この地域にとって、それ以前とは異なる次元の量的、質的な中国文明の波及をもたらしたとみなければならない(1)。

確かに、この四二〇年間にわたる楽浪郡をはじめとする郡県支配は、中国東北地方から朝鮮半島南部にかけての諸民族（エトノス）を圧迫し、独自の発展を阻害したことは否定できない事実である。しかし、ここで注目したいのは、秦・漢帝国によって中国の各地域が郡県支配へと移行し、間接支配から一元的な直接支配へと推移するにともない、たとえば特色ある蜀の地域文化が前漢初期には郡県化によって根絶したのに比して[2]、その一方で、旧楽浪郡他四郡の設置された地域は、それらの中国化した地域とは全く別な道筋を、その後にたどるという事実についてである。

周知のように、四世紀の初頭には、高句麗や百済によって楽浪郡や帯方郡は滅ぼされ、その頃を境にして、この地域に独自の民族国家が急激に形成されていったが、こうした点は際だった違いとして注目すべきであろう。

とりわけ、前漢以来、中国王朝と長期間にわたる政治的な葛藤を繰り広げてきた高句麗は、武帝が設置した郡県の圧力に抗しながら、しだいに古代国家の形成をとげていく。その過程で高句麗は、中国文明を積極的に受容するが、それらは高句麗の選択的な受容によって大きな変容が加えられていった。そのような高句麗にいったん受容され、変容された中国文明は、高句麗の四世紀以降の対外的な発展、とりわけ朝鮮半島南部への政治的な進出にともなって、朝鮮半島南部の新羅、百済、加耶、あるいは日本列島の倭へも高句麗の諸制度が波及するという現象が、ひろく政治、社会、文化の多方面にわたってみられるようになる。

本稿のねらいは、このように高句麗で形成された広義の制度、具体的には政治秩序や法が周辺諸国、諸民族に与えた影響関係、さらには、それによって形成された広域の地域文化と政治秩序を検討することによって、東アジアにおける高句麗の文明史的位相を究明することにある。

高句麗は、紀元前後より六六八年に滅亡するまで、中国東北地方から朝鮮半島北部にまたがる地域に古代国家を展開した。中原の中国王朝とは時には戦争を交えることもあったが、巧みな外交関係を結びながら、国際的な立脚点を確かなものとし、その一方で、国内や周辺諸地域の民族や国家に対して多大な政治的、社会的、文化的な影響を及ぼした。

このような高句麗が周辺諸国、特に朝鮮半島南部の百済、新羅、加耶、倭といった国々におよぼした影響関係について、現段階の研究成果に基づきながら、国際的にも共有することができる諸事実を中心に取り上げることとする[3]。

一　高句麗の政治制度と東アジア諸国

（1）官位制（官等制）

高句麗は、紀元前後には前漢王朝と激しく抗争した事実が中国側の文献（『漢書』）に伝えられており、そのころに古代国家としての基盤を整えていたとみられる。高句麗をはじめ、中国から「東夷」と呼ばれた東アジア諸民族の古代国家の形成過程を検討する際に注目されるのは、王者の下に組織された個人的身分制＝官位制である。いくつかの部族共同体（高句麗の五部、百済の五部、新羅の六部）を王権の基盤とする東アジアの古代国家においては、王権はそれらの部族の拘束をうけざるをえなかった。[4] 王者は、そのような部族を王権の実質的な権力基盤としながらも、ある段階に至ると、そうした部族の拘束（族制的身分秩序）を超えた個人的身分制すなわち官位制を組織し、そのような人的基盤の上に、王朝支配領域の人民に対する政治的支配を貫徹させようとした。要するに、官位制は、古代国家の新たな王権基盤となるべき秩序体系であった。

これまでの研究によって、高句麗では、二世紀末から三世紀頃には一〇等の初期官位制を成立させ、さらに四世紀頃には一三等の官位制へと改編されていた事実が明らかにされている。[5] このような官位制は、百済においては遅くとも六世紀には一六等の官位制として成立したとみられており、新羅においては五二〇年に一七等の官位制が成立したこともまた明らかにされている。[6]

高句麗、百済、新羅の三国の官位制は、衣・冠・帯などで可視的に識別できる点で共通しており、その構造においても、高句麗の強い影響の下で成立したと考えられている。例えば、三国で共通するのは、上位五官位は特権階層によって独占されていたという事実である。[7]

また、その全体の官位体系（官位数）においても新羅の一七等の官位は、高句麗一三等の体系を基本として、その下に四等を増加したものであり（さらにその後、二等を加上した）、百済の一六等は、高句麗の一三等に上位に一等を加上し、下に三等を加えた体系である[8]。

ここには高句麗の最上位の大対盧を超える地位を創設することで、高句麗に対抗しようとする百済、新羅の後進二国の姿勢がみてとれる。また、日本では、推古大王一一年（六〇三年）に冠位一二階が制定されたが、これも高句麗の一三等の官位の影響の下で成立したものであった[9]。

【高句麗】

①	大対盧
②	太大兄
③	烏拙
④	太大使者
⑤	位頭大兄
⑥	大使者
⑦	大兄
⑧	褥奢
⑨	上位使者
⑩	小使者
⑪	小兄
⑫	諸兄
⑬	先人
〔⑭	自位〕

【新　羅】

京位		外位	
	〔太大角干〕		
	〔大角干〕		
①	伊伐湌		
②	伊尺湌		
③	迊湌		
④	波珍湌		
⑤	大阿湌		
⑥	阿湌		
⑦	一吉湌	①	嶽干
⑧	沙湌	②	述干
⑨	級伐湌	③	高干
⑩	大奈麻	④	貴干
⑪	奈麻	⑤	選干
⑫	大舎	⑥	上干
⑬	舎知	⑦	下干
⑭	吉士	⑧	一伐
⑮	大烏	⑨	一尺
⑯	小烏	⑩	彼日
⑰	造位	⑪	阿尺

【百　済】

①	佐平
②	達率
③	恩率
④	徳率
⑤	扞率
⑥	奈率
⑦	将徳
⑧	施徳
⑨	固徳
⑩	季徳
⑪	対徳
⑫	文督
⑬	武督
⑭	佐軍
⑮	振武
⑯	克虞

備考：〔　〕は補足

表１　三国官位制の対照表（武田幸男氏作成）

巨視的にみれば、高句麗の官位制が早期的に形成され成立し、それの影響の下に、新羅・百済の官位制が成立し、その後、約一世紀後に、日本においても大王の下に個人的な身分制の秩序体系を成立させたことになる。いわゆる東夷諸族の古代国家形成の推移を見るとき、王権の新たな権力基盤となった官位制は、その国家段階を見極めるための大きな指標となるが、高句麗の先駆性とその影響力は、上述のような官位制によって明確に認めることができる。

（2）大王補弼制度（大対盧・上大等・大佐平・大臣）

高句麗の権力構造の特色は、王すらも制御できない政治的実力を有していた大対盧にある[10]。もともと大対盧は、官位一三等の最高位ではあるが、「国事を惣知」（国の政治を統括）する高句麗の最高の権力を握った者の職位でもあった。三年ごとに交代することを原則としていたが、軍事的実力をもって、この地位を争い、その権力闘争の間は、王すらも関与できなかったことを中国側の史料[11]は伝えている。

この大対盧は、日本に伝わる諸史料によれば、高句麗人によって「大（マカリ）対盧（タロ）」と呼ばれていたことが推定される。この呼称とまったく同じものが新羅の上大等（上［マカリ］大等［タロ］）である[12]。上大等は「上臣」とも表記され、多数の大等（「臣」）を率いて[13]、その時々の職務を遂行する新羅最高の職位であった。その設置は、『三国史記』には、五三一年と伝えられている。

新羅の上大等は、国王の臣下ではあるが、一国王に対して一人の上大等がその進退を共にするのが原則であった。新羅の場合、和白と呼ばれた合議体が存在し、全会一致を原則として国事を議していたことが知られているが、大等とは、もともとは族長層に与えられた職位であり、かつ合議体である和白の構成員であった[14]。

その固有の呼称が同一であることからも推測できるように、新羅の上大等が、高句麗の大対盧制の強い影響の下で成立した職位であったことは明白である。しかし、新羅の上大等は、高句麗の大対盧が最高官位であったのと異なり、新羅官位制とは別に存在していたのであって、別個に形成されたものであった点[15]には留意しなければならない。

新羅に影響を及ぼした大対盧制は、さらに日本にも影響を及ぼし、七世紀の倭国には、大臣制として導入された。大臣（オホマエツキミ）は、臣（マエツキミ。「卿」「大夫」とも表記される）の合議体の主催者として、また、王権の補完者として、大王家の外戚が担い、最高位の紫冠を授けられた。また大王が代わるたびに、『日本書紀』の巻頭に、任命・留任記事が置かれることになった[16]。

さらに、百済にも大佐平の職位が確認され、各部署を分掌する六佐平の上位にあって、統括する役割をはたしていたと推測される。

以上のことから、高句麗の大対盧制は、新羅の上大等、百済の大佐平、倭国の大臣などは、高句麗の大対盧制の影響の下に形成された権力構造であったことが理解される。(17) このような高句麗をはじめとする東アジア諸国の王権を補弼した大対盧、上大等、大佐平、大臣を、いま仮に大王補弼制と呼ぶことにすると、高句麗の大対盧制の影響下に形成されたこの制度は、ほぼ同時期に解体の動きがあったことに注目される。

すなわち、これまでも指摘のあったように東アジア諸国では、六四〇年代には各国において、あたかも連鎖的に起こったかのような内乱が頻発した。それらを示せば下記の通りである。

六四二年　高句麗　淵蓋蘇文の乱(18)
　大対盧の淵蓋蘇文が栄留王・諸大臣一八〇余人を殺害、王子の子を擁立
　淵蓋蘇文、大対盧から莫離支（第二位）へ
六四二年　百済　義慈王の専政(19)
　大佐平らの左遷、太子を廃し、大佐平らを日本へ追放
六四五年　倭国　乙巳の乱
　中大兄・鎌足、蘇我蝦夷・入鹿（大臣）を殺害
六四七年　新羅　毗曇の乱(20)
　上大等の毗曇、善徳王廃位を唱えて反乱、金春秋・庾信ら乱を鎮圧し権力掌握

従来、東アジアの権力集中現象とみなされてきた[21]これらの諸事件は、大王補弼制度に注目すれば、それまで大王を補弼してきた大対盧、上大等、大佐平、大臣の地位にあるものが、殺害されたり（倭国・新羅）、廃されたり（百済）、あるいは、その地位そのものが空洞化されたり（高句麗）している。

六四〇年代に起きた諸事件は、大王を補弼、あるいは掣肘する職位が無化される点で共通しており、大王補弼制度が東アジア諸国において軌を一にして、権力集中の過程で内実が変質していったとみられる。そのような大王補弼制度の淵源に高句麗の大対盧制があった点に注目したい。

（3）法典としての律令

高句麗は、『三国史記』によれば、小獣林王三年（三七三年）に初めて「律令」を頒布したと記している。これがどのような実態を反映するものか、全く関連する資料がなく明らかではなかった。一方、新羅においても、『三国史記』は法興七年（五二〇年）に律令が頒示したとあり、新羅の律令については、官位制を前提とする衣冠制の成立を中心として新羅の固有法の整備と捉える見解が日本の学界では有力であった[22]。

しかしながら、一九七〇年代末から今日に至るまで、六世紀における新羅の石碑や木簡が発見されることによって、六世紀前半には、法の整備やそれに基づく、文書行政が相当の水準でなされていたことが判明してきた[23]。少なくとも、慶尚南道咸安郡に所在する城山山城出土木簡によれば、新羅は六世紀半ばには、城・村（統一新羅の県に相当する）単位に、年齢ごとに人民を籍帳で把握し、国家事業に動員していたことが推定される[24]。また、蔚珍郡鳳坪里で発見された新羅碑（五二四年）には、「杖六十」「杖百」といった杖刑が記されており、この当時の新羅における刑罰に関する法令の一端がうかがえる[25]。

「律令」とは、一般的な理解に従えば、古代中国で成立した成文法として制定された法典の総称であり、律が刑罰について定めた法典であるのに対して、令は、行政機構や土地人民の支配に関して定めた法典である。本稿の後半でも指摘するように、近年、新羅に関する出土文字資料をみる限り、六世紀前半期に新羅において法制の整備がかなりの水準にあった事実が明らかになってきた。

それゆえ、上記した法興王七年の律令制定の記録は、それなりの事実を反映しているとみなければならないが、その際に留意しなければならないのは、新羅がそのような法典の整備をいかにして成しえたのかという歴史的背景である。結論のみを述べれば、当時の新羅は、五世紀から六世紀前半に至るまでの間、中国王朝との直接交通を断っており、中国経由の法典の受容は考えにくい[26]。後述するように、石碑による法令の告示の仕方や、文章構造、文字の字体など高句麗的な要素が濃厚であることからすれば、上述したような新羅の律令が高句麗の強い影響の下で整備されたことは、疑いないものと思われる。

二　高句麗の地方統治制度と防御体制

(1) 地方統治制度

遼東半島から朝鮮半島南部にまたがる広大な高句麗の統治領域には、地方官が派遣された。高句麗は、地方の自然村落がいくつか集まった邑落を基本単位として、これを評あるいは城と呼んだ。中央の王都からは、軍事的な性格の強い地方官が派遣された。邑落の大きさや、軍事的な重要度によって、地方官には格差があった。最も重要な城には、長官の褥薩と副官の可邏達が派遣された。その次の規模の城には、処閭近支と可邏達が派遣された。褥薩は軍主、処閭近支は道使とも呼ばれていた。さらに小さい城には婁肖のみが派遣された[27]。

こうした高句麗の地方制度は、周辺の諸国に強い影響を及ぼすことになった。たとえば、六世紀に飛躍的な領域拡大を行った新羅は、基本的に、地方統治体制は高句麗の制度を継承している。ただし、新羅の場合、地方の邑落は、その重要度にしたがって、州―郡―城・村といった三段階の名称が与えられ、それぞれ地方官が派遣されたが、州には軍主が派遣され、末端の城や村には、道使が派遣された(28)。

一方、百済においても、その地方体制は、方―郡―城といった新羅と同様に三段階に編成されていたが、郡と城には、高句麗・新羅と同様に道使が派遣されていた(29)。

新羅、百済の諸城に派遣されていた道使は、高句麗に由来する地方官であるが、新羅の石碑や、近年出土の新羅木簡、百済木簡にもその名称が確認され、同時代資料によって裏づけられるに至っている(30)。

日本列島の倭国にも高句麗の地方統治制度は影響を及ぼしている。『日本書紀』には大化改新後(六四六年)に倭国に地方行政組織としての郡の規定が記されていたが、金石文、木簡などから、七世紀には、「評」と表記されていたことが明らかにされている。評制は、高句麗の邑落を評と呼んだことに由来するものと推測されるが、行政機能と軍事機能をあわせもった評制は七世紀半ばに施行されて、大宝令(七〇一年)によって郡制に転換されるまで、全国的に置かれたとみられている(31)。

(2) 山城と防御体制

始めに述べたように、高句麗は前漢以来、中国諸王朝との抗争の中から次第に台頭した。その過程において、高句麗は勢力をおよぼした各地に山城を築いた。いくつかの自然邑落を基礎単位とする一定の地域は、山城がその地域の支配拠点となった。高句麗はこのような山城を各地域に築きながら、王都を中心に拡大していった広大な地域の防御体制を作り上げていった(32)。

高句麗の山城は、地方の交通の要衝や軍事戦略上の要衝の地を立地条件として、敵の攻撃を防ぐにふさわしい急峻な山稜を選んで築造された。これらの山城のうち、高句麗の初期の王都と推定される桓仁の五女山城や、中期の高句麗の王都であった集安に築かれた山城子山城、後期の王都となった平壌の大城山城は、いずれも前面に肥沃な平地を控えている点で共通している。

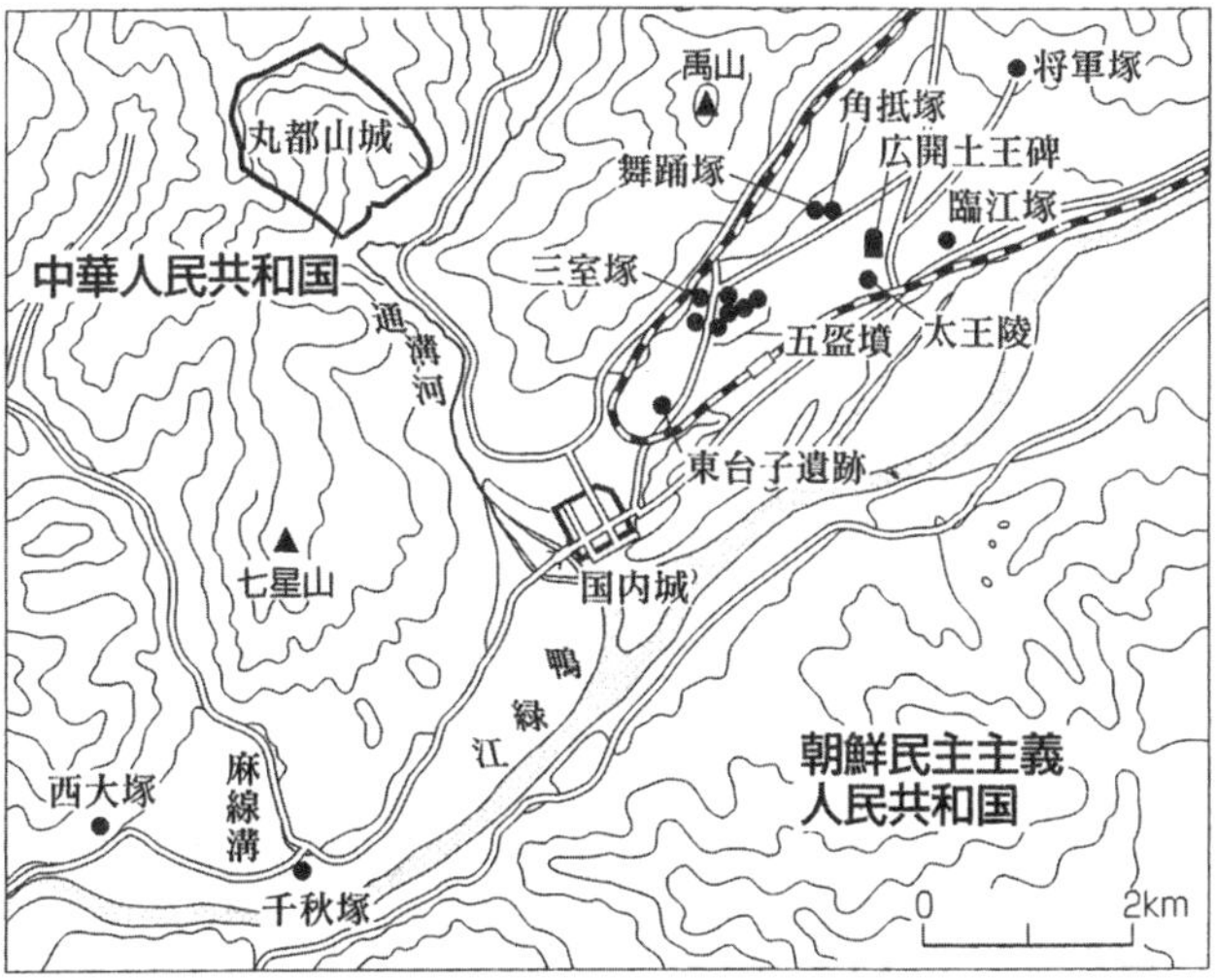

図1　集安市付近の遺跡分布図

このような高句麗で独自に発展した山城は、朝鮮半島の南部にも伝わり、百済や新羅、加耶、そして日本列島の倭国にも大きな影響を及ぼし、それらの地域にも山城は数多く築造されることになった。

高句麗の王都の景観で注目されるのは、平時の居城である平城と、外敵の侵略などの非常時のための逃げ城としての機能をもつ山城とが、一対（セット）になって王都の主要部を構成していた事実である。高句麗中期の王都・集安は、一辺約七〇〇メートルの方形をした通溝城（国内城）を平城とし、その北方に控えている山城子山城（丸都山城）とが一対となっている。一方、後期の王都であった平壌においても、最末期の長安城へ遷都するまでは、大城山城と清岩里土城とが一対となって王都の主要部を形成していた(33)。

なお、このような平城と山城を一対とする王都のあり方は、高句麗の地方拠点の形成においてもみられた。高句麗では平地の生活空間（平城）に、逃げ城を加えて完結するものであった(34)。

こうした高句麗の王都や拠点形成のあり方は、朝鮮半島南部の諸国にも強い影響をおよぼした。漢城時代（?〜四七五）の百済には、漢江南岸にそって周囲三・五キロメートルの長方形をした風納里土城が平時の平城として推定されており、山城の候補としては、二聖山城、あるいは南漢山城が推定されているが、現時点では考古学的な裏づけを欠いている(35)。

また、新羅の慶州においては盆地の中央部の半月城を王の居城とし、その南方の南山新城を山城として、一対をなしていた(36)。加耶諸国の中でも、高霊に位置した大加耶国や、咸安に位置していた安羅国などでも、平城と山城が王都の中心部分を構成していたことが推定されている(37)。これらの起源には、高句麗の王都や拠点形成の発想が継承されたと考えられる。

三　高句麗の文字文化とその影響

高句麗の文字文化(38)の一端を伝えるのは、中期の王都・集安に四一四年に建立された『広開土王碑』である。高さ六メートルの四面体の石碑には、一七七五文字が刻まれているが、その内容は整然と構成されており、漢文体として解読することに全く支障はない。これに比して、その後の高句麗碑や新羅碑の多くが正格漢文体ではない点は軽視できず、『広開土王碑』は、高句麗の碑文の中でも特殊な位置を占めている。

その形態や内容からも『広開土王碑』は一見して中国の墓碑や墓誌とは性格を異にしており、その立碑目的は、長寿王が父・広開土王の遺言に従い、三三〇戸の墓守人設定の由来を明記し、その墓守人を未来永劫にわたって再生産させるために、彼らの売買を禁じる法令を宣布するための媒体であった(39)。それゆえ、「万年後」まで墓守人を安泰に保持するためには、長期間に及ぶ不特定多数の読者をも想定しなければならず、そのような目的と内容から、周到な正格漢文で記されることになったと推定される。『広開土王碑』にみられるように、法令を石碑に記し、宣布する方法は、その後に、新羅に大きな影響を及ぼすことになる。(40)

たとえば、新羅の①『迎日冷水碑』（五〇三年）や②『蔚珍鳳坪碑』（五二四年）、③『丹陽赤城碑』（五四五＋α年）など、六世紀前半期の碑石は、①新羅の高官が地方の紛争を裁定した結果を記して祭祀を挙行したことや(41)、②地方民を処罰して誓約させたり(42)、また、③功績があった人物の家族に対して恩典を与え、その事例を新羅全土で適用することを宣言している(43)。要するに、これらの三碑は国家の意思決定を石碑に刻し、長く後世に伝えることを意図している点で『広開土王碑』に通じるものがある。

韓国の忠州には、五世紀前半と推定される『高句麗中原碑』が今も現地に立っている。高さ二メートル余の柱状の石碑には四面にわたって文字が記されていたと推定され、その形態自体が広開土王碑を三分の一ほどに縮約した姿をしている(44)。磨滅が激しく判読は困難であり、全体の構成など不明な点が多いものの、その文体は、一見して漢文体とは異なるものである。とりあえず、このような文体を日本古典研究における用語をもちいて「変体漢文」と呼称しておくことにする(45)。

現在判読できる文字による限り、建立年代は五世紀前半頃であり、高句麗優位の中で新羅を政治的に下位に位置づけようとする高句麗の強い意志がみてとれる。たとえば高句麗は新羅王を「東夷之寐錦」（寐錦は新羅の王号）とみなしながらも、「如兄如弟上下相和守天」（兄の如く弟の如く、上下相い和して天を守る」といった融和的なイデオロギーをもって両者の政治関係を語っている。そのほかに、新羅王以下、高官に衣服を賜授していた事実や、新羅の領内に高句麗の軍官が駐屯させ、そのもとに新羅人を組織していたことなどが読みとれる(46)。こうした高句麗と新羅との政治関係を知らしめるという目的と、碑文の主たる読み手が立碑地に関わる新羅人であったことが、碑文の文体を規定していたと考えられる。

要するに、読み手と書き手が限定されていれば、『広開土王碑』のような正格漢文ではなく、変体漢文が通用していたのである。留意しなければならないのは、変体漢文とは、決して漢文が崩れたという性質の文体ではなく、漢文（中国の文章語）とは原理的に異なるものであり、外国語（中国語）としての回路をもつことなく、自分たちの言葉の中で漢字を用いることを意味するという点である。言いかえると、高句麗の変体漢文は、それ自体が外国の文字としての漢字が、高句麗社会に内部化、成熟化、社会化していることを示しているのであって、『中原高句麗碑』にみられるように、それが新羅との間のコミュニケーションで用いられているとすれば、高句麗の高度な文字文化が、新羅に伝播し、共有されていたことを如実に物語っていることになる。碑石の広範な読み手が存在しなければ、変体漢文は成立し得ないからである(47)。

もう一つ注目すべきは、先に述べた『広開土王碑』は、王の命令である「教」「教令」を重ねて記し、「制」の内容を末尾に記して法令を宣布しているのだが、それと同じように『中原高句麗碑』も同様に、「教」を重ねて高句麗王の政治的意志を告知する文体の形式は共通している。また、上で掲げた六世紀の新羅の碑石も、変体漢文であり、「教」や「教令」を重ねて、政治的意志を宣布する形式は、『広開土王碑』や『中原高句麗碑』に共通している(48)。『中原高句麗碑』にみられるように、この時代の高句麗と新羅の政治関係は、新羅の文字文化の諸方面をも規定したとみられる。たとえば、新羅の王都であった慶州の路西洞一四〇号墳から出土した青銅製壺杅の底には、

乙卯年国／岡上広開／土地好太／王壺杅十

という銘文が鋳出されていたが、その文字は「広開土王碑」に酷似する書体である。「乙卯年」は、「広開土王碑」建立の翌年（四一五年）にあたり、広開土王の祭祀が高句麗王都で挙行された際に、新羅の使者に賜与されて新羅にもたらされたと推定される。高句麗の文字は権威の象徴として新羅へと誇示されたのである。

底部に鋳出された文字で注目されるのは、まず、「岡」字が「罡」となっている点で、この字形は中国にはほとんど

みられない。しかし高句麗では広開土王碑をはじめ、「牟頭婁墓誌」「輯安県上活竜村出土陶片」などにもみられ、新羅でも「蔚州川前里書石」に認められる。さらに日本では、法隆寺所蔵「銅板造像記」（六九四年）をはじめ、威奈大村骨蔵器（七〇七年）や多胡碑（七一一年）などにみられる。(49)

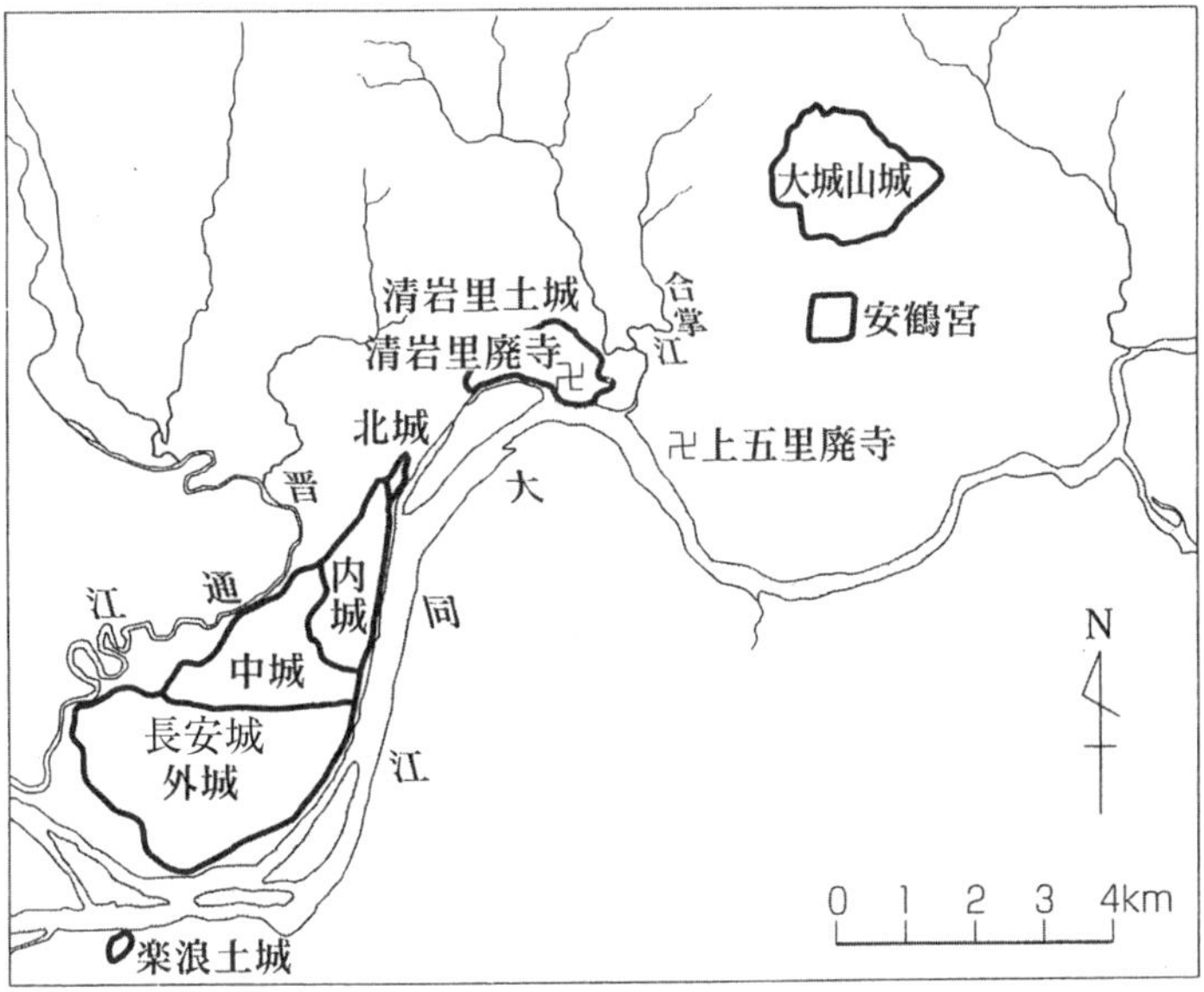

図２　平壌市付近図

また、「開」字は「[冂+开]」となっているが、中国でも類似した字形は居延漢簡に確認できるものの、用例は少ない。一方、日本列島では、長野県屋代遺跡群出土木簡や、正倉院文書中の天平二一年具注暦断簡にもみられる。高句麗で使用された異体字が各地に拡散して使用されているのである。(50)

さらに壺杅の銘文の上部には「井」字のような印が傾斜して（※）付されているが、この符合は韓国出土の土器にも数多く見いだせるほか、古代日本の墨書土器、箆書土器にも頻出する符号であって、それらの用例を参照すると、それは魔除けの符号として用いられていることが推測される。(51)日本列島にまで確認される文字の省略体を含め、壺杅の符号もまた、高句麗にその源流を求めることができるであろう。

このほかに、高句麗に起源し、他地域に影響を及ぼした文字資料に城壁石刻がある。高句麗は四二七年に平壌へ遷都したが、六世紀中頃に王城（清岩里土城）の南部に新たな都城の造営にのりだす。これが長安城で、その築造の際に、監督者の名と、工事の分担区間（方向・距離）を記したのが城壁石刻である。現在まで、五つが確認されている城壁石刻は、同一形式をそなえており、五五二年から五九三年にわたる築城の過程で刻されたことが明らかにされている(52)。

その中の「丙戌年」の石刻には、新羅、百済、日本の文字文化に与えた影響を考える際に、いくつかの注目される点がある。まず、冒頭に築造の年月を「丙戌二月中」と記しているが、この「中」字は、上述の中原高句麗碑にも「五月中」とみえている。また、新羅の六世紀以降の碑文や木簡、文書などにも類例が多数みらる。日本でも、「江田船山古墳出土太刀銀象嵌銘文」や、「法隆寺金堂釈迦三尊造像記」にも「八月中」「癸未年三月中」とある。これらの「中」字は、すべて時格（〜に）として用いられ、高句麗の影響の下に広まったと推定される(53)。

これらの石刻の中には、築造者の王都における出身地である「後部」を「後卩」と記しているものがある。「部」とは、高句麗支配層の王都における五つの地域区分（五部）の一つであったが、部の略字体である「卩」は、百済や、日本にも伝わり広く用いられた。

また、こうした高句麗の城壁石刻のように城壁の築造に際して、その監督者の名や、工事の分担区間を記した石刻は、新羅にも継承され、現在まで、「明活山城碑」（五五一年）、「南山新城碑」第一碑〜第一〇碑（五九一年）、「新垈里城石刻」（七世紀後半）などが確認されている(54)。

さらに、高句麗で造字され、諸国に広まったものに「椋」字がある。古代日本では、「椋」字は、クラ（蔵、倉庫）の意味で用いられていることは、よく知られた事実であるが、日本固有の国字とされてきた。中国には今に至るまで「椋」字に、そのような意味は全くないからである。

しかしながら中国の正史『周書』には、百済は「内椋部」「外椋部」という官司があったことを伝えており、これは古代日本の「内蔵」（王室財政）「大蔵」（国家財政）に相当する官司であると推定されてきた。また慶州皇南洞遺跡から出土した新羅木簡にも、「下椋」「仲椋」という文字が検出され、中国にはない「椋」字のクラとしての用例が明らかになった[55]。

この「椋」字が高句麗で造字された経緯は、次のように考えられる。『魏志』高句麗伝には、「高句麗には大倉庫がなく、小倉を名づけて（高句麗人は）『桴京』といっている」と記されており、「椋」字は、この「桴京」から出たことがすでに指摘されている[56]。その具体的な造字の過程については不明であるが、私の推測によれば、「桴京」の「桴」字は、高句麗人たちが倉（クラ）を意味する固有語（「フクル」あるいは「ホコラ」）の冒頭の音を写し、「京」字は、クラを意味する漢字の訓を重ね合わせたとみられる。桴＝音、京＝訓を合わせて「桴京」という小倉を意味する高句麗の漢字語が作成されたのである。いつしか、この「桴京」という単語は、高句麗人によって、「桴」字の木篇と下の「京」字が合わせられ、「椋」という字になったと考えられる[57]。一方の篇を用いて、二字を一字にする造字は、日本には類例があり、たとえば、如来は、女篇に、来と合体させて「婡」と記しているテクストが日本には存在している[58]。

以上のように、文体（変体漢文）、造字、略字、用語、用字法から、王命、法令の宣布方法に至るまで、高句麗の文字文化は、隣国の新羅、百済、加耶、倭国に多大な影響を及ぼしたと見なければならない。高句麗は、中国の漢字文化を独自に変容させ、その新たな文字文化をもって周辺諸国に多大な影響をおよぼしたのである。

高句麗の文字文化が及ぼす範囲は、文字が時間と空間をこえて人間の意志の伝達を可能にするという文字の性格上、必然的に文字を媒介とする政治、社会、文化などおおよそ人間の活動の諸方面に波及するものであった。前章で述べた如く高句麗の政治制度が周辺諸国に及んだのも、また、本稿では言及できなかったが、仏教や儒教の伝播においても高句麗の文字文化が果たした役割から再検討されるべきであろう。

近年、朝鮮半島において角筆（象牙などの先端で紙面を押しへこませて、文字・符号を書いた筆記具）による文字、省略字などが発見され、日本におけるオコト点や訓読法の起源が、朝鮮半島にあったことが検証されつつある[59]。現在のところ、資料の制約もあり、七世紀後半以降の新羅との関係が注目されているが、新羅の文字文化が高句麗の強い影響の下に発展したことを考慮すれば、朝鮮半島南部の諸国や、日本列島の倭国における漢籍の読解法が高句麗に由来することも十分に可能であり、そのような視角からの検討も今後おこなわれる必要がある。

おわりにかえて──楽浪地域の文明化と高句麗

戦後の日本の歴史学界においては、中国に生まれた文字である漢字を媒介にして、東夷とよばれた東アジア諸民族に、儒教、仏教、律令を共有する文化圏の形成を重視する見方が強調されてきた。この東アジア文化圏の形成は、文化それ自体が自己運動のように波及するのではなく、中国皇帝と、周辺諸民族の君長（王）との間の政治関係（君臣関係、およびシステムとしての冊封体制）の成立によって、政治的な力学の中で、伝播、受容されたとみられてきた[60]。

しかしながら、東アジア諸国における文化の伝播過程を子細に見てみれば、中国皇帝と周辺諸国の君長との二国間関係に規定されると言うよりは、中国文明が周辺諸国に伝播、受容される過程には、中国との関係以上に、周辺諸民族相互間の関係の中で、中国文明の伝播と受容が促進されている事実がむしろ顕著である[61]。

とりわけ、中国王朝と長期間にわたって政治的な葛藤を繰りひろげてきた高句麗は、本稿で明らかにしたように、中国文明をいち早く受容するが、それは高句麗の選択的な受容によって大きな変容が加えられていた。そのような高句麗にいったん受容され、変容された中国文明は、高句麗の四世紀以降の対外的な発展、とりわけ朝鮮半島南部への政治的な進出にともなって、朝鮮半島南部の新羅、百済、加耶、あるいは日本列島の倭へも高句麗の諸制度が波及するという現象が政治、社会、文化の多方面にわたってみられた。

高句麗、百済、新羅、加耶諸国、倭、渤海といった古代東アジアに展開した諸国は、中国周辺諸国の中でも特に中国文明の伝播、受容という点で、どこの地域よりも積極的な受容がみられた特別な地域である。これらの諸国が展開した中国東北地方から朝鮮半島、日本列島の地域文化圏を、作業仮説として「楽浪地域文化」と設定してみると[62]、この地域に及んだ普遍文明としての中国文明が、この地域に伝播・受容されていく過程とは、高句麗による先駆的な受容と変容が楽浪地域の文明受容の道を切りひらいていった過程として捉えることができるのではないだろうか。

この地域の文化的な特徴とは、漢字文化に垣間みられるように、中国文明の枠組みを受容することによって、固有の文化を巧妙に保全させている点に見い出すことができる。いわば中国文明の中に、固有の文化を織り込ませるように保持させているともいえよう。このような文化状況は、もはや漢化（中国化）とは言うよりは、むしろ文明化されたと評価すべきものである。そのような「楽浪地域」の文明化にとって、高句麗が果たした役割は、文明化の媒介者[63]ともいうべき位置を占めており、その評価は決して小さなものであってはならない。

注

（1）楽浪郡設置後の変化については、李成市「東アジアの諸国と人口移動」（『古代東アジアの民族と国家』岩波書店、一九九八年）を参照。

（2）工藤元男「秦の巴蜀支配と法制・郡県制」（早稲田大学アジア地域文化エンハンシング研究センター編『アジア地域文化学の構築』雄山閣、二〇〇六年）。

（3）本稿は、二〇〇五年四月にハーバード大学で開催されたシンポジウムにおける報告原稿(「高句麗と東アジア諸国—その政治的文化的影響について」Koguryo and Its Political and Cultural Influence on East Asia April5-7,2005,The Harvard Conference on Koguryo History and Archaeology, Harvard University Faculty Club）を骨子に大幅に加筆した。

（4）高句麗王権と五部の関係については、李成市「高句麗泉蓋蘇文の政変について」（『古代東アジアの民族と国家』岩波書店、一九九八年）、新羅王権と六部については、李成市「新羅文武・神文王代の集権政策と骨品制」（『日本史研究』五〇〇、二〇〇四年四月）参照。

（5）武田幸男「高句麗官位制の史的展開」（『高句麗史と東アジア』岩波書店、一九八八年）。

（6）武田幸男「新羅官位制の成立」（旗田巍先生古稀記念会編『朝鮮歴史論集』上、龍渓書舎、一九七九年）、武田幸男「六世紀における朝鮮三国の国家体制」（井上光貞ほか編『東アジアにおける日本古代史講座』学生社、一九八〇年）。

（7）武田幸男「六世紀における朝鮮三国の国家体制」（前掲書）。

（8）武田幸男「六世紀における朝鮮三国の国家体制」（前掲書）。

（9）宮崎市定「三韓時代の位階制について」（『朝鮮学報』一四、一九五九年一〇月）、武田幸男「六世紀における朝鮮三国の国家体制」（前掲書）。

（10）大対盧については、武田幸男「高句麗官位制の史的展開」（前掲書）三七九〜三八六頁参照。

（11）『隋書』高句麗伝および陳大徳『高麗記』。なお逸文の形でのみ現存している『高麗記』については、吉田光男「『翰苑』註所引「高麗記」について」（『朝鮮学報』八五、一九七七年一〇月）参照。

（12）末松保和「新羅建国考」（『新羅史の諸問題』東洋文庫、一九五四年）一六〇頁、武田幸男「六世紀における朝鮮三国の国家体制」（前掲書）六五頁。

（13）李基白「大等考」（『新羅政治社会史研究』一潮閣、ソウル、一九七四年）。

（14）李基白「上大等考」（『新羅政治社会史研究』一潮閣、ソウル、一九七四年）。

（15）武田幸男「六世紀における朝鮮三国の国家体制」（前掲書）六五頁。

(16) 倉本一宏『日本古代国家成立期の政治構造』(吉川弘文館、一九九七年)。
(17) 倉本一宏『日本古代国家成立期の政治構造』(前掲書)。
(18) 李成市「高句麗泉蓋蘇文の政変について」(前掲書)。
(19) 義慈王の専政と乙巳の乱については、鈴木靖民「七世紀東アジアの争乱と変革」(田村晃一・鈴木靖民編『新版古代の日本』二、アジアからみた古代日本、角川書店、一九九二年) 参照。
(20) 武田幸男「新羅毗曇の乱の一視角」(『三上次男博士喜寿記念論文集　歴史編』平凡社、一九八五年)。
(21) 石母田正『日本の古代国家』(岩波書店、一九七一年)。
(22) 井上秀雄「朝鮮・日本における国家の成立」(岩波講座『世界歴史』六、一九七一年) は、「五二〇年に律令制度が導入されたことを積極的に支持する史実は見いだせない。しいていえば、初期の身分制から発展し、七世紀後半以後の律令時代にも存続した官位制が、このころほぼ完成していたことぐらいである」と述べている。また、武田幸男「新羅法興王代の律令と衣冠制」(朝鮮史研究会編『古代朝鮮と日本』龍渓書舎、一九七四年) は、「法興王七年に始めて頒示されたという「律令」の内容は、「百官の公服・朱紫の秩」に関する規定にほかならず、その具体的規定は『三国史記』に収録されている法興王代の「衣冠」制であった。(中略) 衣冠制からみて、法興王七年の「律令」をいかに考えるべきか、(中略) 衣冠制はその律令のうちの「衣服令」に当たるとする、田鳳徳氏の提案がある。これはまことにもっともであるが、令の編目に衣服令があったのか、そもそも令に独自の編目があったのかどうかについてすら、何の確証もない。中国で発達してきた、あの特定の形式・内容をもつ体系的な律令法の存在を想定することは、法興王代においては無理であろう。(中略)「律条」などの表現にかんがみ、単に法令、法律、法則といった用法とみてよいのではなかろうか。用語から実体を推す方法は、この場合には避けるべきであろう。その限りでは、いわゆる律令否認説は正しい。しかしその正しさは事実の一面にすぎなくなり危険をはらむ。その「律令」の背後にある新羅古法を無視し、さらにそれを否認するような結果を招くことは許されないのである。六～七世紀における新羅の発展にともなって要求される政治集団の身分秩序の体系的な編成が、まさにこの衣冠制の役割であったことは、もはや明らかであるからである。法興王代の「律令」は、その実在を否認せねばならない。しかし新羅古法としての衣冠制はそのとき始めて制定されたし、それが新羅中古期に果たした意義はきわめて大きかったといわなければならない」と述べている。

(23) 六世紀新羅の文書行政については、李成市「朝鮮の文書行政—六世紀の新羅」(平川南ほか編『文字と古代日本2』吉川弘文館、二〇〇五年)参照。

(24) 李成市「朝鮮の文書行政—六世紀の新羅」(前掲書)。

(25) 李成市「蔚珍鳳坪新羅碑の基礎的研究」(『古代東アジアの民族と国家』前掲)。

(26) この時代の新羅の国際環境については、李成市「新羅の国家形成と加耶」(鈴木靖民編『日本の時代史 2』吉川弘文館、二〇〇二年)参照。

(27) 武田幸男「六世紀における朝鮮三国の国家体制」(前掲書)四二頁。

(28) 木村誠「新羅郡県制の確立過程と村主制」(『朝鮮史研究会論文集』一三、一九七三年三月)、李成市「新羅六停の再検討」(『古代東アジアの民族と国家』前掲)。

(29) 武田幸男「六世紀における朝鮮三国の国家体制」(前掲書)四八頁。

(30) 国立昌原文化財研究所『韓国の古代木簡』(国立昌原文化財研究所、ソウル、二〇〇四年)。

(31) 狩野久「律令国家の形成」(『日本古代の国家と都城』東京大学出版会、一九九〇年)一二五～一二八頁

(32) 高句麗の山城に関する基本的な情報と研究の現段階については、東潮・田中俊明『高句麗の歴史と遺跡』(中

央公論社、一九九五年）、田村晃一『楽浪と高句麗の考古学』（同成社、二〇〇一年）を参照。
(33) 田中俊明「高句麗長安城の位置と遷都の有無」（『史林』六七―四、一九八四年何月）。
(34) 東潮・田中俊明『高句麗の歴史と遺跡』（前掲書）。
(35) 東潮・田中俊明『韓国の古代遺跡（2百済・加耶篇）』（中央公論社、一九八九年）。
(36) 東潮・田中俊明『韓国の古代遺跡（1　新羅篇）』（中央公論社、一九八八年）。
(37) 東潮・田中俊明『韓国の古代遺跡（2百済・加耶篇）』（前掲書）。
(38) 六世紀新羅の文字文化が高句麗の影響下で展開したことについては、李成市「漢字受容と文字文化からみた楽浪地域文化―六世紀新羅の漢字文化を中心に」（早稲田大学アジア地域文化エンハンシング研究センター編『アジア地域文化学の構築』前掲）ですでに具体的に論じており、少なからず重複するところがあるが、ここでは日本列島をも視野に入れて概括することとする。
(39) 李成市「表象としての広開土王碑文」（『思想』八四二、一九九四年八月、岩波書店）。
(40) 李成市「漢字受容と文字文化からみた楽浪地域文化―六世紀新羅の漢字文化を中心に」（前掲書）。
(41) 韓国古代史研究会『韓国古代史研究』（三、迎日冷水里新羅碑特集、ソウル、一九九〇年）。
(42) 李成市「蔚珍鳳坪新羅碑の基礎的研究」（前掲書）。
(43) 武田幸男「真興王代における新羅の赤城経営」（『朝鮮学報』九三、一九七九年）。
(44) 檀国大学校史学会『史学史』（一三、中原高句麗碑特集号、ソウル、一九八〇年四月）。
(45) 神野志隆光「文字とことば・『日本語』として書くこと」（『万葉集研究』二一、一九九七年）。
(46) 檀国大学校史学会『史学史』（前掲誌）
(47) 李成市「漢字受容と文字文化からみた楽浪地域文化―六世紀新羅の漢字文化を中心に」（前掲書）六八頁。

(48) 李成市「漢字受容と文字文化からみた楽浪地域文化―六世紀新羅の漢字文化を中心に」(前掲書)五四～五九頁。

(49) 李成市「古代朝鮮の文字文化」(国立歴史民俗博物館編『古代日本　文字のある風景』朝日新聞社、二〇〇二年三月)。

(50) 平川南「古代社会と文字のはじまり」(『墨書土器の研究』吉川弘文館、二〇〇〇年)八頁、平川南「屋代遺跡群木簡のひろがり」(『古代地方木簡の研究』吉川弘文館、二〇〇三年)八一～八三頁。

(51) 平川南「古代社会と文字のはじまり」(前掲書)八頁。

(52) 田中俊明「高句麗長安城城壁石刻の基礎的研究」(『史林』六八―四、一九八五年七月)。

(53) 李成市「古代朝鮮の文字文化」(前掲書)。

(54) 国立慶州博物館『文字から見た新羅―斯羅人の記録と筆跡』(学芸文化社、ソウル、二〇〇二年)。

(55) 李成市「韓国出土の木簡について」(『木簡研究』一九、一九九七年)。

(56) 稲葉岩吉『釈椋』(大阪書店、京城、一九三六年)。

(57) 李成市「古代朝鮮の文字文化と日本」(『国文学』四七―四、学燈社、二〇〇二年三月)、李成市「古代朝鮮の文字文化―見えてきた文字の架け橋」(平川南編『古代日本　文字の来た道』大修館書店、二〇〇五年)

(58) 上野和昭氏のご教示による。

(59) 小林芳規『角筆文献研究導論　上巻　東アジア篇』(汲古書院、二〇〇四年)。

(60) 西嶋定生『古代東アジア世界と日本』(岩波書店、二〇〇一年)。

(61) 李成市『東アジア文化圏の形成』(山川出版社、二〇〇〇年)。

(62) この地域を「楽浪地域」と設定する作業仮説については、早稲田大学地域文化エンハンシングセンター刊行の年次報告書（二〇〇三年度、二〇〇四年度）を参照のこと。

(63) 小林道憲『文明の交流史観—日本文明の中の世界文明』（ミネルヴァ書房、二〇〇六年）は、文明の伝播・受容過程における「媒介」の役割を重視しており、楽浪地域文化の形成における高句麗の役割を検討する際に注目される。とりわけ、文明を実体的にではなく、関係主義的に捉える視角、たとえば「中心文明と周辺文明」、「媒体文明」などの理論的なレベルで多くの示唆をえることができる。しかしながら、小林氏が展開している東アジア地域の文明化に関する具体的な過程については、ほとんど同意できない。

列島日本の社会編制と大陸・半島アジア世界

新川登亀男

はじめに

海洋に位置する列島日本の政治文化が、大陸アジア（中国など）や半島アジア（今の場合は、とくに朝鮮）世界とどのような関係にあるのかは、歴史的にも将来的にも大きな課題である。それは、列島日本にとってのみならず、大陸・半島アジアにおいても、さらには他の海洋地域においても、等しく重要な課題であろう。

本論文では、六・七世紀の列島日本に認められる社会基盤の編制のあり方を見据えながら、さきの大きな課題に迫ることを試みてみたい。

法文明の出現をめぐって

これまで、六・七世紀の列島日本は、八世紀に成立する律令国家の前史とみられる傾向が強かった。その律令国家は、言うまでもなく、律令という成文法によってはじめて機能し、存在する法文明の世界であり、直接的には大陸アジア(唐)の律令に倣った文明世界であるとみられてきた。逆に言えば、八世紀以前の列島日本は、未開ないし非文明世界となり、その間に大きな断絶が想定されることになる。

また、その文明世界の出現をめぐる理解は、あくまで唐の出現を前提にしたものであった。その唐は、列島日本にとって他者であるから、あたかも突然、振って湧いたかのように訪れた、もしくは受け容れざるを得なかった他者的な文明として了解されることが多い。それが言い過ぎなら、少なくとも、列島日本におけるその文明の出現の理由や、文明そのものについて問われることがほとんど無かったと言い換えてよいであろう。

さらにまた、唐との関わりにおいてのみ捉えられるこの文明は、同じ大陸アジアでも唐以前の問題からは切り離されて抽象的に理解されており、大陸アジアそのものと向かい合う視座を妨げるところがあった。もちろん、半島アジアの存在は捨象される傾向にある。その意味では、大陸アジア、半島アジア、そして列島日本の諸関係を現実的に、つまり抽象的ではなく理解する歴史的な方法を充分に養えずにいたと言われても仕方がないであろう。

もっとも、このような従前の理解が想定されるとしても、唐と日本の法文明が全く等しいものとして納得されていたわけではない。しかし、その差異についての議論は、列島日本の固有の基層的な文化の存在に委ねられることが少なくなかった。けれども、その基層文化(「日本的」と称されることがある)は、何も確認されたものではなく、大陸アジアから唐を抽象化した方法と同じように、列島日本の抽象化された観念に過ぎない。

ここであらためて、列島日本の法文明の象徴もしくは源泉とみられてきた日本律令について紹介しておこう。現在、その全容は、天平宝字元年(七五七)に施行された養老律令から知ることができる。しかし、この成文法の基になった大宝元年(七〇一)制定の大宝律令こそ、列島日本の文明世界を宣言した画期的な成文法であるとみられている。さらに遡って、天武一〇年（六八一）に編纂が開始され、持統三年（称制年、六八九）に班賜された飛鳥浄御原令がある。場合によっては、天智七年（即位元年、六六八）に制定されたかもしれない近江令にまで遡ることもできる。ただし、これら飛鳥浄御原令ひいては近江令については、その全貌が明らかでないことも相俟って、あくまで大宝律令制定以降の文明世界の前史として理解されるのが一般的であった。

しかし、今は、成文法という存在をも相対化した法文明を、あるいは文明世界と仮称されるものを、あらためて組み立て直してみたい。そこで、以下、列島日本の社会を画期的に、かつ基礎的に形作ることになる、戸の編制という事態を例証にして、以上のような視座を具体化し、開示してみよう。

戸令と造籍

列島日本における古代の戸とは、社会的に認定され、戸籍などの文書に文字化された人間集団の最小編制単位である。それは、たしかに、親子兄弟や夫婦の関係を含むものではあるが、その関係範囲に限定されるわけではなく、また逆に、その関係範囲を完備させているわけでもない。さらに、戸の全員が同じ家屋に居住していたというわけでもない。したがって、現在のような家族の概念を、この戸に当てはめるのは適切でないことになる。

一方、この戸の規模も、多様であった。現存最古の大宝二年（七〇二）度の戸籍（御野国、筑前国、豊前国、豊後国の各断簡）から判明する戸成員数は、最小五人から最大一二四人までであり、きわめて幅がある。そこで、戸という単位は何かということが問われてくるが、そもそも、この戸は、律令のなかの戸令によって規定されたものとみられてきた。

しかし、その戸令には、戸自体の編制条件が規定されてはいない。それは、あたかも、天皇の選定条件や理由が規定されていないことと同じであり、令という法の限定的な機能と、その歴史的な位置付けとをよく示唆していよう。かわって、戸令の第一条は「凡戸、以五十戸為里、毎里置長一人（後略）」とあり、五〇戸編制の単位（里）をもって、はじめて法としての規定が開始することになる。

この戸令第一条のさきの引用規定箇所は、大宝令も養老令も同文であった。一方、戸の編制を文字化した戸籍作成の規定も、同じ戸令の第十九条にあり、「凡戸籍六年一造、起十一月上旬、依式勘造、里別為巻（後略）」とされている。この部分も、大宝令と養老令に大きな差異はみられないであろう。

遡って、飛鳥浄御原令にも戸令が存在していた。持統四年（六九〇）、この戸令に依って造籍がおこなわれたことは確かである（『日本書紀』）。この歳が庚寅年にあたるところから、これを庚寅年籍と呼び、以後、基本的には、六年ごとの造籍がはじまる。その造籍規定は詳らかでないが、「六年一造」「起十一月上旬」（冬に相当）「里別為巻」などの規定は、のちの大宝戸令以下と基本的には同じであったろう。そして、このような戸令に基づく造籍は、一応、戸の編制や改編をともなうものであったと思われる。

のち、滋賀県宮町遺跡（紫香楽宮推定地）出土の八世紀中葉の木簡には、「□以五十□（戸カ）」「為里毎里置□（長カ）」と習書された二点がある[1]。これは、さきに紹介した戸令第一条を習い書きしたものであるが、この五〇戸一里編制の令規定がいかに反復されながら確認されていったかをよく物語っていよう。

ところが、このような戸令の規定に基づいて造籍がおこなわれ、かつ戸の編制が確認されたことについては、その原点ないし出発点をめぐって根本的な再検討が必要になってきた。これについて、以下、二つの問題を指摘しよう。

第一は、日本令の模範とされる唐令との異同にかかわることである[2]。そもそも、唐戸令では、「諸戸以百戸為里、五里為郷（後略）」と規定されていたようであり、一〇〇戸一里制が原則で、五〇戸一里制を表明していない。また、唐戸令の第一条がこの規定であったかどうかも検討の余地があり、日本戸令の当該条文との差異は大きい可能性がある。ついで、造籍についても、唐戸令は「諸戸籍三年一造、起正月上旬、（中略）、依式勘造、郷別為巻（後略）」と規定していたようであり、日本戸令のように「六年一造」「起十一月上旬」などとは記されていない。

もっとも、日唐双方の当該令条文に類似性が感じられるのも否定できないところである。そこで、次のような結論がしばしば導き出されることになる。つまり、列島日本の現実とすり合わせて、唐令条文の文言を一部「すり替え」「入れ替え」たに過ぎない。そして、その「すり替え」「入れ替え」た令の規定に基づいて現実を形成しようとしたのである、と。たとえば、「百戸」を「五十戸」に改め、「六年」を「三年」に改め、「正月」を「十一月」に改めるなどしたことになる。

たしかに、このような説明は、一見、分かり易い。しかし、もしそうであれば、限定的な「すり替え」「入れ替え」をおこなうだけで事足りたことになり、また、それで済むほどに、日唐双方の社会と国家とには所与の通有性が準備されていたことになる。逆に、そのような準備がなかったとしたら、唐令の規定を限定的に「すり替え」「入れ替え」るだけで、そのまま列島日本の社会や国家そのものをあらたに構築するという、強制的で突発的な革命が引き起こされたかのようである。

しかし、そのようなことが言えるのであろうか。このことは、第二の問題とも関係する。それは、まず、近年おびただしく出土している「五十戸」木簡によって導き出されてこよう[3]。「五十戸」木簡とは、五〇戸編制を物語る木簡の仮称であるが、年紀が判明する最古のものは、今のところ、奈良県石神遺跡出土の木簡群に含まれている。それは、(表)「乙丑年十二月三野国ム下評」、(裏)「大山五十戸造ム下部知ツ／従人田部児安」と記されており、「乙丑年」とは天智四年(六六五)に当たる。

さらに、年紀の記載はみられないが、共伴して出土した木簡の記載から類推して、大化五年(六四九)から天智三年(六六四)の間前後におさまる可能性のある木簡が注目される。それは、奈良県飛鳥京跡出土のものであり、(表)「白髪部五十戸」、(裏)「皷十口」と記されている。これと共伴して出土した木簡にも、やはり「五十戸」編制を推測させるものがある。それは、(表)「□十戸鈹十口」とあるが、「□十戸」とは「五十戸」のことであろう。

ついで、木簡ではないが、東京国立博物館蔵法隆寺幡銘にも「五十戸」編制を示すものがある。それは、「癸亥年山部五十戸婦為命過願造幡已」と記されており、「癸亥年」は天智二年(六六三)とみるのが一般的である[4]。

以上の例からすると、列島日本における五〇戸編制は、すでに天智二年(六六三)までにはおこなわれていたことが分かる。場合によっては、大化五年(六四九)前後にまで遡る可能性もあろう。その範囲としては、少なくとも、大和国(法隆寺幡銘)、美濃国(石神遺跡出土木簡)の地域が含まれ、可能性としては備中国(飛鳥京跡出土木簡)の地域も加わるであろう[5]。

では、これらの五〇戸編制は、いかなる法に依拠して施行されたのであろうか。すでに紹介しておいたように、日本令として遡り得るものは、せいぜい近江令であるが、これが仮に天智七年(六六八)制定のものとすると、五〇戸編制はそれ以前の施行になってしまう。つまり、依拠すべき法としての令が定められる前からの五〇戸編制であったことになる。仮に、近江令の制定を認めないとすれば、なおさら令制定以前のことになろう。

もっとも、令のうちでも戸令のみの単行法が先行して、五〇戸編制を推し進めたと考えられなくもないが、そのことを示す資料には恵まれていない。となると、そもそも、五〇戸編制は、列島日本で成文化された令、とりわけ戸令に準拠して始まったものではないと言えそうである。また、天智二年(六六三)以前にすでに唐では永徽律令が発布施行されていたが(六五一年)、その戸令の規定は五〇戸編制を指示していないので、唐令に単純に準拠したわけでもない。

そうすると、成文法としての戸令規定に準拠しない五〇戸編制の出発や原点を推測してみなければならない。言い換えれば、戸令が、五〇戸編制の施行を後追いする形で成文法化されたとしても不思議ではないことになる。また、先取りではなく、この後追いという事実ないし歴史を想定することによって、はじめて、唐令と日本令と、そして歴史とのかかわり方にも示唆が得られる可能性がある。

では、造籍との関係は、どうであろうか。これについては、庚午年に当たる天智九年（六七〇）に作成された、いわゆる庚午年籍の存在が注目される（『日本書紀』）。この造籍は確実な事実であり、しかも、列島日本ではじめて広範囲に施行された造籍であって、戸の編制（五〇戸編制を含む）もこれに連携していたものとみられる。

その際、この庚午年籍が、近江令（戸令）の制定に基づいて作成されたとみることも不可能ではない。しかし、その根拠は乏しい。今、近江令（戸令）の制定を仮に容認するとしても、その制定以前から五〇戸編制は進んでいたのであるから、とくに近江令（戸令）の存在を不可欠の前提にして庚午年籍の作成を理解する必要はないはずである。

ここに至って、成文法としての戸令を前提にしなければ戸の編制も造籍も実施されるわけはないという、無意識の文明観念を基本的に改める必要が出てきた。それは、戸令のみにかかわる問題ではなく、成文法としての令ないし律令そのものの捉え方に影響を及ぼさずにはいないであろう。

編戸システムの成り立ち

では、成文法としての、とりわけ唐令やその戸令を前提とせず、庚午年籍に集約され、かつ注ぎ込むことになった編戸システムの成り立ちは、どのように理解できるのであろうか。これについて、直接手掛かりになるものは、今のところ、極めて少ない。なかでも主な手掛かりとしては、『隋書』倭国伝や、『日本書紀』のミヤケ関係の記事に限定されてこよう。

まず、『隋書』倭国伝には、六〇〇年前後の倭の地域組織が記されている。それによると、中国の牧宰のような「軍尼」が一二〇人おり、里長のような「伊尼翼」が八〇戸ごとに置かれ、一〇「伊尼翼」は一「軍尼」に属すとある。そして、戸総数は一〇万ばかり（計算上では九万六千戸になる）であるという。

この倭国伝の記述には、文意不明なところがある。しかし、「軍尼」を「クニ」(国)に、「伊尼翼」を「伊尼冀」の誤記とみて「イナキ」(稲置)に当てる通説に従うなら、「国」のもとで、「稲置」が八〇戸単位で編制されていたとする中国側の理解が、何らかの情報に基づいて生まれていたことは確かである。

その際、組織と人間(職名)を混同し、また、中国の制を引き合いに出しながら、一「稲置」の一〇倍が一「国」を成すという十進法を駆使するのは、いかにも不案内で人為的な理解のように思われる。しかし、逆に、「国」を一二〇とするのは倍数としての必然性がなく、むしろ唐突であって、あたかも所与の数値であるかのようである。同時に、八〇戸単位も、文脈上、何ら必然性が認められない。たしかに、中国では「一里八十戸」という認識の先例があり(『公羊伝』宣公一五年条何休注)、それを持ち出したとみることも不可能ではないが、それとて極めて稀有な先例であった。これは、やはり、中国で考案された数値とみるよりも、倭からの情報に基づくものとした方が妥当であろう。となると、一二〇の「国」と八〇戸編制とには、倭に起源をもつ根拠があったものと思われる。

これについて、最近、『日本書紀』欽明元年八月条の秦人(氏)編戸記事(七〇五三戸)や、『新撰姓氏録』山城国諸蕃の秦氏記載(九二部一八六七〇人)などから、八〇戸編制を認める見解が出てきた。同時に、「国造本紀」の国造数や倭武王の上表文(『宋書』倭国伝)にみえる国数が一二〇に近いことから、「国」数の妥当性も認められるという(6)。たしかに、そのような推算は可能であろう。

しかし、『隋書』倭国伝が記録した「国」数と八〇戸編制とが、同じ根拠や情報源によるものかは不明である。それぞれ異なる根拠や情報に基づいて、十進法を持ち出しながら、中国側が結び付けた可能性も否定できない。また、一〇万戸という概数も、別の根拠や情報による可能性がある。

このような事態に配慮するなら、「国」数の問題と八〇戸編制の問題とは別々に理解する余地を残しておくのが賢明であろう。つまり、両者をそのまま連結させて同時的な組織の実態とみることには、直ちに同意し難いのである。そこで今、「国」数や総戸数の根拠については保留するとして、八〇戸編制の問題に限ってみると、さきのような伝承記録に基づく試算結果からは、一戸で平均三人にも満たない極めて小さな家族ないし戸成員が想定されてくる。果たして、このような規模が妥当なのであろうか。逆に言えば、秦氏をめぐる試算の根拠ないし方法にも、疑問が残ることになる。

そこで、八〇戸編制のことは、別途に考えてみたい。ただ、その前に、さきの『日本書紀』が、秦人・漢人の「諸蕃投化」による「編貫戸籍」伝承を特筆したこと自体については注意が必要である。そこには、『日本書紀』編纂期の「諸蕃」意識の反映や、「秦人」「漢人」と命名して文字表現することによる逆説的な中華意識の転回が読み取れよう。しかし、今は、半島アジアからの渡来集団によって列島日本の編戸が促された過去の事実をむしろ看取したい。それは、まず、他者としての渡来集団を迎え、自他の区別を確認しながら、編戸する必要性に迫られたということである。しかし、さらに、その編戸の方法や知識を渡来集団自体がもたらしたという意味でもある。

では、稲置と八〇戸編制とのかかわりはどうか。稲置とは、やはり稲の生産や運用にかかわる呼称であろう。たとえば、のち、「月生二日家度稲卌八」（静岡県城山遺跡出土木簡[7]）や、「（前略）其稲在処者衣知評平留五十戸旦波博士家」（滋賀県西河原森ノ内遺跡出土木簡[8]）などとあるように、稲は特定の「家」ないし「五十戸」の「家」に集積され、そこで様々な経営がおこなわれたらしい。稲置というのも、稲の生産・集積・運用の可能な経営範囲であり、その統率者であり、その職名であったものと思われる。

すると、このような稲置の現実的な経営規模が八〇戸編制に結実したのであろうか。かりにそうだとすれば、稲生産とその経営を基軸にして戸編制がなされたことになり、これは、アジア世界のなかでも列島日本の大きな特徴となる。

そこで、あらためて注目すべきは、六世紀のミヤケ経営である。まず、吉備地方におけるミヤケ経営については、『日本書紀』欽明一六年（五五五）七月、翌年（五五六）七月、三〇年（五六九）正月・四月、敏達三年（五七四）一〇月、翌年（五七五）二月、一二年（五八三）是歳の各条から以下のような概略を知ることができる。

第一に、このミヤケ経営は、蘇我大臣稲目と馬子の親子が継続して主導し、六世紀後半の倭の財源を構築した。第二に、このミヤケの構造は、「吉備五郡」にわたる「白猪屯倉」と、「備前児嶋郡」の「吉備児嶋屯倉」とに分かれる。第三に、前者の「白猪屯倉」は、「田部」を配置し、かつ動員する広域のミヤケであり、後者の「児嶋屯倉」は、諸産物の集積や貢納の拠点となり、ミヤケ全体の運営指揮をとり、迎賓館のような施設も備えていた非生産的な中枢施設のミヤケである。そして、この両者は有機的に結合していた。

第四に、この複合的で大規模なミヤケ経営は、前者の「白猪屯倉」に立脚した「田部丁籍」をともない、その「田部(丁)」を「田戸」としていた。第五に、その「田戸」編制は、文字や計算の知識が豊富で、当該文書の作成に通暁していた半島アジアからの渡来人(王辰爾の甥・膽津)を「田令」(タツカヒ)に任用することで飛躍的な進歩をみた。その画期は、欽明三〇年とされる。

このような吉備のミヤケ経営で、造籍がおこなわれたことの意義は大きい。一体、それは、どのようなものであったのだろうか。まず、欽明一六年当初、「吉備五郡」から広く「田部」を占定し、「田部丁籍」の原初的なものが作成されたようである。ところが、欽明三〇年になって、「年甫十余、脱籍免課者衆」という事態に対処すべく、実際に「田部丁者」を「検閲」(面接確認)して、「田戸」の籍を作成した。これは、「田部名籍」とも呼ばれ、その功労者こそ膽津(白猪史賜姓)であった。したがって、これ以前と以後の造籍には違いがあったはずである。

まず、「年甫十余」とは、どういう意味か。ひとつは、欽明一六年当初から三〇年に至る一五年前後の経年数を指しているとも取れる。しかし、また、一〇余歳に至った「田部丁者」の存在を指しているとも取れる。今は、この両者を抱き合わせた意味として解釈したい。つまり、欽明一六年当初にはまだ把握されておらず、したがって初期の「田部丁籍」に登録されていない者が、ほぼ一五年近く経って、「丁」年齢に達したので、あらたにその確認把握を必要とし、それに叶う造籍を断行したというわけである。

もし、このように解釈するなら、次のようなことが指摘できよう。まず、欽明一六年以来三〇年に至るまで、造籍は繰り返されることがなかった。ついで、三〇年に至って、ほぼ一五歳を画期とする「丁」年齢に配慮した造籍がおこなわれたことになるが、ここに年齢記載が想定される。また、過去の轍を踏まず、事後のことを考慮したとするなら、「丁」年齢に達しない者の登載も試みた可能性があろう。「田部」を「田戸」としたというのは、「田部」の「戸」を編制して、将来の「田部」(あらたな徴用もあれば、逆に、後退もある)を把握し、確保しておこうとしたものとみられるからである。ここに、初期の単なる「田部丁籍」から「田部名籍」への転換が図られ、「田部」の「田戸」籍、つまり戸編制をともなう「田部」戸籍が誕生したものとみられる。

この造籍は、欽明三〇年の正月から四月にかけて実施された。その後、敏達三年の一〇月から翌年の二月にかけて、次の造籍がおこなわれている。この造籍は、馬子の大臣就任と敏達即位に連動したものであろうが、ほぼ六年後の造籍でもあった。また、いずれも四～五ヵ月間の造籍であり、稲作の田植え時期に間に合うように作成されたのであろう。これ以後、ここでの造籍は知られていないが、のちの庚午年籍、庚寅年籍、そして大宝令制下の造籍の淵源をなすものと考えられる。

ところが、このような「田部」を動員するミヤケは、吉備ミヤケに限定されるものではなかった。これと並行して、やはり蘇我大臣稲目の主導下で、「倭国高市郡」に「韓人大身狭屯倉」と「高麗人小身狭屯倉」とが置かれたが、それぞれ「韓人」(百済の渡来人)と「高麗人」とを「田部」にしたという(『日本書紀』欽明一七年一〇月条)。

さらに、蘇我大臣家とは直接かかわらない「田部」型ミヤケもある。『日本書紀』安閑元年一〇月条は、大伴大連金村の主導下で、「小墾田屯倉」と「毎国田部」を天皇の妃・紗手媛に付し、「桜井屯倉」(茅渟山屯倉)と「毎国田部」を別の妃・香香有媛に付し、「難波屯倉」と「毎郡钁丁」を別の妃・宅媛に付したという。これらは、いわゆる名代・子代の屯倉である。

ついで、やはり大伴大連金村のもとで、「(三嶋)県主」飯粒が四箇所からなる「良田」「四十町」(二万代)を献上し、これを「竹村屯倉」とした。そして、大河内直味張が「河内県部曲」を「田部」としてここに投入したが、それは、「毎郡」に春秋それぞれ「钁丁」を「五百丁」ずつ動員するものであったという(『日本書紀』安閑元年閏一二月条)。

これらのミヤケ経営も、さきの吉備の場合と同様に、複合的な構造をもっていた。すなわち、中枢施設(クラを含む)としてのミヤケと、その近隣に広がる「国」や「郡」「県」単位に占定され、徴用された「田部」が存在し、ここに広義のミヤケを形成していたのである。また、その「田部」には、最新の鉄器農耕具を持つ「钁丁」がおり、牛の活用も始まっているから(『日本書紀』安閑二年九月条)、稲作農耕の飛躍的な進展がみられたはずである。

およそ六世紀の列島日本(とくに現近畿地方周辺)は、このような稲作「田部」型ミヤケの時代を迎えた。それは、吉備のミヤケ経営へと注ぎ込み、「田部」戸籍を生み出した。ここに戸編制の淵源が認められるわけであるが、まず、この「田部」は、単なる在来の土着集団ではない。むしろ、特殊な職務と技能を負う、広領域から占定された他者間編成集団であり、しかも、その継続性と敷衍化、ひいては養育性が求められる存在であることによって、(田)戸編制が不可欠なものとして促進されたことに留意しなければならない。この点は、他者としての渡来集団である秦人らが戸編制の伝承記録を色濃く持っていることとも連関しよう。事実、「田部」そのものにも、秦人ら渡来集団が多く加わっていた可能性があるのである。

ついで、その戸編制の方法は、渡来人自体の知識と技法によって飛躍的に促進された。これらのことは、新しい稲作民である他者間編成集団としての「田部」(渡来集団も含む)を設定することで、列島日本の社会基盤形成が画期的に促された経緯を示唆するとともに、他者である大陸・半島アジア世界との濃密な接触によって啓発された事態であることをも物語るであろう。それは、あらゆる意味で他者の内包化であり、それにともなう自他の変革でもあった。

ミヤケの編戸数と大陸・半島アジア世界

つぎに、編制される戸数の問題がある。これについて、検討可能な数値資料は、①既述の「毎郡」の「钁丁」五〇〇、②『日本書紀』大化二年三月壬午条の「(子代・御名)入部」「仕丁」五二四口と「屯倉」一八一所、③『日本書紀』天武一〇年正月辛巳条の「封」六〇戸と「钁」一〇〇口、である。

このうち、②は、一屯倉に約三人の「仕丁」が対応することになる。しかし、この「仕丁」は、それぞれの屯倉で勤務したというよりも、その屯倉に付随した子代・名代のなかから、所有母体である王家や王宮関連施設へと出仕した者であろう。たとえば、「安芸国過戸廬城部屯倉」と「采女丁」との献上が抱き合わせでなされたと伝えるのは、このような形態を物語っているはずである(『日本書紀』安閑元年閏一二月是月条)。

問題は、このような「丁」をどのようにして選抜したかということになる。これについては、三〇戸から一人の「仕丁」(さらに一人を「廝」に宛てるという)を出す慣わしであったとする『日本書紀』大化二年正月条の記事が想起される。また、子代・名代屯倉を基盤とした「越部屯倉」が三〇戸編制であったというのも、参照に値しよう(『播磨国風土記』揖保郡条)。この「越部」とは、さきの「過戸」と同じように余戸(部)(アマルベ)のことであり、のちの五〇戸編制に適合しない特設の戸編制処置を意味していた。また、さきの「安芸国過戸廬城部屯倉」というのも、のちに余戸として編制された旧屯倉という意味になり、「越部屯倉」の例に倣うなら、これも三〇戸編制であった可能性がある。

そうすると、一屯倉で約三「丁」とは、三〇戸単位を基礎にして、一〇戸から平均一「丁」を出したのか、あるいは、三〇戸から平均一「丁」として、三〇戸の倍数、この場合は、約三倍の総戸数九〇前後が束ねられていたことになろう。後者の場合は、一面で、八〇戸に近い数値とも言える。

つぎに、③の「钁丁」は、一戸平均で二人未満(約一・六人)が出たことになるが、この比率を①に適応するなら、

「郡」ごとに春秋、三〇〇戸から「钁丁」五〇〇人が出た計算になる。この三〇〇戸を、かりに三〇戸単位とすれば一〇倍、五〇戸単位とすれば六倍であるが、八〇戸ないし九〇戸単位とすれば倍数が割り切れない数値となる。

このように試算してみると、八〇ないし九〇戸編制を直ちに察知できるものはないが、三〇戸および五〇戸編制なら想定可能ということになる。そこで、これについて、以下の留意点を追加しておきたい。

ひとつは、ミヤケ経営における二種の「丁」の存在である。まず、「仕丁」「采女丁」などの上番「丁」がおり、一方で、「田部」「钁丁」のような稲作農耕「丁」(運輸なども含むか)が存在する。したがって、同じ「丁」でも異なるのであり、この点からもミヤケ経営の複合的な構造や基盤が見て取れよう。そして、造籍のことが優先的に特筆されたのは、後者の稲作農耕「丁」の方であるから、戸編制や造籍は、まずもって稲作農耕「丁」戸、つまり「田部」戸の編制とその文書化に始まったとみられる。

いまひとつは、およそ八〇戸編制が、ちょうど三〇戸単位と五〇戸単位に分割できることである。あるいは、三〇戸単位と五〇戸単位の複合形態が八〇戸編制の理解を生んだとも言えよう。そして、三〇戸単位の方は、上番「丁」の基盤となり、五〇戸単位の方は、稲作農耕「丁」の基盤となったのではないか。もし、このような推測が成り立つならば、システム化の上では五〇戸単位の方がやや優先していたはずであるが、両者は程なく複合化の道を歩んだであろう。ただし、この複合的ないし重層的な枠組みの境界が明確であったかどうかは、また別の問題である。編戸数にしても幅があった可能性があり、「大戸」と言われた例もみられる(『新撰姓氏録』河内国皇別・大戸首条)。しかし、総じて八〇戸編制と受け取れるような基準があったのではなかろうか。

そうすると、『隋書』倭国伝が記録した八〇戸編制は、以上のような六世紀の上番「丁」と「田部丁」とを占定する「田部」型ミヤケの複合的ないし重層的な構造に誘発されて生まれた理解のように思われる。そして、原理的には、三〇戸単位と五〇戸単位とが複合した形態にあったものとみたい。

では、このような形態は、大陸・半島アジア世界との関係において、どのように理解すべきであろうか。まず、三〇戸単位については、中国西魏の大統一三年（五四七）の敦煌地方計帳様文書に類例（正確には三三戸）がある[9]。この文書は、のちの大宝二年度の西海道戸籍との関係が指摘されているものである。

しかし、遡って、春秋時代の痕跡を残す記述とされる『国語』斉語には、「国」の民制として、五「家」で「軌」、一〇「軌」（五〇「家」）で「里」という積み上げがみられる一方で、「鄙」の制については、三〇「家」で「鄙」、一〇「鄙」（三〇〇「家」）で「卒」という積み上げがみられる（『管子』小匡篇にも関連記事がある）[10]。ここで、五〇「家」と三〇「家」の制が併存することは示唆的であるが、さらに、「守冢三十家」が「里」を構成した例も古く存在していた（『漢書』張安世伝）。一方、大陸アジア以外の半島アジアでは、高句麗の著名な広開土王碑（四一四年）に、三〇戸（烟）を基礎数とした「守墓」の設置が記されている[11]。

このような三〇戸（家）単位が、墓（冢）を守る戸（家）の単位として登場するのは注目に値しよう。なぜなら、生死の区別はあるものの、倭におけるミヤケ経営のもとで、王家や王宮関連施設に上番する「丁」の性格とその予想される基礎単位戸数に近いからである。今、このような倭の上番「丁」が三〇戸単位を基礎にしていたとすれば、それは、大陸・半島アジアの制ないし慣習に倣ったものか、共通の偶然的な発生によるものかということになる。ここは、やはり、大陸・半島アジアでの制や慣習に触れ、それに啓発される契機が必要であったとみるのが適切であろう。

ついで、五〇戸単位については、どうであろうか。これも、三〇戸（家）単位と抱き合わせで春秋時代に遡れる制であった。しかし、この五〇戸（家）編制については、大陸アジアでの痕跡が豊富である。たとえば、銀雀山漢墓出土竹簡の「守法守令等十三篇（田法）」には、「五十家為里、十里而為州」と積み上がる制が記されており、この五〇家一里制は、さらに『鶡冠子』王鉄や『漢書』鼂錯伝、『風俗通』などに散見する[12]。また、『漢書』元帝紀初元元年四月、同五年四月、同成帝紀建始元年二月の各条では、「吏民五十戸牛酒」と伝えられる。これは、牛酒を一里一〇〇戸（家）

単位（とくに女子）ごとに与えるとともに、一里の半分の五〇戸（家）単位ごとにも牛酒を与えたことを言ったものである[13]。

このように、大陸アジアでは、早くから五〇戸（家）単位での把握がみられた。そこには、三〇戸（家）や一〇〇戸（家）との併存関係も認められる。しかし、その後、五〇戸（家）制が地域行政組織として浮かび上がってくるのは、北斉の河清三年（五六四）令によってである。すなわち、一〇「家」を「比」（畿内）および「隣」（畿外）とし、五〇「家」を「閭」（畿内）および「里」（畿外）とし、一〇〇「家」を「族」（畿内）および「党」（畿外）としたのである（『隋書』食貨志）。このうち、五〇戸（家）制は、その前後に例をみない。

すると、六世紀の「田部」型ミヤケで編制された可能性のある五〇戸単位は、古い大陸アジアの慣習を前提にしながら北斉であらためて施行された五〇家制の影響を受けたものではなかろうか。なぜなら、吉備のミヤケで、画期的な「田部」戸籍が造られたのは欽明三〇年（五六九）のことであるが、それは、あたかも河清令発布からほぼ五年後に当たる。時期的にも矛盾しないであろう。

では、この北斉の新制は、どのようにして倭にもたらされたのか。この間、倭と大陸中国との直接交流はないから、半島アジアを経たものに違いない。今、『北斉書』や『三国史記』によって、半島アジア諸国と北斉との交流をみると、まず、新令発布の河清三年、高句麗と新羅が北斉に朝貢した。翌年（五六五）には、新羅王が冊封を受け、高句麗は再び朝貢する。ついで、天統三年（五六七）、百済が朝貢し、武平元年（五七〇）には、百済王が冊封を受けた。また、その翌年（五七一）にも百済王は冊封を受けている。その後、武平三年（五七二）には、新羅と百済が朝貢し、翌年（五七三）、再び高句麗が朝貢している。以後、北斉は滅亡に至り、半島アジアとの朝貢関係はみられない。

今、北斉が新令を発布した五六四年から、倭が画期的な造籍をおこなったとされる五六九年までの間に限定してみると、半島アジアの三国はすべて北斉と交流している。ただ、これらのうち、高句麗がもっとも緊密な交流を展開した。

一方、『日本書紀』のこの間の記事によると、倭と半島アジアとの関係を記録したものは欽明二六年（五六五）条のみであり、それは、高句麗から渡来して来た集団を「山背国」（南部三ヵ所）に住まわせたというものである。とするなら、王辰爾の甥・膽津は、これら高句麗からの渡来集団によって、北斉の新制の知識を得た可能性があろう。事実、この時期は、高句麗人が列島日本に直接到来する未曾有の段階にあり、王辰爾は、その高句麗の持参した文書を見事に読み解いたとされている（『日本書紀』敏達元年五月条）。

以上により、七世紀中葉ないし後半以降に確認できる列島日本の五〇戸編制は、そして、また、一〇〇戸一里制を明示した唐戸令に遭遇しながらも、その変更を認めなかった列島日本の五〇戸編制は、その淵源を辿ることができそうである。すなわち、北斉の河清令の情報をはじめとした大陸アジアの戸（家）編制の知識と情報が高句麗からの渡来集団によって倭にもたらされた。これを理解することの出来た、やはり渡来系の王辰爾一族が吉備のミヤケ経営において「田部」戸籍をあらたに造った。ここに、列島日本の五〇戸編制の出発が認められる。それは、およそ五六九年（欽明三〇）のことであるが、蘇我大臣家（稲目・馬子父子）の主導のもとで実現した。また、これとほぼ抱き合わせの形で三〇戸編制の原理も定着していったが、広開土王碑の「守墓」編制に留意するなら、これも同じ高句麗集団の渡来によってもたらされた知識と技法の可能性があろう。

年齢区分と大陸・半島アジア世界

ところで、五六九年（欽明三〇）の画期的な造籍の際に、一五歳前後の「丁」年齢区分が関心の的になり、あらたな「田部」戸籍には年齢が記載された可能性があることを指摘しておいた。これは、造籍の目的や機能にかかわる重要な問題である。そこで、この「丁」年齢区分を認識するようになった列島日本と大陸・半島アジア世界との関係は、どのように理解できるのであろうか。

まず、列島日本の場合、庚午年籍が注目される。なぜなら、その作成にあたり、身長一尺六寸にして丙辰年（斉明二／六五六）生まれの一六歳の男子・中臣部若子が、常陸国から近江の朝廷にわざわざ貢上されているからである（『日本書紀』天智一〇年三月甲寅条）。これは、造籍作業の過程で、身長と年齢が大きく矛盾するような者が発見され、困惑した常陸国が朝廷へその正身を送り、判断を仰いだものとみられる[14]。

この事実は、庚午年籍において、年齢が正確に把握されており、しかも、「丁」年齢への参入を示す一六歳が問題になっていたことを物語る。ついで、斉明二年の段階でも、すでに年齢が把握されており、庚午年籍には生年が記載された可能性がある。生年記載については、のちの戸籍に例をみないが、既述の西魏の大統一三年文書には先例がある。ただし、その文書では、一六歳という年齢が「丁」の加入を意味してはいない。

この一六歳のことは、『日本書紀』の他の記事にもみえる。たとえば、一六歳のヤマトタケルを派遣してクマソを襲ったこと（景行二七年一〇月条）、「東宮開別皇子」（のち天智天皇）が一六歳にして誄をおこなったこと（舒明一三年一〇月条）、などである。さらに、参軍した「束髪於額」の厩戸皇子に関連して、「年少児年、十五六間、束髪於額、十七八間、分為角子」との「古俗」を紹介している（崇峻即位前紀）。これは、一五・六歳と一七・八歳の間で髪型が転換することを語っているが、言い換えれば、一六歳と一七歳の間に断絶があることをも示唆している。さきのヤマトタケルにしても、『古事記』は「其御髪結額也」と説明しており、たしかに一五・六歳の髪型に叶うのである。

このような髪型の「古俗」を踏まえるならば、以上のような一六歳の記事（庚午年籍の場合は除く）は、本来「年少児」であるにもかかわらず、例外的に成人として行動した、あるいは行動できたことを特筆したことになろう。その意味で言えば、一六歳とは、「丁」でないのか、「丁」の条件を完備していない年齢とみられる。

ところが、一六歳をさらに下る一五歳への関心も読み取れる。たとえば、『日本書紀』の立太子記事には、一六歳の付記（追記）が少なからずみられるが（懿徳即位前、孝元二二年正月、開化即位前の各条など）、一五歳の立太子記事（追記）も存在している（神武即位前、履中即位前の各条など）。また、持統一一年（六九七）、皇太子軽皇子が祖母の譲位を受け、文武天皇として即位したのも、ちょうど一五歳の時であったらしい（『懐風藻』など参照）。

一五歳か一六歳か、あるいは一七歳かということは、一見、瑣末な議論のように思われる。しかし、さきの吉備のミヤケでの造籍で、一五歳前後が「丁」の加入第一歩として注意されたらしいことを想起すると、さらに考えてみる必要があろう。それは、大陸・半島アジア世界とのかかわり方にも連なる問題であることが予想されるからである。

そこで、半島アジアの記録である『三国史記』から見てみよう。それによると、高句麗の烽上王九年（三〇〇）八月、国内男女一五歳以上の者が徴発されて宮室の修理にあたったとある（本紀。倉助利伝では「国内丁男十五已上」とする）。また、百済の始祖王四一年（二三）二月、漢水東北諸部落の一五歳以上の者を動員して、城を修復造営させたという（本紀）。同責稽王即位年（二八六）にも、「丁夫」を徴発して同じ城を修理させたとある（本紀）。さらに、同辰斯王二年（三八六）春、国内一五歳以上の者を徴発して関防を造らせたという（本紀）。ついで、同腆支王一三年（四一七）七月、東北二部の一五歳以上の者を徴発して城を築かせたとある（本紀）。さらに、同東城王一二年（四九〇）七月、北部の一五歳以上の者を徴発して、やはり城を築かせたという（本紀）。ついで、同武寧王二三年（五二三）二月、漢北州郡の一五歳以上の者を徴発して、同じく城を築かせたとある（本紀）。一方、新羅の国学の入学年齢は一五歳から三〇歳までとされている（職官志）。

これらによると、半島アジアの三国では、いずれも一五歳を画期とする理解が存在していたことになる。高句麗と百済では、常に一五歳以上の者（「男女」か「丁男」「丁夫」）が宮室、城その他の造営修復に動員されていた。記事に従う限り、それは、百済に顕著である。また、新羅では、労役と異なる基準があった。

では、大陸アジアとの関係は、どうであろうか。まず、一五歳については、大学に入るとともに、「小役」を与えられたり、成人としての人頭税を課せられたりする年齢であると古くは理解されていた（『塩鉄論』未通、『漢書』食貨志、『論衡』謝短篇、『漢旧儀』など）。また、湖北省江陵県鳳凰山十号漢墓出土の名籍簿類では、一五歳から成丁（大男・大女）とされていたようである。[15]ただし、一五歳は、さきの「小役」と区別される「戎」（「大役」）を与えられないというから、基本的には、まだ兵役に加わらない年齢とみられていたらしい。

その後、西晋の武帝が中国再統一を果たし、太康元年（二八〇）、画期的な徴税・土地政策を公布した。今、関連するところを指摘すれば、男女一六歳以上六〇歳までを「正丁」とし、一五歳以下一三歳までと、六一歳以上六五歳までを「次丁」とし、一二歳以下と六六歳以上をそれぞれ「小」「老」とした（『晋書』食貨志）。ここで、「次丁」の一五歳と「正丁」の一六歳との区別が明示されたが、いずれも「丁」であることに変わりはない。しかし、一六歳は「正丁」の始まりとされたが、一五歳は「丁」である「次丁」の始まりではなく、むしろ終りであった。したがって、「丁」の参入年齢としては、一五歳よりも一六歳の方が注目されたはずである。

このような年齢区分（丁中制）は、五世紀前半の宋初まで基本的には継承されたようである。しかし、「礼」に倣って、一六歳から一九歳までを「半丁」（次丁）にして、一五歳以下を「丁」からはずすことが提案されたり（『晋書』范甯伝）、一五・一六歳を「半丁」にすることが提案されている（『宋書』王弘伝）。つまり、一六歳を「半丁」（次丁）に下ろすことでは共通するが、一五歳を「丁」に入れるか否かでは分かれることになる。なお、この間、西涼の建初一二年（四一六）敦煌郡の戸籍では、概ね以上の原則に則っているが、一五歳を「丁男」（正丁）としている。[16]

このようにみてくると、たしかに一五歳の区分は流動的な側面がある。ところが、北魏の太和九年（四八五）に公布された均田法や、翌年の李沖上言によると、一五歳の位置付けは明瞭となる。たとえば、一五歳以上の「男夫」が露田四〇畝を支給され、「新居」に当たっては、「男女」一五歳以上が「給地」に応じた課を負い、一五歳以上で未婚の者は、四人で一夫婦分の調を負担することになったのである（『魏書』食貨志）。このような年齢区分に基づく丁中制は、一〇歳以下が「小」、一一歳から一四歳までが「中」、一五歳から七〇歳までが「夫」「丁」、七一歳以上が「老」となっていたものと思われる[17]。

ついで、既述の河清三年令にかけて伝えられる北斉の生産活動も注目される。それは、春から秋まで、「男」一五歳以上は、皆、「田畝」で働き、桑蚕の月には、「婦女」一五歳以上が、皆、蚕桑に従事するというものである(『隋書』食貨志、『通典』食貨・田制)。ただ、ここで注意したいのは、河清三年令そのものは、男子一八歳以上、六五歳以下を「丁」とし、一六歳以上、一七歳以下を「中」とし、六六歳以上を「老」、一五歳以下を「小」とし、また、一八歳から受田資格と租調負担があり、二〇歳で兵役、六〇歳で力役免除、六六歳で退田および免租調とされている(『隋書』食貨志)。つまり、男女一五歳が農耕・養蚕従事の開始年齢であることと、この令に示された丁中制とは上手く合致しないのである。おそらく、前者は農耕・養蚕にかかわる一般的な慣習であり、後者は、国家制度としての施策であったとみたい。

さらに、北周では、男一五歳以上、女一三歳以上の婚姻が慣習として存在していた(『周書』武帝紀建徳三年正月条)。以上のような概観を踏まえると、まず、さきに紹介した高句麗や百済の一五歳徴発や、新羅の一五歳国学入学と大陸アジアの例とのかかわりが問われてくる。このうち、新羅の一五歳国学入学は、既述のように、中国古制の大学入学年齢に倣った側面があろう。前者のいわば一五歳徴発は、記録伝承上で顕著な百済と、中国北朝にとくに顕著な一五歳認識とのかかわりが問題になる。ところが、とりわけ北魏の太和九年以降、百済と北魏との間に交渉はみられない。一方、百済における一五歳徴発は、すべての記事紀年を信頼することはできないとしても、北魏太和九年をさらに遡る段階から施行されていた。すると、百済の一五歳徴発は、中国北朝に影響されたものではなく、その淵源は古いと考えられる。たとえば、高句麗の影響によるものか、高句麗とともに、中国古制との接触によって編み出され、そして育まれたものかであろう。

ついで、列島日本にける吉備のミヤケの「田部」が一五歳前後で徴発され、また、それに応えるような「田部」「丁」戸籍が作成されたとすれば、半島アジアや大陸アジアとの関係をどのように捉えたらよいのであろうか。可能性としては、百済や高句麗の一五歳徴発と共通するか、それに倣うものであったか、はたまた、中国北朝の北魏太和九年以降、あるいは北斉・北周の慣行に倣うところがあったのか、ということになる。後者の場合では、とくに北斉における農耕・養蚕活動の慣行年齢に留意したい。その際、ミヤケの「田部」占定と、中国北朝の均田方法とが絡まり合って理解されていた可能性も考慮しておきたい。

では、列島日本における一六歳認識は、何か。これについては、後述しよう。

「国記」から庚午年籍へ

列島日本における稲作を基軸とした社会基盤の構築は、六世紀の「田部」型ミヤケに始まる。とくに、その画期的なモデルとなったのは、蘇我稲目・馬子父子の大臣家が主導し、新しい渡来系の王辰爾一族が運営に携わった吉備のミヤケであった。そこで、初めて、他者間集団認識としての本格的な「田部（丁）」戸籍が欽明三〇年（五六九）に作成され、三〇戸単位と五〇戸単位との複合的ないし重層的な戸編制が生まれ、それは八〇戸編制として隋・唐では理解された。また、一五歳前後から参入する「丁」制も自覚され始めた。

これらの飛躍的な開始には、北斉の河清令公布が影響を及ぼしているとしても、大陸アジアで生まれた成文法そのものを直接、必要とはしていなかった。大陸アジアの古制（先秦から漢代）を本源とし、その後の半島アジア（とくに高句麗・百済）や大陸アジア（とくに中国北朝）の慣行を踏まえつつ、最新の情報や作法を高句麗、さらには百済から受け止める能力を保持していた王辰爾一族と、これを活用できた蘇我大臣家の存在が極めて大きかったと言えよう。

しかし、造籍を含むミヤケ経営の作法は、単なる口伝に終ったとは考えられない。推古二八年（六二〇）に、「皇太子」（厩戸皇子とされる）と蘇我大臣馬子が共議して「天皇記及国記、臣連伴造国造百八十部并公民等本記」を記録させたと伝えられるのは、その作法の台帳化を含むものであったと思われる（『日本書紀』）。そのことは、この記録の以後の運命によって推測できよう。

すなわち、この記録は、蘇我大臣家に保管されていたが、皇極四年（六四五）の蘇我大臣蝦夷家焼亡の時（乙巳の変）、船史恵尺がその一部（とくに「国記」）を救い出して、中大兄皇子（のち天智天皇）に献上したものである（『日本書紀』）。そして、この「国記」は、庚午年籍につながるものとして語り伝えられた（『新撰姓氏録』序）。しかも、かの船史恵尺は、ミヤケ経営の造籍に携わった王辰爾一族の子孫であり、「国記」などを直接作成した立場にあった者と思われる。したがって、ミヤケにおける編戸・造籍の記録化がおこなわれていたはずである。

この事実は、さらに別な観点から補うことができる。そもそも、蘇我大臣蝦夷の家に「天皇記・国記」などが保管されていたのは、これを大臣家が活用していたからにほかならない。たとえば、皇極元年（六四二）、蘇我大臣蝦夷・入鹿親子は、自らの「双墓」を造営するために「挙国之民、并百八十部曲」を徴発したが、そのなかには、「上宮乳部之民」（上宮王家の新型の部民ないしミヤケ付随の民）の役使も含まれていた（『日本書紀』）。これら広範囲に及ぶ「民」の徴発役使は、「国記」などの活用を前提として初めて可能になったものであろう。それは、少なくとも、「深草屯倉」（山城国の地）や「東国」に及んだ形跡がある（『日本書紀』皇極二年一一月条）。

しかし、この「国記」などが、もっぱら蘇我大臣家によって乱用されたとみるのは正しくない。たとえば、皇極元年九月、天皇は大臣蝦夷に命じて、「大寺」（百済大寺）と「宮室」（飛鳥板蓋宮）を造営させることにし、また、造船も促している（『日本書紀』）。そして、「大寺」には、舒明（皇極）朝の基盤でもあった近江と越の「丁」が宛てられ、「宮室」には東の遠江から西の安芸までの「丁」が動員された（関連の記事が『日本書紀』舒明一一年七月条にもあるが、「丁」徴発内容としては、皇極元年条の方を優先して扱うべきであろう）。造船では、安芸を含むとみられる「諸国」への「課」が督促された。これらの徴発にも、「国記」などが利用されたはずであり、逆に、この徴発を契機にして、「国記」などの増補修正が企てられたと考えられる。

この時、数千の「越辺蝦夷」が「内附」したというが、それは、越の「丁」徴発にともなうものであり、越の範囲も拡大し、「国記」の増補もおこなわれた可能性があろう。また、この「大寺」は、舒明朝以後の皇統を代表する王家の大寺院であり、蘇我大臣家の私寺ではない。したがって、この時の「国記」活用や増補修正は、大臣家による「国記」管理を前提にするとしても、蘇我大臣家の単なる私的行為とは言えないのである。

この間、さきの王辰爾の孫である王後は、推古朝に出仕したあと、舒明朝でその才能が高く評価されて破格の冠位を授かり、同一三年（六四一）に死去した（「墓誌」）。なぜか、天皇の死と同年であった。この経緯は、王辰爾一族が、「国記」などの作成に携わったあとも、引き続き王宮でのマツリゴトに参与していたこと、そして、さきの「大寺」や「大宮」などの造営にあたり、「丁」を徴発する基盤整備にも関与していた可能性を示唆していよう。

ただし、この時期、広範囲（平板な領域一般ではなく、拠点的かつ散在的な限定範囲）な「丁」の徴発や「課」を契機として、蘇我大臣蝦夷家の方策を危惧したり、舒明（皇極）王朝やその他の王家と大臣家との間で、軋轢が生じてきたことも確かであろう。しかし、王辰爾一族は、この間、格別の知識と技能の保持継承集団として、その貢献度を期待されつつ、巧みに生き抜いてきたものと思われる。そして、さきの船史恵尺の突出した行動は、王辰爾一族が継承する知識と技法の帰属が、蘇我大臣家から王家（とくに舒明王朝）へと移管されることを宣言したに等しい。

あえて飛鳥を離れ、難波に宮を移した孝徳朝のいわゆる「大化の改新」は、蘇我大臣家のもとで、王辰爾一族の知識や技法を登用しながら蓄積されてきた、六世紀後半以降のミヤケ経営の作法を発展的かつ飛躍的に継承する意図を含んでいたものと考えられる。もちろん、そこには、蘇我大臣家自体によって惹起された矛盾や限界を克服するという局面もみられるが、それがすべての要件であると考えるのは、むしろ非歴史的な理解であろう。

当面の観点から言えば、三〇戸単位と五〇戸単位に基づく複合的ないし重層的な八〇戸編制の柔軟かつ曖昧な様態を、画一的で統一的な編制に組み替えたことが上げられる。たとえば、いわゆる「大化の改新」において、「仕丁」を出す基盤を三〇戸単位から五〇戸単位に変更したように伝えられているが、正しくは、すべての「丁」徴発や「課」の基盤を五〇戸編制に統一することが企図されたものと考えられる。つまり、既述のような二重の「丁」基盤である三〇戸単位と五〇戸単位の併存状況と曖昧さを絶とうとしたのである。

『常陸国風土記』香島郡の記事は、これについて示唆的である。それは、かつて八戸であった香島（鹿島）宮の神戸は、孝徳朝に五〇戸が加わり、天武朝に九戸が追加されて六七戸となったが、庚寅年籍作成時には二戸が減らされ、六五戸になったというのである。この一連の経緯は、まず、いわゆる「大化の改新」時に五〇戸編制への統一化が進んだこと、ついで、それ以前の八戸とは、八〇戸編制に由来する可能性（一〇分の一）があること、さらに、庚寅年籍において神戸数と編戸自体の明瞭な整備がおこなわれたことを物語っていよう（九戸の追加は不詳）。

また、『播磨国風土記』宍禾郡の記事によると、孝徳朝に「揖保郡」から「宍禾郡」を分立させた時（建評）、そのもとに「比治里」を設けたこと、そして、その「里」名は、山部比治が「里長」になったので、その名をとったことが伝えられている。これも、いわゆる「大化の改新」で、建評とともに五〇戸編制（のち「里」）への統一化が図られたことを物語っているが、その五〇戸編制が「五十戸造」（奈良県石神遺跡・飛鳥池遺跡・飛鳥京跡苑池遺構の各出土木簡）などと呼ばれた地域集団統率者の現実的な存在（台頭を含む）や意向に大きく左右されるものであったことをも示唆している。つまり、それ以前の結合集団（この場合は部民姓集団）を基盤としつつも、「里」名を「山部」としないで「比治」としたのは、あらたな地域統率者の現実的環境に見合う戸の再編が目指されたのではなかろうか。

この孝徳朝の再編は、大陸アジアにおける唐の台頭と半島アジア諸国の変革に啓発された偶発的側面があるとしても、やはり、さきの「国記」などの作成を欠いたところには成り立ち得ない歴史的必然性が認められる。しかし、もはや、「国記」とその増補改定の方法に依存することはできない状況を迎えていた。ここに、庚午年籍が作られることになる。その作成範囲は、京畿内の大和・河内（和泉を含む）・山城・摂津の各地域、東海道の伊勢・尾張・伊豆・甲斐・常陸の各地域、東山道の信濃・上野の各地域、北陸道の越中の地域、山陽道の播磨の地域、山陰道の但馬の地域、南海道の紀伊・阿波・讃岐・伊予の各地域、西海道の筑紫諸国地域に及んでいる。[18]これ以前、蘇我大臣蝦夷の時代の「国記」が、近江・越（辺）と、東は遠江まで、西は安芸まで、あるいは山城、「東国」という範囲内の各拠地に対応するものであったらしいことを想起するなら、戸編制自体の改編ともからんで、二〇年未満の間に「国記」（増補改正も含む）の機能は不全に近い事態に陥ったはずである。

庚午年籍完成とともに、「国記」が廃棄される運命にあったことは想像に難くない。かわって、庚午年籍は、大宝戸令において永久保存とされたわけであるが、逆に言えば、大宝令発布段階までの約三〇年間に、庚午年籍は廃棄されることなく、すでに保存されていたことになる。やはり、「国記」に取って代る価値を当初から担っていたと言えよう。

庚午年籍の作成

その庚午年籍について、いくつか指摘しておく必要がある。第一は、庚午年籍作成のあらたな契機についてである。これについては、半島アジアにおける六六三年（天智二）の白村江の戦いでの倭軍大敗、これにともなう百済遺民の列島日本への大量亡命、ついで六六八年（天智七）の高句麗滅亡という一連の変動と混迷にいかに対処していくかという課題が想定できる。しかし、そのなかで特に注意したいのは、百済と高句麗を滅ぼした唐が、それぞれの地域で編戸を試みたことである。

まず、高句麗地域の場合は、九都督（府）、四二州、一〇〇県が置かれたというが、戸編制については明らかでない（『旧唐書』高麗伝・地理志、『三国史記』高句麗宝蔵王二七年条末尾・雑志六など）。しかし、百済地域の場合は、「唐平百済碑」によると、五都督（府）、三七州、二五〇県、二四万県戸、六二〇万口を編制して「各斉編戸」したとある。すると、県ごとに九六〇戸が設定され、一戸平均約二六人とされたことが分かる。「斉」（等しくそろえる）とは、このような編制ぶりを言うのであろう。

そこで、かりに一県別九六〇戸とした場合、五〇戸や一〇〇戸の単位を想定することは計算上できないが、三〇戸や八〇戸の単位なら想定可能である。すると、大陸アジアの唐令（一〇〇戸単位制）をそのまま百済地域で施行したものではないことを示唆するとともに、列島日本の五〇戸編制とも異なるものであったことになる。逆に、倭は、この半島アジアの戸編制に大いに啓発されながらも、列島日本における六世紀後半以来の戸編制の原理の一部を貫き、かつ改編統一して、庚午年籍を作成したことになろう。ところが、百済地域で採用された可能性がある三〇戸ないし八〇戸の単位が、本来の百済の制や慣行を踏まえたものであったとすれば、逆に、列島日本での旧態と共通する側面がうかがえることになる。

第二は、庚午年籍が、あらたな五〇戸編制への統一化を踏まえて作成されたものであることは既述のとおりである。しかし、庚午年籍のうち、「筑紫諸国」は七七〇巻であった（『続日本紀』神亀四年七月丁酉条）。この場合、「筑紫諸国」の範囲が問題になるが、のちのように一里（五〇戸）一巻で作成されたとすれば、七七〇巻は多すぎる巻数である。今、その詳細については触れる余裕がないが[19]、この巻数からすれば、むしろ三〇戸編制の方に叶うことになる。もし、三〇戸編制で作られたと仮定するなら、ミヤケ経営のもとでの三〇戸編制が「筑紫諸国」で、あるいは「筑紫諸国」のみで特別に温存されていたことになる。このことは、「筑紫諸国」の固有性や、大宝二年度の西海道戸籍と御野国戸籍との大きな差異にもからんでくる列島日本の地域政治文化差問題へと発展しよう。あるいは、また、さきの百済の編戸との関連も問われてくる。

第三は、庚午年籍作成時に、一六歳という年齢が「丁」として関心の的になったことについてである。六世紀後半のミヤケ経営時には、むしろ一五歳が「丁」加入年齢として注目された可能性を指摘しておいたが、ここに、一歳のずれが生じてきた。しかし、これは、あらたな隋令の制や、唐令の規定を踏まえたものとは考えられない。まず、隋では、開皇二年（五八二）に、三歳以下を「黄」、四歳から一〇歳までを「小」、一一歳から一七歳までを「中」、一八歳から五九歳までを「丁」、六〇歳以上を「老」とし、その後、「丁」の年齢幅を二一歳以上、ついで二二歳以上へと変更している（『隋書』食貨志）。いずれにしても、ここで一六歳や一五歳が画期となる年齢とはみなされていない。

ついで、唐では、武徳七年（六二四）令以後、開元二五年（七三七）令まで、三歳以下を「黄」、四歳から一五歳までを「小」、一六歳から二〇歳までを「中」（二二歳までとする場合もある）、二一歳から五九歳までを「丁」（二三歳から五八歳まで、二二歳から五七歳までとする場合もある）、六〇歳以上を「老」（五八ないし五九歳以上の場合もある）とした。ここでは、同じ「中」のうちでも一八歳以上から受田資格が得られることとも連関して、一八歳以上と以下との差異（雑徭開始など）をめぐる議論もあるが[20]、とにかく一六歳が「中」の加入年齢であると理解されていたことは間違いない。すると、庚午年籍作成時の一六歳認識は、このあたらしい唐令に倣ったのであろうか。

しかし、その可能性は少ないであろう。たとえば、列島日本の推定される大宝戸令では、三歳以下を「緑」、四歳から一六歳までを「小」、一七歳から二〇歳までを「少」、二一歳から六〇歳までを「丁」（正丁）、六一歳から六五歳までを「老」、六六歳以上を「耆」としている。この規定は、さきの唐令に一見、似たところもあるが、「黄」ないし「緑」の年齢幅の一致を除いては、実は、すべて異なる年齢区分である。一六歳について言えば、大宝令では「小」の最期となり、唐令の一六歳に対応するのは、むしろ一七歳であった。

このようなずれを考慮すると、庚午年籍作成時に唐戸令の一六歳認識が導入され、それが大宝戸令へと結実したという道筋は想定しにくいであろう。もっとも、その間に大系的な変化があったとみることも不可能ではないが、それ以外に優先すべき理解の方法があると考えられる。

それは、まず、すでに紹介したような西晋以来、宋初に至る一六歳の「正丁」加入認識、あるいは北斉の河清令における一六歳の「中（男）」加入認識が先例として庚午年籍作成時に想起された可能性がありはしないかということである。ただ、ここで注意したいのは、前者の規定と認識が、南朝において修正されていることである（『隋書』食貨志掲載の記事にも、その例がみられる）。とくに、既掲の『宋書』王弘伝によると、宋の元嘉七～八年（四三〇～四三一）頃に改正されたとみられる丁中制のもとで、「正丁」の一六歳を「半丁」に下げて一五歳と同等に扱い、一七歳以上を「全（丁）」にしている。この一六歳と一七歳との区分けは、まさに、のちの列島日本における大宝戸令の区分に等しい。

そこで、以下のような道筋が想定されてくる。すなわち、庚午年籍作成時には、それ以前のミヤケ経営における一五歳の「丁」（広義の意味）加入意識を改め、一六歳をより重視した。それは、中国南朝と交流をもつ百済からの知識と情報（百済の一五歳徴発記録は、五二三年で終る）に由来しよう。ところが、のちの大宝戸令では、一六歳にかわって一七歳が広義の「丁」年齢の出発とされた。これも実は、百済経由で宋の丁中制改定の知識と情報がもたらされたことに由来しようが、そもそも、同じ百済から、西晋以来、南朝で施行された丁中制の基本型と、宋初における同改定型とが、ほぼ同時に抱き合わせで、もたらされていた可能性さえある。

しかし、一方、すでに紹介した列島日本での髪型に表象される年齢区分の理解も考慮しなければならない。なぜなら、そこでは、一五・六歳と一七・八歳との間に大きな断絶がみられ、これは、そのまま大宝戸令の年齢区分認識に生かされているからである。すると、列島日本の「古俗」が大宝令にそのまま反映されたことになるが、やはり、さきのような宋初における丁中制改定の知識と情報に規制されることなくして、その成文法化への説得力は生まれなかったであろう。

大いなる「フィクション」としての成文法

最後に、成文法としての令が、列島日本において何であったのか、という問題に立ち戻る。すなわち、大宝令に結実する列島日本の成文法が、先取り的に列島日本の社会と国家を規定したのではなく、むしろ逆に、後追い的な役割を担うものであることについて、あらためて、その意味が問われなければならない。

これを、当面の課題に即して言うなら、六世紀後半の「田部丁」戸籍作成から、七世紀に入っての「国記」などの編纂、そして、庚午年籍の作成という道筋を経て、はじめて成文法としての令の採用を迎えた。この間、ほぼ一五〇年近くに及ぶ。この一世紀以上にわたる、今や見失いがちの長い道筋ないし順序は、稲作を基軸に据えることにした列島日本の社会がアジア世界の文明と交わりながら、みずからの処在を見出し、表現していく道程にほかならない。そして、その自己確認と創造を繰り返していく有力な手法であり、表現であったものが、列島日本の社会的結合基盤の文字記録化、つまり倭（のち日本）社会の文書化であった。それは、一方で、最小単位の戸を編制し続け、一方では、倭社会を列島日本に拡大していくことになる。成文法としての令が、あるいは法文明の成り立ちが、このような道程にあることを、まずは理解しておきたい。

では、最終的な段階での令採用と編纂の意義は、どのように理解したらよいのであろうか。これについては、ひとまず、さきの年齢区分認識が手掛かりになる。そもそも、大宝戸令の年齢区分は、唐戸令のそれによく似た「感じ」を受けるのであるが、具体的な規定となると、一致するところはほとんどない。その意味では、唐戸令が、列島日本の社会的現実を規定し、構築したとは言えないであろう。

では、列島日本の髪型に表象される、あたかも「日本的」な「古俗」が、そのまま大宝戸令に反映されたということになるのか。しかし、ここで、髪型を転換させる「古俗」の慣行そのものと、それが年齢区分の表象として後付けで別途に認識される方法の出現とは区別して捉えなければならない。なぜなら、後者の認識には、大陸アジア世界に本源をもち、半島アジア世界がこれに独自の対応を示す、いわゆる「丁」大系、つまり、丁中制との格闘が発生していることを不可欠とするからである。

その丁中制は、まずもって、大陸アジア世界の中国において、独自の進展をみせる。唐戸令の年齢区分における一六歳の「丁」（広義）加入意識にしても、少なくとも、西晋以来の基本的な認識や北斉の河清令などを前提にしつつ、固有に編み出されてきたものである。一方、列島日本の倭は、この中国での年齢区分による丁中制の独自の進展と並行しながら、また、これに緊密な形で接することになる半島アジア諸国での、これまた固有の進展を踏まえた知識と情報を摂取しながら、年齢区分によるアジア世界の政治文化遺産とも言える丁中制を同じように模索し、「古俗」の読み替えを新たに図っていった。

それは、ミヤケでの造籍、「国記」などの編纂、庚午年籍の作成へと、順次、文書表現をとっていった。その過程で最期に登場することになる成文法としての令は、その年齢区分が「丁」大系の表現であり、論理であり、言説であることを、ついに明確に自覚し、宣言するに至る。しかし、その令というものは、具体的な規定を社会に突然投企して、その現実を生み出す実践的な「魔法の文明」などではなく、一世紀以上にわたる長い現実の蓄積を踏まえることで初めて、論理ないし言説という次元において社会意識と思考形態とに訴えることが可能になった壮大な「フィクション」として機能したのである。

このことは、「五十戸」編制から「里」編制への転換にも、よく表れている。そもそも、戸編制の呼称が「五十戸」から「里」へと変わるのは、ちょうど六八〇年代にあたる天武朝末年から持統朝初年にかけてとみられている。問題は、この転換の意味にある。

まず、この転換は、天武一〇年（六八一）の飛鳥浄御原令編纂開始の直後から急速に進行した。それは、おそらく、戸令編纂にあたって、唐戸令の「諸戸以百戸為里（後略）」が参照されたことと関わるであろう。しかし、唐令で謳われた一〇〇戸規定を具体的に模倣して、それを列島日本の社会に還元しようとしたのではない。あくまで、それ以前からの五〇戸編制への画一的な統一化という現実を踏まえながら、〝某戸（数）をもって里と為す〟という論理や言説、あるいは方法自体が、列島日本の人々の意識と思考回路のなかに入り込むことを期待したのである。この箇所の戸令文言が木簡に習書されたのも、その戸令規定に基づく実務遂行のためである以前に、戸編制や造籍の論理ないし言説を自らに納得させようとしたからにほかならない。大いなる「フィクション」の構築であった。

しかし、その「フィクション」にも必然性がある。この点を、兵士徴発に例をとりながら、最後にまとめておきたい。そもそも、兵士徴発の規定には多面性がある。まず、養老軍防令の規定では、一戸のうちから三丁ごとに一丁を取れとある。しかし、飛鳥浄御原令以後、大宝令制下では、一国のうち四分して一を定め、武事を習わせること、あるいは、令の規定によって四分して一の兵士を点定することが定められているという（『日本書紀』持統三年閏八月庚申条、『続日本紀』天平四年八月壬辰条）。

この矛盾は、何であろうか。そこで、大宝令までの（一国別正丁）四分の一徴兵を、養老令で（一戸別正丁）三分の一徴兵という割合に変更した可能性が出てくるが、そのような必然性は認めがたく、また、そのように考える必要もあるまい。なぜなら、徴兵を注記した御野国戸籍によると、一里ごとの正丁数（兵士を除く）と兵士数との割合は概ね三対一であり、正丁総数（兵士を含む）と兵士数の割合は概ね四対一であり、この両局面が令規定のふたつの理解に現れていると考えればよいからである[21]。つまり、兵士を徴発した後に生じる残りの正丁との割合が三対一、逆に、兵士を徴発しようとする時の正丁との割合が四対一ということなのである。したがって、令の規定としては、一戸のうちから三丁ごとに一人を取れという文言が一貫して存在していたとみて支障はないであろう。

問題なのは、この令規定の由来であり、また、御野国戸籍から知られる徴兵の実態である。まず、唐令の規定は明らかでないが、西魏の府兵制に由来して、一応、一戸で三丁あれば一兵士を徴発するという規定であったとみられている[22]。すると、この規定は、列島日本の飛鳥浄御原令からそのまま採用されたことになるのであろうか。しかし、それは、単線的な理解に過ぎまい。なぜなら、御野国戸籍における徴兵の基準は三等政戸制にあるが、唐では貞観九年（六三五）、すでに三等戸制を廃して九等戸制を敷いており、また、等戸制に基づいて徴兵をおこなったわけでもなさそうである。逆に、西魏の府兵制は、等戸制（三等戸制ではない）に規制された徴兵であり、さらに、中国南朝の宋や梁では、「三五」の点兵あるいは「三五民丁」と呼ばれる徴兵慣行があった[23]。つまり、三丁から一兵士、五丁から二兵士という割合の徴兵である。すると、列島日本における徴兵慣行や、飛鳥浄御原令の徴兵規定も、このような南北朝期の中国の制や慣行に倣うものであり、したがって、唐令を参照する以前に、すでに唐令を成り立たせる前史と共有する側面があった可能性があろう。

ついで、御野国戸籍にみえる徴兵の実態から推測できることがある。その徴兵の基準とされた三等政戸制は、上政戸（兵士を含む正丁総数八〜五人）、中政戸（同四〜三人）、下政戸（同二〜一人）から成り、兵士は、上政戸一人、中政戸一人、下政戸〇人、あるいは、上政戸二人、中政戸一人、下政戸〇人というような原則が予想される。すると、たしかに、三対一、ないし四対一の徴兵率がうかがわれ、さらに中国南北朝の制や慣行とも符合するところがあり、令の規定にそれは結実されている。

ところが、戸ごとに見ていくと、以上の原則に例外もあり、正丁以外に少丁からの徴兵もおこなわれている。これは、令の規定にもかかわらず、戸別の徴兵（率）に矛盾が生じている証左であろう。つまり、三等政戸制を敷きながらも、個別の戸編制が徴兵（率）に叶わない現実が生まれていたのである。そこで、既に紹介したように、里単位の徴兵（率）をもって帳尻を合わせようとしたことが見て取れる。一国ごとに四分して一という発想も、実は、その延長線上にある。つまり、戸別の矛盾を里別で解消し、里別の矛盾を国郡（評）で解消していくという論理にほかならない。

このような論理が、「五十戸」から「里」呼称への転換を促すであろう。つまり、「五十戸」呼称による編戸は、あくまで個別の戸を整備することから出発した五〇戸集合体であったが、「里」呼称による編戸は、その戸別に生じた矛盾と現実を「里」に解消するための編戸であり、それは、国郡（評）への解消へと連なる転換であった。唐戸令の〝某戸（数）をもって里と為す〟という論理と言説は、ここにはじめて大きな「フィクション」として期待されることになる。

ただ、徴兵（率）に関する令規定の文言自体は、依然として戸単位に足軸を置いていたかのようである。それは、唐令に依拠したというよりも、中国南北朝の制や規定に由来している可能性が強く、あたかも五〇戸編制の現実を唐令によって改めなかったことと呼応するであろう。そのかわりに、国単位（矛盾解消の最終単位）の徴兵（率）四対一を持ち出して令を解釈し続け、喧伝し続ける必要があったのである。

おわりに

今日、七世紀以前の列島日本への関心（とくに文字研究において）は、ここ数十年間の寡黙を破って、徐々に声を揚げつつある。次第に遡る年紀の木簡が発見されつつあることとも無関係ではあるまい。

このことは、関心と研究の対象が、ただ遡ることを意味しない。私たちのアジア世界の成り立ちと列島日本の処在化を見据える力、つまり「歴史力」を育むことに大きく貢献するはずだからである。そして、私たちがあらゆる意味で怠惰でない限り、後続の成文法時代に足場を吸えた遡及的な旧来の法文明観や、大陸・半島アジア世界との抽象的な単線的な影響論から、やがて脱却していく時が来るであろう。その時こそ、列島日本とアジア世界との真の交わり方が了解されてくるに違いない。

本論文で開示した新しい構想が、その一助になれば幸いである。

注

（1）『木簡研究』二一（木簡学会、一九九九年）、『宮町遺跡出土木簡概報』Ⅰ（信楽町教育委員会、一九九九年）など。

（2）唐令については、仁井田陞『唐令拾遺』（東京大学出版会、一九六四年版）、仁井田陞（池田温編集代表）『唐令拾遺補』（東京大学出版会、一九九七年）による。

（3）「五十戸」木簡については、とくに断わらない限り、奈良文化財研究所史料第七六冊『評制下荷札木簡集成』（奈良文化財研究所、二〇〇六年）による。

（4）東京国立博物館編『法隆寺献納宝物　染織Ⅰ―幡・褥―』（便利堂、一九八六年）。なお、この年紀については、一巡遅らせて養老七年（七二三）とみる説がある（東野治之「法隆寺伝来の幡墨書銘」同『日本古代金石文の研究』岩波書店、二〇〇四年）。しかし、今は、旧説による。新川登亀男「法隆寺幡銘管見」（田村圓澄先生古稀記念会編『東アジアと日本』宗教・文学編　吉川弘文館、一九八七年）、狩野久「額田部連と飽波評」（同『日本古代の国家と都城』東京大学出版会、一九九〇年）など参照。万一、この銘文紀年が一巡遅れるとしても、本論文の論旨に影響はない。

（5）岸俊男「『白髪部五十戸』の貢進物付札」（同『日本古代文物の研究』塙書房、一九八八年）。

（6）毛利憲一「六・七世紀の地方支配―『国』の歴史的位置―」（『日本史研究』五二三、二〇〇六年）。

（7）『静岡県史』資料編四・古代（静岡県、一九八九年）。

（8）『木簡研究』八（木簡学会、一九八六年）、山尾幸久「森ノ内遺跡出土の木簡をめぐって」（『木簡研究』一二、一九九〇年）、木簡学会編『日本古代木簡選』（岩波書店、一九九〇年）など。

（9）山本達郎「敦煌発見計帳様文書残簡」（上）（下）（『東洋学報』三七の二・三、一九五四年）。なお、池田温

「均田制―六世紀中葉における均田制をめぐって―」（『古代史講座』八　古代の土地制度、学生社、一九六三年）は、この三三戸を、西魏から隋初にかけて施行された二五家一里制のあらわれと見る。

（10）岡崎文夫「参国伍鄙の制に就て」（羽田博士頌寿記念『東洋史論叢』東洋史研究会、一九五〇年）。堀敏一「中国古代の里」（同『中国古代の家と集落』汲古書院、一九九六年）、池田雄一「中国古代の伍制」（同『中国古代の聚落と地方行政』汲古書院、二〇〇二年）など参照。

（11）武田幸男「新領域の城―戸支配」（同『高句麗史と東アジア』岩波書店、一九八九年）では、一〇の倍数であることが指摘されているが、総計が三〇の倍数で新たに調整されているとみてよいであろう。なお、武田氏は、「守墓二十家」の例も紹介されている。

（12）銀雀山漢墓竹簡整理小組編『銀雀山漢墓竹簡』壱（文物出版社、一九八五年）。

（13）西嶋定生「『女子百戸牛酒』について」（同『中国古代帝国の形成と構造』東京大学出版会、一九六一年）。

（14）この年齢に関する記事については、勝浦令子「律令制支配と年令区分―中男を中心として―」（『続日本紀研究』一九一、一九七七年）が早く注目している。

（15）池田温『中国古代籍帳研究―概観・録文―』（東京大学東洋文化研究所、一九七九年）。

（16）前掲注（15）。

（17）堀敏一「均田法体系の変遷と実態」（同『均田制の研究』岩波書店、一九七五年）。

（18）佐伯有清『新撰姓氏録の研究』考證篇第一（吉川弘文館、一九八一年）の一三六～一四一頁でまとめられた庚午年籍関係の史料による。ただし、これに若干の史料を追加した。

（19）庚午年籍の作成方法に関する最新の研究論文としては、氏別と居住地別の二種類を加味したものとする浅野啓介「庚午年籍と五十戸制」（『日本歴史』六九八、二〇〇六年）がある。同論文は、また、これに関する先行研究をも紹介している。ただし、氏別の方法には疑問があり、これまでに断案はない。
(20) 鈴木俊「唐代丁中制の研究」(『史学雑誌』四六の九、一九三五年)、浜口重国「唐に於ける両税法以前の徭役労働」「唐に於ける雑徭の開始年齢」(同『秦漢隋唐史の研究』上　東京大学出版会、一九六六年)など。
(21) 御野国戸籍の分析や統計については、新川登亀男・早川万年編『美濃国戸籍の総合的研究』(東京堂出版、二〇〇三年)による。
(22) 浜口重国「府兵制度より新兵制へ」(同前掲著)など。
(23) 浜口重国「魏晋南朝の兵戸制度の研究」(同前掲著)など。

六世紀の日本における中国仏教美術の受容

大橋一章

はじめに

西暦五三八年百済の聖明王は、東アジアにおける最先端文明であった中国仏教文明をわが国に伝えてきた。仏教興隆の拠点ともいうべき仏教寺院には、古代人の誰一人見たことのなかった彩色鮮やかな巨大木造建築の金堂・講堂・中門・回廊等が立ち並び、金堂内には眼も眩むような金色燦然と輝く金銅仏を安置していた。

このような巨大木造建築と金銅仏をわが国に導入するには専門の工人が教授しなければ実現は難しい。仏教をわが国に伝えた百済は、そのアフターケアーとして敏達六年（五七七）わが国に巨大木造建築建立の造寺工と金銅仏制作の造寺工を送ってきた。二人の工人は十年の歳月を費やしてわが見習い工人たちを一人前の造寺工と造仏工に育てあげた。

この小論では百済の造寺工と造仏工がわが見習い工人たちをどのように指導したのか、巨大木造建築と金銅仏それぞれについて検討してみたい。

一、造仏工と造寺工の来日

わが国に仏教が伝来したのは『日本書紀』によると欽明十三年（五五二）、また『元興寺伽藍縁起并流記資財帳』によると欽明七年（五三八）という。両者は欽明天皇の年立が異なるため西暦年にずれが生じているが、『日本書紀』の仏教伝来年には作為があり、現在は仏教伝来は五三八年と考えられている。

この五三八年に百済の聖明王がわが国に仏教を伝えたのであるが、半島では北の高句麗の軍事力におされ気味の百済が都を熊津（公州）から南の泗沘（扶餘）に遷した年でもあった。聖明王にしてみれば高句麗・新羅の脅威に対抗するには、わが日本の軍事力を引き出す必要があった。そのために、聖明王は東アジアの先端文明としての中国仏教を日本に供与することにしたのであろう。聖明王は日本の筑紫で生まれた武寧王の子として、父ゆかりの日本に百済の命運を賭けようと、心機一転扶餘に遷都し、わが国に仏教文明を伝えたのである。

私は、わが国に伝来した仏教、つまり中国仏教は思想宗教というよりも、東アジアにおける最先端文明と把えてきた[1]。仏教はインドから中国へ西暦紀元ごろに到達すると、およそ二百年という長期間をかけて中国文明と融合した。すなわち、インド仏教は儒教をはじめとする中国思想を呑み込み、東アジア最大の先進国である中国文明の粋たる漢字、絵画、彫刻、工芸、建築、土木、鋳造技法などで包み込まれ、インド仏教は装いを新たにして中国仏教・中国仏教美術に変身したのである。このような中国仏教はまさしく一大総合文明であって、私が東アジアにおける先端文明と呼ぶ所以でもある。したがって中国仏教を受容することは当時の東アジアの先端文明を受容することを意味し、だからこそ半島の高句麗も百済も、そして新羅も積極的に中国仏教を受容したのである。

ところが、この中国仏教が伝播し受容されるには、それがハイカルチャーゆえに高い知的水準が要求された。つまり、漢字文明を習得していることが中国仏教受容の最大条件であったのである。半島の三国が中国仏教を受容していた四・

五世紀のわが国には、文字文明を用いた政治システムは残念ながら未だ存在しなかった。それゆえ五世紀の六・七十年のあいだに倭の五王たちは計十回も中国南朝に使いを送っていながら、東晋や宋の都で盛行していた中国仏教の導入はついぞ起らなかったのである。五王の遺使たちは南朝の地で、漢文化で飾り立てられ、中国文明の枠を結実させた巨大かつ豪華華麗な仏教寺院を見れば誰しもが驚きの声を発したであろうが、難解高邁な仏教思想を説いた漢訳経典を読解できるものはいなかったのである(2)。

『日本書紀』によると、継体七年(五一三)六月に百済はわが国に五経博士を派遣してきた。中国古典や漢字の専門家である五経博士の派遣は明らかにわが国に対して漢字文明を教示し、わが民族の知的水準のレベルアップを企図したものであった。百済が派遣してきた五経博士の段楊爾は三年後の継体十年(五一六)漢高安茂と交替しているから、五経博士の派遣は上番(当番)制であった。『日本書紀』はこのあとしばらく五経博士の交替記事を載せないが、欽明十五年(五五四)条で五経博士の交替を記すので、継体七年にはじまった五経博士の上番制による派遣は継続していたのである。継体七年(五一三)から仏教公伝の五三八年まで二十五年、三年の上番制であれば八人の五経博士が交替していたことになり、わずかではあろうがこの間日本人の知的レベルは確実に上昇し、やがて中国語を理解できる知識人と呼び得る人たちも登場していたと思われる。つまり、百済はわが民族の中に知識層が増え、彼らが漢訳の仏教経典を理解できると判断すればこそ、わが国へ仏教を伝えたのである。

さらに、わが国の知的水準の向上を確認しながらモノヅクリ、すなわち仏教美術の制作に従事する工人を派遣してきたのである。複雑かつ危険な工程を経て造形を追及する金銅仏や、精密な工法を駆使して建てる巨大な木造の寺院建築を制作・建立するためには相当程度の知的レベルを要する。文字、つまり漢字を習得し漢訳経典を理解できるようになれば、その人の頭脳は自ずと活性化する。私は、人間は知的活動を盛んにすればするほど頭脳は発達し、文字を未だ習得していない周りの人にも知的活動を促進し知的レベルをあげることになると考えている。であればこそ、わが民族の知的活動の進展を確かめながら、百済は造仏工と造寺工を派遣してきたのである。
『日本書紀』敏達六年（五七七）十一月条には次のように記されている。

冬十一月庚午朔、百済国王、付二還使大別王等一、献二経論若干巻、并律師・禅師・比丘尼・呪禁師・造仏工・造寺工、六人一。遂安二置於難波大別王寺一。

敏達六年は五七七年にあたり、百済ではわが国に仏教を伝えた聖明王が新羅との戦いで五五四年に戦死したあと、長子が即位し威徳王の時代になっていた。この五七七年は威徳王の二十四年にあたる。したがって、百済国の王つまり威徳王が日本に帰国する使いの大別王に対し、経論若干巻のほかに律師・禅師・比丘尼・呪禁師・造仏工・造寺工の六人を献じ、大別王は彼らを難波の大別王の寺に安置《はべら》しめたという。この大別王が如何なる人物なのか、また大別王の寺とは如何なる寺なのか、いずれもよくわからないが、このとき造仏工というかつてわが国には存在したことのない専門職の工人二人が来日したのである。

いうまでもなく造仏工は仏像をつくる工人で、わが国では仏師の名称のほうが一般的である。また造寺工は寺師・寺工とも書かれるが、仏教寺院の巨大木造建築を建てる現在の大工の棟梁のような技術者であった。おそらくこの敏達六年（五七七）という年は仏教を日本に伝えた五三八年から三十九年が経過し、わが民族の知識層も増え、その周りの人たちの知的活動も活発化し、六世紀後半には日本人の知的水準は相当あがっていたと考えられる。その結果、百済はわが国においても文明と呼ぶべき高度な技術をともなうモノヅクリが可能になったと判断し、造仏工と造寺工を四人の僧尼とともに派遣してきたのである。

私は、この敏達六年の造仏工と造寺工の来日は、わが国にも仏教興隆の象徴ともいうべき本格的な仏教伽藍の造営に従事できる日本人の工人を養成するためであったと考えている。[3] 百済による技術供与ともいうべき造寺工と造仏工の派遣は、その前に百済がわが国に仏教を公伝したという事実があることを思えば、百済が履行しなければならなかった仏教公伝のアフターケアであった。いよいよわが国でも具体的な仏教文明の受容が始まったのである。

二、巨大木造建築と見習い造寺工

敏達六年（五七七）に来日した二人の工人のうち、造寺工の伝えた寺院建築の様式と技法は当時のわが国の建築関係者の誰一人も見たことがなく、また知っているものもいなかった。寺院建築はたしかに百済の造寺工が伝えたものではあるが、それはもともと百済の建築ではなく、中国の宮殿建築もしくは役所建築と呼ぶべきものであった。中国に仏教が伝来した西暦紀元以降、中国伝統の宮殿建築・役所建築が仏教伽藍に転用され、仏殿や講殿、さらに仏塔と呼ばれる高層建築が登場したのである。

中国伝統の宮殿建築は主要部は木を材料としているが、屋根には瓦を葺き、重量のある屋根を支えるために桁や梁を大きくし、各種斗栱（組物）を組み合わせ、以上を支えるため太い柱を礎石の上に建てた。この礎石は版築工法で造成した基壇の上に据えていた。柱をはじめ主要部は朱色、連子窓は緑色、垂木の先端は黄色、屋根板や壁は白、瓦は黒のごとく五行思想の五色で仕上げられていたのである。また扉の金具や仏塔の相輪部分の金具等はいずれも金鍍金に仕上げられ、建物内の土間には瓦と同じ材質の塼が敷き詰められていた。こうした宮殿建築を転用して登場した寺院建築を、私は彩色鮮やかな巨大木造建築と呼んでいるが、敏達六年に百済の造寺工が来日するまでわが国で建てられたことはもちろんなかった。

ところで百済に中国南朝の東晋から仏教が伝来するのは三八四年のことで、百済は三七二年に始めて東晋に朝貢し、翌三七三年にも朝貢していた。最初の朝貢から十二年後の三回目の朝貢時に、百済は東晋政府に東アジアの先端文明であった中国仏教を受容したい旨、願い出たのであろう。同じ南朝国家に五世紀には朝貢していたわが国がついに中国仏教を導入できなかったことを思うと、4世紀末の百済の知的水準はわが国と較べると桁違いに高かったのである。

『三国史記』によると東晋は三八四年に僧摩羅難陀を百済に派遣してきたが、翌三八五年に百済は仏寺を漢山に創立し、僧十人を出家させたという。この仏寺が東晋の地に建っていた寺院建築と同じものなら、『三国史記』は仏僧の派遣しか記さないが、造寺工も造仏工も百済に来ていた可能性が強い。もっともわが国に仏教を伝えた聖明王は『三国史記』によると、五四一年に南朝の梁から工匠や画師を招いているから、わが国に造仏工と造寺工を送ってきた当時、中国伝統の建築や美術品が百済の地でつくられていたことは確実である。百済の地で寺院建築の様式と技法を習得していた百済の造寺工が敏達六年にわが国に派遣されてきたのである。

私は百済の造寺工や造仏工の来日目的は、先述のようにわが国においても本格的な仏教伽藍を実現させるために、日本人の造寺工や造仏工を育成することであったと解してきた。

というのも、百済の造寺工一人では彩色鮮やかな巨大木造建築を建立することは如何にしてもできないからである。多くの専門工人の参加があればこそ巨大木造建築を建てることが可能なのである。百済の造寺工が来日して十年目の用明二年（五八七）にわが国初の本格的伽藍の飛鳥寺が発願されていることからすると、この時点で飛鳥寺造営事業を遂行するための造寺工たちを確保する目処が立っていたのであろう。すなわち、用明二年には本格伽藍を建立できるわが国の造寺工たちが確実に登場していたのである。一人前の専門工人に育てるには十年はかかるであろうから、百済の造寺工は来日以来十年の歳月を費やしてわが国の造寺工達を一人前に養成したのである。それ故、私は敏達六年の百済の造寺工と造仏工の来日は、わが国初の仏教建築・仏教美術をつくる工人を養成育成するためであったと解するのである。

百済の造寺工が来日する以前、つまり古墳時代の建築は竪穴形式・平地形式・高床形式で、いずれも掘立基礎の小規模の木造建築であった。一方、古代日本人がはじめて目にすることになる寺院建築は礎石立基礎でつくられた巨大木造建築であった。この寺院建築は、鉄筋コンクリートの強度にも匹敵するといわれる版築工法で造成された基壇の上に建てられている。基壇上には柱の数だけの礎石が据えられ、その上には直径五・六〇センチの柱を立て、その上に斗栱を置き、さらに太い桁や梁を架けるのはひとえに屋根が重すぎるからである。屋根の上には一枚三~五キロほどの瓦を大量の土で安定させながら葺くため、金堂クラスの建築の瓦と土だけで優に三〇〇トンは超える重量となる。この重い屋根を支えるために中国の宮殿建築は巨大化したのである。建築は大きく巨大化すればするほどより精密さが要求される。たとえば垂直、水平、直角、方位などが正確に求められたのである。このような技術力は当時の日本にはなく、百済の造寺工がもたらした寺院建築はまさに東アジアの先端技術であった。

東アジアの先端技術としての巨大木造建築の技法を身につけていた百済の造寺工のもとにあつめられたわが見習い工たちは、おそらく木造建築を建てることを専業としていた品部たちであったと思われる。『日本書紀』応神三十一年八月条には新羅王が「匠者《たくみ》」、つまり木工技術者を貢じているが、これは猪名部の始祖であると書かれている。猪名部は木工を専業とした品部であるが、雄略十二年十月条には猪名部御田が楼閣を起てたことが、さらに雄略十三年九月条には木工韋那部真根が斧で材を斲《けづ》ったことや、彼が木材に直線を記す大工道具である墨縄を使用していたことが記されている。

新羅王が貢じた匠者はその経緯からして現在の船大工のごとき木工技術者で、その子孫の猪名部御田は木造建築も手懸けており、韋那部真根は斧や墨縄のような大工道具を使用していたようである。『日本書紀』の記述が信用できるものなら、敏達六年に百済の造寺工や造仏工が来日する以前の古墳時代に、すでに半島から木工技術者が鉄製斧や墨縄の最新工具を持って来日していた可能性が強い。その子孫たちに百済の造寺工は中国伝統の巨大木造建築の工法を教授したのである。『元興寺伽藍縁起』所引の露盤銘は飛鳥寺造営の総責任者として山東漢大費直麻高垢鬼と意等加斯費直の名を記しているが、この二人は敏達六年に百済の造寺工に弟子入りした見習い工人たちの中から頭角を現したエリート造寺工であった。

露盤銘は飛鳥寺造営の総責任者のもとで現場監督のごとき指導者として、意奴弥辰星、阿沙都麻未沙乃、鞍部加羅爾、山西都鬼の名を記している。この四人も百済の造寺工に弟子入りしていた見習い工人から養成された造寺工であったと思われる。残念ながら、木工を専業とした先述の猪名部の名は露盤銘には書かれていないが、『続日本紀』神護景雲元年（七六七）二月四日条には造寺工正六位上猪名部百世に外従五位下を授けたことが記されている。これは称徳天皇の東大寺行幸における造寺関係者への叙位で、猪名部百世は造東大寺司の木工寮長上として大仏殿の造営に従事したことに対する叙位であった。このように木工を専業としていた猪名部の子孫は、確実に中国伝統の巨大木造建築を建立する造寺工になっていたのである。それも本家本元の中国でも建てることのできなかった超巨大木造建築の大仏殿（間口およそ八六メートル・奥行五〇メートル・高さ四七メートル）を猪名部百世は主導するエリート造寺工にまで成長していたのである。露盤銘には名が見えないが、私は猪名部出身の見習い工たちも百済の造寺工のもとに弟子入りしていたと考えている。

百済の造寺工のもとにあつめられた木工・建築を専業とした品部出身の見習い工たちは、年齢からすると十代半ばの若者たちであったと思われる。現代でもそうだが、専門技術を体得する職人の世界に入る年齢は十代後半が上限と思われるからである。この見習い工たちが習得する中国伝統の寺院建築は、まだ飛鳥人の誰一人も見たことがなかった彩色鮮やかな巨大木造建築であった。

三、造寺工の養成

百済の造寺工が、巨大木造建築の技法や工法について実見したことのないわが見習い工たちに教授するには、まず仏教建築が如何なる姿かたちをしているか示さなければならない。こうした場合もっとも効果的なのは視覚的に教授することであろう。そのために、金堂をはじめ仏塔や中門、回廊などのスケッチが必要であった。百済の造寺工は建物のスケッチを自ら描いたか、あるいは百済から持参してきたかと思われる。飛鳥寺の発願後、わが国は百済に僧侶と工人の来日を請うが、『元興寺伽藍縁起』には「戊申年送下六口僧、名令照律師弟子恵総、令威法師弟子恵勲、道厳法師弟子令契及恩率首真等四口工人并金堂本様上」と記されている。四人の工人とともに金堂の本様なるものがもたらされている。

稲木吉一氏によると、本は物事のおこり、様は手本、したがって本様は制作のもとにされる手本という意味で、設計図的な制作下図という(4)。すると戊申年（崇峻元・五八八）に来日した百済の工人は金堂の設計図のごときものを携えて来日したのである。建築は巨大化すればするほど精密さが要求されるが、寺院建築は再三述べてきたように巨大建築であった。それ故に正確な設計図が必要となるのである。当時紙は貴重品であったから、金堂の設計図や堂塔のスケッチ等は木製の板に描いていた可能性が強い。そういえば、日本の大工は今も板の表面に各種図面を描いているのである。

もっとも、未だ実見したことのない寺院建築を理解するには立体的な模型が何より効果的である。おそらく百済の造寺工はこうした仏教建築の模型や設計図、さらに仏教建築の各種外観を描いたスケッチの類を持って来日したのであろう。さらに百済の造寺工は最新の工具、つまり大工道具を携えて来日したはずである。木材を切断するノコギリや木材の表面をはつって荒仕上げをするチョウナ、木材の表面を削って仕上げるヤリガンナ、穴をあけるノミなどである。このような部材を直接加工する工具のほかに、より精密な建物を建てるための曲尺、水平を求める水ばかり（水準器）、垂直を求める下げ振り等が用意されていたと思われる。

わが見習い工人達が最新の工具の扱い方にもなれ、模型やスケッチ・設計図を通して寺院建築の意匠や構造を学ぶと、つぎは工具を使って実物大の各種部材をつくることを教えられた。というのも模型やスケッチは寺院建築の意匠や構造を知ることができても、種々の部材が出会う部分、つまり構造的に複雑な部分はいくら見てもそれだけでは理解できないからである。

仏教伝来以前のわが国の建物は構造的に単純なものであったが、寺院建築は重量のある大屋根を支えるために多くの工夫をしていた。まず屋根の重みは大きな垂木で支えられ、ついで出桁、尾垂木、力肘木、斗栱、柱へと伝わる。斗栱は屋根の重みがかかる桁や力肘木などの横材を支え、上からの力を柱に伝える構造上重要な働きをする部材である。

このような各種部材を実物大でつくってこそ、見習い工人たちは未知の寺院建築の構造を理解できるのである。つまり、新しい建築技法や工法を習得するには、何にもまして実物大の部材をつくってみることが肝心なのである。わが見習い工人たちにもいささか高い知的水準が要求されたであろうことは、いうまでもあるまい。

そこで、百済の造寺工は見習い工人たちに寺院建築の各部材の役目を効率的に説明するため、それらを実物大につくらせ、さらには組立てながら巨大木造建築の意匠の特徴を把握させ、構造の仕組みを理解させたと思われる。

しかしながら、実物大の部材をすべてつくったわけではあるまい。なぜなら、建築の場合実物大の部材をすべて作って組立てると、一棟の寺院建築が完成して巨大建築が出現する。こうなると技法や工法の習得ではなく、ひとつの建築の建立になるからである。つまり、見習い工人達の技術習得期間中には実際の建築の一部分だけ、たとえば構造的にも複雑で重要な建物の四隅の部分を一か所分、つまり建物全体の四分の一だけの部材を実物大で作り、組立てるような方法がとられたのであろう。私はこれだけでも寺院建築が如何なるものであるのかを見習い工人達に理解させるには、大いに効果があったと考えている。

ところで、実物大の部材をつくるには、実物大の模型が眼前にあればもっともつくりやすい。百済の造寺工の来日時に模型やスケッチ・設計図とともに、あらかじめ百済でつくられていた、たとえば金堂全体の四分の一にあたる実物大の部材がわが国に運ばれていたのではあるまいか。百済から日本への輸送は船を使うかぎり、大きさや重さはあまり問題にはならない。水があるところ、海でも川でも船ほど容易に物資を運ぶものはないからである。

私はこのような百済でつくられ運ばれてきたであろう実物大の部材をも、あえて実物大の模型、つまり一分の一の模型と呼びたいのである。(5) 見習い工人たちにとっては実物大の模型こそ、巨大木造建築の意匠や大きさはいうまでもなく、構造の仕組みに至る細部までも理解するのにもっとも有効だったのである。

ところで、現存する最古の木造建築は法隆寺西院伽藍で、金堂・五重塔・中門・回廊の部材はすべてヒノキである。わが国の主要建築用材の樹種別利用で、古代・中世における利用がもっとも多いのがヒノキという。(6) ヒノキは本州の関東以西、四国、九州に分布する常緑の針葉樹で、木理が通直で強度と耐久性が強く、また加工と切削も容易であるため、わが国では建築用材として最適といわれてきた。

『日本書紀』神代上には素戔嗚尊が鬚髯《ひげ》を抜きて散ずると杉となり、また胸の毛を散ずると檜になり、尻毛は柀《まき》となり、眉の毛は櫲樟となった。そこでこれらの樹種を何に用いるべきかを、以下のように定めたことが書かれている。すなわち、杉と櫲樟は浮宝《うくたから》の用材に、檜は瑞宮の材に、柀は奥津棄戸《おきつすたへ》に将《も》ち臥《ふ》させる具に為すように述べたというのである。スギとクスノキは舟の用材に、ヒノキは宮殿の材に、マキは木棺をつくるようにという。

これはクスノキやマキは水に強く、ヒノキは建築材として最適のごとく、それぞれの樹種の特性について熟知し、用途に応じた樹種の使い分けが確立していたことを証するものである。弥生遺跡からはクスノキ製の舟が出土し、コウヤマキで作った木棺はわが国だけでなく朝鮮半島でも発掘されている。ここには舟・宮殿・木棺と並んでヒノキをもっとも使用することになる寺院建築が登場しないのは、樹種の使い分けが確立したころわが国にはまだ寺院建築はなかった。つまり仏教が伝わっていなかったからである。したがって、古代人がわが国に自生する樹種の特性を知りその用途を確立するようになるのは、仏教伝来の六世紀前半以前のことと思われる。

古代の木工技術者の子弟であった見習い工人たちが、百済の造寺工から寺院建築の意匠と技法を習得する際、それが高度で未知のものであったため、おそらく見習い工人たちは百済の造寺工の教示をそのまますべて受け入れていたと思われる。そこには見習い工人たちの創意工夫は一切なかった。つまり、寺院建築の意匠と構造と技法を丸呑みしたのである。しかしながら、わが国ではすでに仏教伝来以前から樹種の特性を知り、用途に応じた樹種の使い分けが確立していたのであるから、私は寺院建築に使う樹種については見習い工人たちからヒノキの採用が提案主張されたと考えている。

もともと朝鮮半島にヒノキは自生しない。半島では三国時代とそれにつづく統一新羅時代に建てられた木造の寺院建築は、残念ながら現在何一つのこっていない。百済の扶余時代の寺院遺跡からマツとケヤキの断片が出土していることから、わが国に造寺工を派遣してきた百済ではマツやケヤキを使った寺院建築が建てられていたようである。[7] いうまでもなく樹種が豊富なわが国ではマツもケヤキも自生していたから、百済の造寺工は百済における経験から、わが国でもマツやケヤキの使用を主張していたのかもしれない。しかしすでに樹種の特性を知り、その用途を確立していた木工技術者の子弟であった見習い工人たちは当然ながら、このことを百済の造寺工に説明し、わが国の寺院建築にはヒノキを採用すべく進言したのであろう。

樹種の特性とその使い分けについては、その後の寺院建築においても、天平二年（七三〇）建立の薬師寺東塔の用材はほとんどヒノキであるが、もっとも荷重をうける大斗と隅行の最下段の肘木に堅くて強いケヤキを用い、また奈良時代末の建立といわれる当麻寺東塔でも荷重を集中して受ける柱・大斗・大斗上の肘木・尾垂木にケヤキ、横方向の長尺材の上段の三斗肘木・力肘木・三手先の肘木にヒノキを使い分け、さらに当麻寺西塔も東塔と同様という。十二世紀に藤原清衡によって建立された中尊寺金色堂では、覆堂がつくられるまでは直接雨を受けた木瓦材や飛檐軒には水に強いコウヤマキが使用されていた。また藤原宮や平城宮では掘立柱の柱根の樹種は、ヒノキばかりでなくかなりのコウヤマキが遣われ、混用といってもよいという。[8] これもコウヤマキが水に強く、土中における耐久力の強い樹種であることを知っていたからであろう。

このように、ヒノキを多用していた寺院建築や宮殿建築においても、古代の木工技術者は樹種の用途を建築の使用材に応じて細かく選木配慮していたのである。

私は前稿で、高度な異文化異文明を受容するとき、知的水準の高い地域では自らの文化文明と融合させて受け入れるが、逆に知的水準が低い地域ではそのまま丸呑みしたであろうことを論じ、わが古代人の中国仏教の受容がそうであったとした。(9) ところが、中国仏教・中国仏教美術の受容において、唯一寺院建築に用いる樹種については丸呑みをしなかったのである。

先述したようにヒノキは通直でしかも強度と耐久性が抜群な樹種で、加工も容易であったことから、建築材に使用されるためにわが国土に出現自生したといっても過言ではなかった。幹周りの大きなヒノキは竪に一直線に割り易く、直線と平面からなる多くの建築部材に容易に加工できた。百済の造寺工が持参したと思われる最新のヤリガンナは切削の容易なヒノキを限り無く美しく仕上げることになった。

私は、ヒノキの通直で加工が容易という特性を熟知していた見習い工人たちがヤリガンナという最新の工具を手に入れたため、寺院建築の部材に美しい仕上げを促すことになったと考えている。すなわち、柱をはじめとするヒノキの部材は真っ直ぐに、しかも滑らかに仕上げたのである。ヒノキという用材と最新の工具が木造の寺院建築に仕上げの美学を定着させたといえよう。

寺院建築の太く長い柱が列をなす景観は荘重で美しい。近づくと一本一本の柱は中ほどにわずかなふくらみがつけられていても、下から上方へいずれも一直線にのびる。白壁に挟まれた柱は竪の輪郭線がより鮮明となり、その線にはいささかの歪みもなく美しいのである。柱は真っ直ぐなものと、われわれ日本人なら誰もが思っているが、中国や韓国に残る木造の寺院建築の柱はその多くが曲がり、近づくと表面は節榑《ふしくれ》立っていて、仕上げはほとんどなされていない。このことにはじめて気づいたときは驚いたが、中国や韓国にヒノキは分布しないため、ヒノキの通直な特性を活かした真っ直ぐで滑らかな柱をつくることはできなかったのである。

こうして中国生まれの巨大木造建築は百済の造寺工によってわが国に紹介されたが、木工技術者の子弟からなる見習い造寺工たちは、用材としてヒノキの採用を進言し、その結果最新の工具のヤリガンナによって部材の仕上げなるものを体得することになったのである。以後、現在に至るまで日本人はモノヅクリにおいて仕上げという行為をことのほか重要視し、大切に育ててきたように思われるのである。今も建築の世界では仕上げ鉋《かんな》という言葉が使われているが、私は見習い造寺工たちが手にしたヤリガンナで部材を滑らかに美しくしていくことが仕上げるという語のはじまりではないかと考えている。

四、ブロンズ像の造仏工

『日本書紀』によると、敏達六年（五七七）十一月に百済から大別王の帰国にしたがって来日したのは四人の僧尼と造寺工、そして造仏工であった。この造仏工の来日も造寺工の場合と同じく、わが国にも本格的な仏教伽藍を造営すべく、本尊たる金色燦然と輝く金銅仏の制作可能な日本人造仏工を養成するためであった。

わが見習い造仏工人の中から鞍作鳥（止利）仏師が頭角を現し、やがて本格伽藍第一号の飛鳥寺本尊の丈六金銅釈迦三尊像を制作するに至った経緯についてはかって私見を述べたことがあるが、[10]ここでは鳥仏師たちが未知なる造形の仏像彫刻を当初は丸呑みの状態で受容習得していながら、やがて独自の造形感覚を発揮していくその特殊性について言及したいと考えている。そこで、前稿で考察した部分も含めて以下、見習い造仏工人たちの金銅仏制作の技術習得から述べてみたい。

さて、仏教伝来当時百済から請来された仏像には銅像・石造・木造があったと思われるが、石や木で作る石像や木彫像ならば、たとえ下手であっても見様見真似で仏像の形状を摸すことは可能であった。しかしながら、誰でもが可能というわけではなく、形に対して興味があり形態を拵える能力、つまりスケッチができなければ仏像という未知の立体造形をつくることはできないのである。六世紀のわが国でそれが可能だったのはおそらく画が描けた画工であろう。ところが銅像、つまりブロンズ像の場合はたとえ手本となるブロンズ像があっても、見様見真似でブロンズをつくることはできない。なぜなら、わが国の六・七世紀のブロンズ像は蠟型鋳造法によってつくられており、その制作工程は複雑かつ高度なもので、その工法を知らないかぎり眼前に手本のブロンズ像があってもつくることはできないからである。したがって、ブロンズ像をつくるためには工法を教える指導者が如何にしても必要なのである。敏達六年来日の百済の造仏工を、私がブロンズ像専門の工人、つまりブロンズ像制作をわが国に教授するために派遣されてきた造仏工であったと解した所以なのである。つまり、百済からブロンズ制作の専門工人が来日しないかぎり、わが国でのブロンズ像制作は不可能であった。このことは先述のように造寺工の場合も同様で、寺院建築の専門工人が来日しないかぎり、彩色鮮やかな巨大木造建築もわが国には出現しなかったのである。指導者、つまり先生がいてはじめて実現するものこそ文明に値するものであり、見様見真似でつくれるものは文明ではあるまい。百済が東アジアの偉大な文明であった中国仏教をわが国に伝える前に上番制で送ってきた五経博士や、仏教伝来後に送ってきた僧尼や造仏工・造寺工たちは知的水準が低かったわが国に中国文明を根付かせるためのもっとも有効な方法であった。モノよりもヒトなのである。

ところで、仏像彫刻は人間の姿をモデルとしたものであるが、当時の日本人にとって鍍金を施した金色燦然と輝く鋳造品のヒトガタ（人形）を見るのはもちろんはじめてであった。このようなブロンズ像の制作においては、まず仏像の形をつくることから始まるから、スケッチが描けるという造形作家の能力と、これには直接関係のない金属を溶融して鋳型に流し込むというかなり危険な鋳造家の技術を必要としていた。百済の造仏工のもとにはこのような能力・技術を持った、あるいは関係のある、先述の造寺工の場合と同じく十台半ばの若者がブロンズ像制作の見習い造仏工人としてあつめられたと思われる。

そのような見習い造仏工人の一人として百済の造仏工に弟子入りしたのが鞍作鳥であった。鞍作鳥はわが国仏像制作の最初期、飛鳥時代の仏師として知られており、また本格的伽藍第一号の飛鳥寺本尊の丈六金銅釈迦三尊像（現飛鳥大仏）や、法隆寺金堂本尊の金銅釈迦三尊像の作者としてその名はあまりに有名である。鞍作部は鞍、つまり馬具の製作を専業とした部民で、鳥の一族は鞍作部の伴造に相当していた。鳥の父は多須奈、祖父は鞍部村主司馬達等といい、達等は『扶桑略記』が孫引きする「禅岑記」によると、継体天皇十六年（五二二）に渡来した大唐の漢人で、大和国高市郡坂田原の草堂に仏像を安置して帰依礼拝したという。大唐といっても漢人は必ずしも中国からの渡来者ではなく、ほとんどは朝鮮半島の百済や伽耶から来日していて、達等も半島人の可能性が強い。『日本書紀』によると敏達十三年（五八四）九月に弥勒石像一躯と仏像一躯が百済から将来されると、達等は池辺氷田とともに馬子の命を受けて修行者を求め、播磨の国で還俗尼僧の高麗恵便をさがし出した。馬子は恵便を師とし、達等の女嶋とその弟子二人を出家させ、嶋は善信尼といい、わが国初の尼僧となり、崇峻元年（五八八）に仏法を求めて百済に留学した。

こうしてみると、鞍作鳥の家庭環境は仏法漬であったといっても過言ではあるまい。鳥は東アジアの先端文明であった中国仏教の中で生まれ成長していたのである。

鞍作はその名が示すように馬具をつくることを専業とした部民であったが、鞍作部・鞍部とも表記する。馬具といっても実用具の轡・鞍・鐙もあれば装飾具の杏葉・馬鐸もあって、また多くの部分は金属製であるが、木製の部分もある。馬具は乗馬の制の導入とともに受容され、わが国でもつくられるようになったが、製作担当者は朝鮮半島からの渡来系氏族で、鞍作氏はその鞍づくりを独占してきたのである。馬具という特殊な形状の金属製品はわが国には存在しなかったから、独占的な専業になり得たのである。それ故、馬具製作者には轡・鐙・杏葉・馬鐸のような特殊な形状を作り出す、つまり今でいう造形作家の能力と、金属製品をつくる鋳造家の技術が必要であった。鞍作の一族はそのような能力と技術を伝統的に体得していたのである。

先述のように、ブロンズ像の造仏工はスケッチが描けるという造形作家の能力と鋳造家の技術を兼ね備えていなければならないが、まさしく鞍作氏が伝統的に体得していた能力と技術はブロンズ像の造仏工の条件に一致していたのである。つまり鞍作一族の伝統的な馬具づくりと、達等以来の仏教との深い関係から、東アジアの先端文明の一つであるブロンズ像の制作という専門分野に一族の誰かが進む環境はすでにととのっていたといえよう。鞍作鳥は百済の造仏工が渡来した敏達六年のころ、ブロンズ像の造仏工となるために鞍作一族から期待をもって送り出されたのであろう。

鞍作鳥が百済の造仏工に弟子入りしたときの年齢は、造寺工の場合と同じく十五歳前後ではなかったかと想像される。飛鳥寺発願の用明二年（五八七）には二十五歳、法隆寺釈迦三尊の制作開始の推古三十年（六二二）には六十歳になっていて、あの釈迦三尊像の完成された造形美の作者としてふさわしい年齢となろう。もっとも、鳥の入門時の年齢を十五歳と仮定すると、叔母の嶋（善信尼）と年令が逆転する。『日本書紀』敏達十三年（五八四）条によると嶋はそのとき十一歳であったというし、『元興寺伽藍縁起』は敏達十二年（五八三）に十七歳であったとするから、嶋は鳥より下か、上でも接近していたことになる。私の想定に問題があるのか、それとも古代においては叔父叔母と甥姪の年令が接近したり逆転するケースもあったのかもしれない。

鳥が弟子入りした当時、どれほどのわが見習い造仏工がいたのかはわからないが、彼等の修業は仏像の形状を把握することからはじまった。おそらく百済の造仏工はまず見習い造仏工たちに、仏像の形状を理解させるために仏像をスケッチすることから教えたはずで、スケッチが上達すればつぎは塑土による立体造形（塑像）の習得となる。百済の造仏工が見習い造仏工たちに示した手本は当時百済でつくられていた百済式仏像であったことはいうまでもない。

現存する飛鳥時代の仏像を見ると、いずれもその姿はよく似た形をしている。これはスケッチを描き、塑土で立体造形化しながら仏像の形状を学んでいく課程で、たとえば像高に対する面長・面幅・面奥・肩幅・肘・腕・脚・体奥等、身体各部の長さの比率のごときマニュアルが存在していて、その比率によって仏像の形状を繰り返し造形化しているうちに習得されたものと思われる(11)。そのマニュアルなるものは百済の造仏工が本国から携えてきたか、あるいは百済の造仏工自らがつくる仏像が基本となっていたと思われる。

見習い造仏工たちはおそらく来る日も来る日もマニュアルによる百済式仏像の形状の把握につとめたであろうが、やがて百済式仏像の造形化に熟達するとつぎなる習得過程は鋳造技法に関するものとなる。

見習い工人たちが習得したブロンズ像は蠟型鋳造法によっていて、小さな仏像なら像内に空洞のない無垢の像となる。逆に大きくなると中空像となり、その技法は複雑かつ高度なものとなる。無垢の小像の場合は原型のすべてを蠟型でつくることが多いが、中空像はまず鉄心を中にこめて粘土（鋳物土）で中型をつくり、次に中型の表面に一定の厚さの蜜蠟を盛り上げて原型（雄型）とし、さらに原型全体を鋳物土で覆って外型（雌型）とする。これを焼成して中の蜜蠟を溶かし出し、中型と外型の間に生じた空隙部分、つまり鋳型に湯（溶銅）を流し込むのである(12)。もっとも、狭い鋳型を溶銅は簡単には流れない。そのため、湯口と湯口からはなれた鋳型を直結するバイパスとも言うべき通路、つまり溶銅の流れる湯道をいくつもつくることになる。これこそブロンズ像鋳造の経験と実績がなければけっしてつくることはできないのである。

中型と外型の空隙部分がそのままブロンズ像の厚みとなるが、溶銅をそそぐときの大きな圧力で中型が動くのをふせぐために、中型と外型の間にはあらかじめ型持という像の厚みほどの銅片をおいたり、外型から中型へ笄という釘を打ち込むことが多い。鋳造後は外型を壊し、中型土とともに鉄心も取り除くことが多いが、そのままのこっていることもある。取り出されたブロンズ像はその表面を鏨で仕上げられ、最後に水銀アマルガム法で渡金が施され、金色燦然と輝く金銅仏が完成する。

こうした何段階もの工程を経てはじめて完成するブロンズ像であってみれば、その工法を知らないかぎり、たとえ手本となるべきブロンズ像が眼前にあろうとも見様見真似でつくることはできないのである。つまり、金銅仏の制作にはどうしても指導者たる造仏工が必要だったのである。私は、わが見習い造仏工人たちは敏達六年（五七七）以降、以上のようなブロンズ像制作技法を習得していたが、十年後の飛鳥寺発願の用明二年（五八七）のころには見習い造仏工人の中から鞍作鳥が頭角をあらわし、飛鳥寺本尊の制作を担当するまでに成長していたと解している。

五、造仏工の養成

用明二年（五八七）にわが国初の本格伽藍を擁した飛鳥寺が発願されると、わが国は百済に対してあらためて僧侶や各種工人の来日を要請したのであろう。『日本書紀』や『元興寺伽藍縁起』は、百済から僧侶と四種の工人、すなわち寺工・露盤博士・瓦博士・画工の来日を記している。[13] 注目すべきは来日した四種の工人はいずれも建築関係の工人ばかりで、そこには造仏工が含まれていないのである。

敏達六年（五七七）に来日していた百済の造寺工と造仏工がわが見習い工人達を一人前の造寺工と造仏工に養成していたからこそ、本格伽藍の飛鳥寺の発願を迎えることができたのである。にもかかわらず、造寺工が招聘されて造仏工が招聘されなかったのはなぜか。それは用明二年の飛鳥寺の発願時点で、本格伽藍の本尊として丈六の金銅仏の制作可能な技倆を持った造仏工がすでにいたからにほかならない。その造仏工の名が鞍作鳥であることはいうまでもあるまい。

先述のように、飛鳥寺の発願のころわが国には造寺工も造仏工も一人前の工人として成長していた。私はこの造寺工と造仏工をあつめて飛鳥寺造営集団なるものが組織され、わが国初の本格伽藍の造営がなしとげられたと考えている。[14]

しかし飛鳥寺の発願時に造寺工だけが招聘されていることからすると、わが見習い造寺工は一人前に育成されていなかったようにも思える。たしかに造寺工と造仏工の技術習得法には大きな差があったが十年の習得期間は造仏工の鳥ほどでなくても造寺工の技倆も向上していたことはまちがいあるまい。それでも造寺工の来日を要請したのは、寺院建築が巨大木造建築で、ブロンズ像の制作よりも桁違いに大規模な工事であったため、経験豊富な造寺工を何人でも必要としたからであろう。敏達六年来日の造寺工は外国人教師、つまり指導者の役割だけであったから一人でもたりたが、飛鳥寺建立のために来日した造寺工は二人であった。現実に建物を建てるときになると、建築関係の方がより多くの指導的なスタッフを必要としたのであろう。

さて、飛鳥寺は昭和三十一・二年（一九五六・七）の発掘調査によって、一つの塔を北、東、西の三方向から三つの金堂が囲む伽藍配置であったことが判明した。私は中金堂に丈六の金堂釈迦三尊像が、西金堂には同じく丈六の繍仏釈迦三尊像が、また東金堂には複数の小さな船載仏が安置されていたと想定した。(15)『日本書紀』は銅繍丈六仏像を推古十四年（六〇六）につくり、鞍作鳥に命じて「為₂造₁仏之工₁」と記している。つまり、鳥が丈六の銅仏と繍仏をつくったというのである。ここで鳥は彫刻たる銅仏だけでなく、繍仏の作者とも記されているのは、以下のような理由によると思われる。

繍仏は刺繍によって仏像を描き出すもので、中国南北朝以来女性が願主となり亡き夫亡き息子の菩提を弔うために自ら制作に携わったという。(16)その技術はさほど難しいものではなく、素人でも丁寧に針を突き刺し突き返す動作を繰り返すだけで、刺繍はできあがる。今でも多くの初心者が刺繍に挑戦していることを思えば納得できよう。しかしながら、誰が刺繍を施そうとも必要不可欠なるものが下絵である。つまり、下絵がないと刺繍はできないのである。華やかに仕上がる刺繍製品も肝心なところは下絵ということになる。つまり、鳥は繍仏の下絵である丈六の釈迦三尊の姿形を描いたのである。彫刻家なら造形作家として誰でもスケッチが描けるはずで、鳥も当初百済の造仏工から百済式仏像のスケッチを指導されていた。その成果が飛鳥寺本尊の金銅仏と繍仏に結実したのである。

ところで、鳥が習得した金銅仏の制作は、小さなものであれば造仏工は一人で中型や、中型の表面に蜜蠟を盛り上げた原型と外型をつくり、さらに鋳込みまでも一人でおこなったと思われる。もっともそれらを手伝う手元はいたであろうが、原則一人の造仏工が小金銅仏ならつくることができた。しかしながら、金銅仏が小からしだいに大きくなって等身像へと進むと、また小でも数量が増えると、一人の造仏工とその手元だけでは金銅仏の制作は不可能となる。そうした段階になると、つまり見習い造仏工たちが一人前になるころ分業がおこったのである。

大きく分けると塑土で雛型や中型の塑像をつくる造形部門の造仏工と、鋳型づくりや湯道の考案、さらに鋳込を担当する鋳造部門の造仏工のような分業がはじまり、それを支える手元たちの数も増えたのであろう。百済の造仏工のもとで十年も学んでいれば、おのずとリーダーとなり得る人材も輩出するであろうし、逆にその下で指示をうける人物もいたはずで、先述の分業した二つの部門それぞれに〈リーダー的造仏工→一般造仏工→手元〉という職制が生まれていたのであろう。飛鳥寺の発願を迎えるころ、百済の造仏工のもとに弟子入りした見習い造仏工たちの中から、造形部門においても鋳造部門においても鳥がリーダーとして浮上し、両部門それぞれに一般造仏工が控えるという構図ができあがりつつあった。いうなれば鳥は百済の造仏工の代理をつとめる存在で、金銅仏制作の造形部門と鋳造部門の双方に長じていたのである。だからこそ、飛鳥寺の発願後にあえて造仏工を招聘しなかったのも、鳥のような造仏工がそのときすでに存在していたからである。

先述のように、見習い造仏工たちの分業がおこると、仏像の形状を立体造形化することに熟練していた見習い工たちは当然ながら造形部門にあつまることになる。そのリーダーはもちろん鳥であった。造形部門の造仏工たちは金銅仏の制作が決定すると、リーダーの鳥のもとで手本となるべき雛型、つまり模型を塑土で作ることからその作業をはじめた。もっとも雛型は完成時の金銅仏の大きさが等身像や丈六像のような大型の仏像の場合に小さくつくられるもので、小金銅仏に雛型は不用であった。雛型は作業台の上に置ける四・五〇センチほどの大きさでつくったと思われるが、これは造仏工たちがもっともつくりやすい大きさということになろう。

ついで、造形部門の造仏工たちは雛型を拡大して原寸規模の塑像すなわち中型をつくる。小金銅仏の場合は雛型なしで、直接中型となる塑像をつくる。この中型の表面全体に蜜蠟を盛り上げながら、鋳上ったときのブロンズ像の形状を造形する。つまり、蜜蠟で仕上げられた像は原寸大の原形であり、鋳造における原型（雄型）でもあった。原型は鋳上がって完成したときのブロンズ像と同じ形状、同じ大きさのものであるから、蜜蠟で造形化する作業が仏像の形状を最終的に決定する。それ故、雛型から中型、そして蜜蠟による原形（型）の完成までが造形部門の担当ということになろう。

蜜蠟を盛り上げた原形全体を鋳物土で覆う外型づくりの作業から、鋳造部門の造仏工たちの出番となる。この鋳造部門でもリーダーは鳥であった。しかしながら、鋳造部門の造仏工たちは造形部門の最終段階でもある蜜蠟を盛り上げる作業中に、同時進行で施さなければならなかった鋳造技法があった。溶銅（湯）を流し込む際の強い圧力で中型と外型の空隙（鋳あがった時の銅の厚み）が不均整にならないように、型持と呼ばれる銅の厚みと同じ銅片を蜜蠟に埋没させながら中型の表面にいくつも置きならべた。さらに外型から蜜蠟部を貫通し中型まで達する銅釘（笄）を打ち込み、中型が動かないようにした。またもっとも重要な鋳造技法としては湯道の設定がある。鳥をはじめとする鋳造部門の造仏工たちは経験を積むことにより湯道の大きさ、長さ、数量などを体得したのであろう。

ところで、雛型は大型の金銅仏を制作する際にのみ必要なものではない。木像や石像の彫刻の場合でも、大型像の制作には雛型が必要であった。現在の彫刻家の多くが実作品の素材が木・石・金属の何であっても、大型の彫刻の場合雛型をつくっている。つまり雛型さえあれば彫刻の素材は何であれ、大型の彫刻をつくることができるのである。

そこで注目したいのが法隆寺東院夢殿の救世観音である。この像は大きな透かし彫りの宝冠を戴き、胸前で宝珠を捧持し、宝珠形の光背を背に反花座に直立している。材質は光背、台座をふくめクスノキで、頭部から蓮肉部まで一材から丸彫りされている。像全体を漆で目留めをし、白土で下地を施したあと金箔が押されている。長期間秘仏として伝来してきたため今も鮮やかな金色を呈し、一見金銅仏と見紛うばかりである。神秘的な表情や裳裾の両端を左右に大きく広げて正面観を強調する造形は、従来法隆寺金堂の釈迦三尊像に代表される止利式仏像と共通することが指摘されてきた。

たしかに救世観音は釈迦三尊をはじめ戊子年銘の釈迦如来脇侍像、法隆寺大宝蔵院の菩薩立像、献納宝物中の一六五号（辛亥年銘）・一六六号、法起寺の銅造菩薩立蔵等の止利式仏像と共通する造形をもっている。ところが救世観音はクスノキの木彫仏で、他の止利式仏像はいずれもブロンズ像であるから、ブロンズ像の造仏工が救世観音をつくったとも考えられよう。しかしながら樹種に関する知識のないものがおいそれと木彫仏をつくることはできないと思われる。

私はブロンズ像の止利式仏像の造形特色がクスノキ像の救世観音にみられるのは、両者の雛型が共通していたからだと考えている。その雛型の作り手は先述の造形部門に所属する造仏工たちであった。彼等は当初金銅仏をつくるために養成されていたが、分業後雛型をはじめ中型、蜜蠟による原形（型）づくり等の仏像の形状を塑土によって立体造形化することに熟練していたのである。もともと造仏工たちは金銅仏の制作を目指して百済の造仏工から指導をうけていたが、当時百済から将来もしくは承知していた仏像には金銅仏のほかに石像やクスノキ像があった[17]。私は先に石や木の仏像なら実物像があれば見様見真似でつくることは可能だが、金銅仏は指導者がいないかぎりつくることはできないと記した。つまり、造形部門の造仏工がつくる雛型があれば石像やクスノキ像は制作可能であった。石像の場合は石の加工や古墳の石室・石棺作りに従事していた石作部を動員したであろうし、クスノキ像は樹種の特性を熟知していた見習い造寺工たちの中から仏像制作という適性に合う工人をえらんでつくらせた可能性が強い。

飛鳥寺発願のころから造形部門の造仏工のつくる雛型仏像を手本に、こうした石像やクスノキ像を彫刻する専門工人が登場していたのではなかろうか。現在当時の石像は何ものこっていないが、七世紀のクスノキ像はかなりの数が伝来している。クスノキ像の造仏工たちは鳥配下の造形部門の造仏工たちのつくった雛型をもとに習作を重ねてきたため、救世観音は金銅仏の止利式仏像の造形ときわめて近い関係につくられたのである。

さて、法隆寺金堂中の間に安置されている釈迦三尊像は、鞍作鳥仏師の作としてあまりに有名である。その光背銘文によると、まず推古二十九年（六二一）十二月に聖徳太子の母穴穂部間人皇后が亡くなり、その翌月の推古三十年（六二二）正月二十二日には太子が発病、つづいて王后も病に伏した。そこで王后・王子・諸臣らは病気平癒を祈って太子等身の釈迦像の制作を発願したが、それもむなしく二月二十一日に王后が、翌二十二日に太子がつづいて亡くなった。したがってつぎには太子夫妻の冥福を祈って、釈迦像と脇侍、荘厳具を推古三十一年（六二三）三月中に完成させた。作者は司馬鞍首止利仏師というのである。つまり、釈迦三尊は鳥が推古三十一年に完成させたことが明白で貴重な基準作例な

のである。先述のように、私は釈迦三尊の制作開始のころ鳥は六〇歳で、造仏工として円熟期にあったと推測している。釈迦三尊像に関する具体的な様式と形式については、すでに多くの先学によって語りつくされている感がある。今さら屋上屋を架すつもりはないが、以下若干私見を述べてみたい。釈迦三尊像はやや長めの直方体の頭部を、左右に肩を張った大きな直方体の体躯の上部中央からすっくと前のめりに延びる円筒形の頸部が支える。頭部と体躯という小さな、そして大きな直方体の塊をしっかりと受けとめるかのように、結跏趺座した中央部は撓《たわ》み、その分両膝頭は跳ね上がる。さらに全身を覆った大衣は両脚を包み込んだあと台座前面に垂れ下がり、同じく大衣の裾の下から裳裾が覗く。大衣と裳の裾の左右両端はあたかも揚力があるかのように広がる。

釈迦像の両膝頭の跳ね上がりと懸裳の裾の両端の広がりは、頭部と体躯という直方体の塊の重力を撥ね返すかのような動きといえる。釈迦像を拝するとき、この力強い動きを釈迦像全体の中できわめて自然なものとして感じる。それはなぜか。釈迦像の身体各部を正面から観察すると、現実の人間の肉身各部を正確に、つまり写実的に表現したものはほとんどない。面部の杏仁形の眼も仰月形の口唇も現実のものではなく、いわば形式化された表現であるし、両頬は平板で微妙な起伏はほとんどない。胸部と腹部もその境目はなく、上半身はそのままの平面である。腕も臂も血の通った肉身のそれには見えない。

にもかかわらず、正面から拝すると釈迦像の身体各部はきわめてバランスがよいのである。これは身体各部の割合もしくは比率が現実の人間のそれに近いからである。たとえ身体各部が表現力のない仏像であっても、われわれ人間の目はプロポーションさえよければバランスのとれた人間の姿と視認する傾向がある。つまり、写実的な人体表現に未だ到達していなくてもバランスのとれた身体各部からなる釈迦像のような仏像においては、直方体の塊の重力がつくり出す仏像の動きをより自然なものにするのである。

こうしてみると、釈迦像の造形的な特徴は仏像の身体各部の長さの比率を追及したものであった。それもあくまで仏像の正面観における身体各部の長さの比率であった。というのも、釈迦像の頭部や体躯の奥行きは充分とられているが、腕の短縮化や臀部の厚みの省略は正面からは把握できない側面観の欠如である。これは見習い造仏工たちが仏像の形状を習得していたとき、百済の仏像の身体各部の長さの比率を学んだためであった。百済の仏像はもともと腕の長さが短縮化され、臀部の厚みも省略された、いわば正面観の強い彫刻であった。側面観が不完全で正面観の強い彫刻を学んでいたため、見習い造仏工たちはそうした彫刻の範疇から脱け出ることができなかったのである。

高度な異文化意文明を受容するとき、それらに対抗できるものがなければ、受容側が創意工夫をすることは不可能で、そのまま丸呑みをすることになる。見習い造仏工たちがはじめて見た金色燦然と輝く金銅製の仏像はまさしく高度な文明であって、彼等は立体造形たる仏像彫刻に対して正面観や側面観の評価などできるはずもなかった。見習い造仏工たちはひたすら百済の造仏工の指導を受け入れたため、その結果側面観の不完全な仏像をつくることになったのである。

鞍作鳥も百済の仏像の身体各部の長さの比率から立体造形たる仏像の形状を学んだ一人であったが、鳥も立体造形における側面観の欠如という百済式仏像を克服できなかったのである。しかしそれでも釈迦像を見るかぎり、正面観における身体各部の長さの比率は人間のそれに近く、きわめてバランスがとれていて、中国南北朝時代及び百済期の仏造彫刻の中ではもっとも良好な仏像といえる。釈迦三尊像の造形について、誰もが美しい、そして完璧なもの、さらには究極の様式美等の賛辞を呈してきた。正面観の強い彫刻において限りなく美しい仏像を追及する姿勢は、中国・朝鮮・日本などの東アジアの中で、鞍作鳥を凌駕するものはいないのである。

むすび

中国仏教文明という高度な異文明をわが古代人は六世紀にしり、そして受容しようとした。まだ見たこともなかった彩色鮮やかな巨大木造建築を建てるために、また金色燦然と輝く金銅仏をつくるために敏達六年（五七七）百済はわが国に造寺工と造仏工という専門職の工人を送ってきた。巨大木造建築も金銅仏も元をただせばわが国に伝えた半島の百済のものではなく、いずれも漢族が作り出した中国伝統の漢文明であった。

来日した造寺工と造仏工は明治時代のお雇い教師ともいうべき工人で、およそ十年という歳月をかけてわが国の見習い工人たちを一人前の造寺工と造仏工に育成したのである。高度な異文明を受容するとき、それに対抗できる高度な文明をもっていないと、受容の方法は自ずと丸呑みになる。

ところがわが国には巨大木造建築はなかったが、古代人は樹種の特性を熟知し、用途に応じた樹種の使い分けを確立していた。このような樹種に対する知識はまさしく高度な文明で、わが造寺工たちは寺院建築にヒノキを用いることにしたのである。中国仏教文明の受容において、唯一丸呑みでなかったのがこのヒノキを用材としたことであった。さらにいえば百済将来の工具のひとつであったヤリガンナは、ヒノキの部材を限り無く美しく仕上げることになった。わが国だけに自生するヒノキと最新の工具が木造建築に仕上げの美学を創り出したのである。その後、モノヅクリにおける仕上げはあらゆる分野で日本文化の特性として今日に至っている。

一方、金銅仏の制作に従事した造仏工たちの中で鞍作鳥は、手本とした百済式仏像が彫刻という立体造形としては側面観に難のあるものであったが、正面観における仏像の身体各部の長さの比率をバランスのとれた人間のそれに近付けることに成功している。

こうしてみると、未知の異文明として仏教文明を受容したとき古代の造寺工も造仏工もより美しいものにつくりあげるべく、格別の努力・精進をしてきたように思える。彼等は本家本元のものよりも秀れたものを作りたいという一心で、モノヅクリに励んできたのである。その結果、飛鳥時代の寺院建築や釈迦三尊像は中国のそれよりも美しく仕上げられたのである。しかしながら、本家本元のものを超えるものをつくっても、それはあくまでその範疇におけるという条件がついた。鞍作鳥がいくら頑張ろうともそのつくり出す彫刻は正面観照における最上のものであって、次なる時代の白鳳彫刻を生み出すことはできなかったのである。

つまり、改良改善型の民族であって、けっして創造型ではないのである。欧米の近代国家に追い着き追い越せを目標にした結果、欧米で発明開発されたたとえば鉄道、造船、車、時計、電化製品等、日本人は何でも改良改善を施し、便利で使い易いモノにしてきた。六世紀のわが国は東アジアの先端文明であった中国仏教文明を受容し中国文明に追い着き追い越せを目標に邁進し、本家本元の中国仏教美術よりもさらに美しいものを実現していくのである。目標があると我武者羅に働く民族で、同時に島国日本は東アジアのもっとも東の周辺に位置しながら、中心の高度な中国文明をマスターして追い越す稀有な地域でもあった。われわれ日本人はアジアの周辺地域に住みながら、モノの本質を見抜き、追い着き追い越す向上心をもっているが、それはあくまで改善改良型であって、創造型ではないのである。

注

(1) 拙著『飛鳥の文明開化』(吉川弘文館・一九九七)。拙稿「クスノキ像の制作と南朝仏教美術の伝播」(笠井昌昭編『文化史学の挑戦』所収・思文閣出版・二〇〇五)。
(2) 拙稿「百済・日本への南朝仏教美術の伝播と受容」(『アジア地域文化学の構築—21世紀COEプログラム研究集成—』所収・雄山閣・二〇〇六)。
(3) 拙稿「鞍作鳥の造仏技法の習得について」(『日本古代史叢考』所収・高嶌正人古稀祝賀論文集刊行会・一九九四)。
(4) 稲木吉一「上代造形史における『様』の考察」(『仏教藝術』一七一・一九八七)。
(5) 前掲拙著(註1参照)。
(6) 渡邉晶『大工道具の日本史』吉川弘文館・二〇〇四。

（7）朴相珍『歴史が刻まれた木の物語』キムヨン社（韓国京畿道）・二〇〇四。
（8）岡田英男『日本建築の構造と技法　下』思文閣出版・二〇〇五。
（9）前掲拙稿（註1参照）。
（10）前掲拙稿（註3参照）。
（11）石田尚豊氏は飛鳥白鳳仏の総高・像高・頂~顎・面長の四基準項目に対応する面幅・面奥・耳張・臂張・膝張・膝高（左）・座奥・懸裳張等の比率係数を求め、飛鳥白鳳仏の制作時代や制作グループを示唆する注目すべき見解を発表している。石田「美術史学の方法と古代史研究」（新版古代の日本『古代資料研究の方法』所収・角川書店・一九九三）。
（12）溶銅といっても銅と錫の合金で、そのほか亜鉛や鉛も加えられていて青銅とよばれる。英語のブロンズのこと。
（13）『日本書紀』崇峻元年（五八八）是歳条には「百済国遣㆓使并僧恵総・令斤・恵寔等㆒献㆓仏舎利㆒。百済国遣㆓恩率首信・徳率蓋文・那率福富味身等㆒、進㆑調并献㆓仏舎利、僧聆照律師・令威・恵衆・恵宿・道厳・令開等、寺工太良未太・文賈古子、鑪盤博士将徳白味淳、瓦博士麻奈文奴・陽貴文・㥄貴文・昔麻帝弥、画工白加㆒。」と、また『元興寺伽藍縁起』には「戊申年送㆘六口僧、名令照律師弟子恵忩、令威法師弟子恵勲、道厳法師弟子令契及恩率首真等四口工人并金堂本様㆖」とある。『元興寺伽藍縁起』の四口の工人は四人の工人ではなく、『日本書紀』の寺工・鑪盤博士・瓦博士・画工の四種の工人のことと思われる（日本古典文学大系『日本書紀　下』の注・岩波書店・一九六五）。
（14）拙稿「飛鳥寺の発願と造営集団」（『早稲田大学大学院文学研究科紀要』四三・一九九八）。
（15）拙稿「飛鳥寺の創立に関する問題」（『仏教藝術』一〇七・一九七六）。
（16）神田喜一郎「支那の繍仏について」（『仏教美術』三・一九二五）。
（17）前掲拙稿（註1参照）。

琉球の中国への進貢と対日関係の隠蔽

紙屋敦之

はじめに

日本であるが異国というのが、江戸時代、薩摩侵入（一六〇九年）後の、日本側の琉球に対する位置づけであった。一六三四年に琉球は正式に島津氏の領地として幕藩体制の中に編入されたが、これまでどおり中国との冊封・朝貢関係を容認された。琉球は琉球処分（一八七九年）の直前まで中国から冊封され、朝貢を続けた。琉球は中国への朝貢を続けるため、日本とどのように向き合い、王国を維持したのか。

それを解くキーワードが、琉球の対日関係の隠蔽である。明清交代から三藩の乱を経て一七世紀末に、清の国内統一が完了し、対外的には中国を中心とする東アジアの国際秩序が成立した。琉球は中国の国際秩序の中の一員であり、このころから中国への傾斜を強めていった(1)。そのさい琉球が打ち出した対外政策が、中国に対して日本との関係を隠蔽する政策だった。

隠蔽政策に関しては、喜舎場一隆氏・渡辺美季氏、それに私の研究がある[2]。薩摩藩が宝人という偽装を発案し、のちにそれを琉球が自らの政策として取り入れ「トカラとの通交」論を唱えた、というのが隠蔽政策の通説であるが、この捉え方は根本的に改める必要がある。宝人という偽装は琉球の発案であったと考えるべきだからである。この観点から、本稿は琉球の対日関係の隠蔽がどのように形成されていったかを明らかにする。

私は二一世紀COEプログラム[3]に参加して、中央と周辺、言い換えると中国と周辺諸国の関係を追究してきた。具体的には、中国の朝貢国である琉球が、日本の支配下に置かれるようになって以後、中国への朝貢を続けるために、日本との関係をどのように調整していたのかという課題である。

一 「トカラとの通交」論

はじめに琉球の対日関係の隠蔽についてみてみよう。

一六三三年に明代最後の冊封使が琉球に渡来した。そのとき薩摩藩は、薩摩が琉球を支配していることは明側でも明らかなことなので冊封使に贈物をする計画をたて、京都で進物の品々を調達している。ここには明に対して日琉関係を隠蔽する意図はまったくみられない。日琉関係の隠蔽は明清交代後のことである。

対日関係の隠蔽は、一六八三年の尚貞冊封のとき薩摩藩の役人・船頭らが宝人と称して冊封使と対面したが、次回一七一九年の尚敬冊封のときには薩摩藩が宝人と冊封使の対面を中止して、冊封使の琉球滞在中同藩の役人らは浦添間切城間村《ぐすくま》に身を隠した、続いて一七二五年に琉球は「トカラとの通交」という論理を唱えて、中国に対し日本との関係を隠蔽するに至った、といわれている。これは、日琉関係の隠蔽は薩摩藩の発案で始まり、ついで琉球がそれを自らの対外政策として位置づけていったとする理解であるが、果たしてこの理解は正しいのか、再検討が必要である。

第一の理由は、宝人という偽装が薩摩藩の発案であったのかという疑問である。薩摩藩は一六八三年の尚貞冊封のとき冠船奉行を琉球に派遣し、摂政《せっせい》・三司官に対し、遠慮なく万般相談するよう述べるとともに、冊封使の家来やその他の中国人が猥りに国内を横行しないよう取り締まりを命じている（『旧記雑録追録』一―一八五五号）[4]。これは薩摩藩の掟であり、前回一六六三年の尚質冊封、次回一七一九年の尚敬冊封のときにも同様のことを命じている。

第二の理由は、一七一九年に宝人と冊封使の対面を中止し、隠蔽が確立したと理解することへの疑問である。この理解の根拠となっているのは、一八六六年の冊封使を迎えたときの記録「冠船付日帳」（『琉球冠船記録慶応二年』六、東京大学史料編纂所蔵）の次の記述である。

古来冠船之節々、御奉行御始御役々衆、其外御国人惣而城間村江御引越被成事候処、唐人共ニハ宝島人隠居候ト申、其疑相晴不申体相見得候、宝暦六子年、寛政十二申年冠船之節、城間村江宝島人参居候間、彼表江差越可相逢ト、唐人五六人度々上泊辺迄差越涯々及騒動、御奉行御役々衆別所江被成御迦候事茂為有之由、且天保九戌年冠船之節茂安謝辺迄差越、御奉行御役々衆右同断御迦之御手組被成候、

冠船は琉球国王に冠を届ける冊封使の乗船、つまり冊封のことである。ここに述べられているのは、冊封のとき薩摩藩の琉球在番奉行をはじめ役人衆は（那覇から）城間村に移動し、中国人には宝島人が隠れていると説明したが、その疑いが晴れず、一七五六（宝暦六）年、一八〇〇（寛政一二）年の冊封のとき、城間村の宝島人に会おうと上泊辺まで出かけた中国人と騒動に及び、琉球在番奉行らが別の場所に逃げることがあったということである。一八三八（天保九）年にも同様のことが起こった。このことから、一七五六年に琉球在番奉行らが城間村に身を隠したということは、宝島人と冊封使の対面が中止された一七一九年にそのようなことが始まっていたからであろう、したがって隠蔽は同年に確立したと判断したのである。琉球在番奉行らが城間村に身を隠すことが一七一九年の尚敬冊封のときに始まったという確証はない。

そうすると、対日関係の隠蔽は琉球が発案したことになる。すなわち、一六八三年に薩摩藩の役人・船頭らを宝人と称して冊封使に対面させたが、一七一九年に薩摩藩からその中止を命じられたので、一七二五年に琉球は「トカラとの通交」論を唱え、対日関係を隠蔽したという理解である。

ことの発端は、一七一八年二月二〇日、琉球の三司官が、琉球仮屋の在番親方《うぇーかた》・琉球仮屋守に対し、宝島は琉球の手の内（属地）と前代（明代）よりいわれていて中国人にもそのように伝わっているので、一六八三年の尚貞冊封のとき冠船奉行・琉球在番奉行の付衆、足軽・船頭らが宝人と称して天使館（冊封使の宿舎）を訪ね、冊封使に会って進物の贈答を行ったことがあったが、来年琉球に渡航する冠船奉行も前回の様子をお聞きになっていると思うけれども心得のためにその節の日帳抜書を送るので、もしお尋ねがあったらそのことを申し上げるように申し送ったことである（「琉球御掛衆愚案之覚」『旧記雑録拾遺　伊地知季安著作史料集二』）。

琉球仮屋は鹿児島に置かれた琉球の在外機関で、年頭使が上国（薩摩に赴くこと）して一八ヵ月間在番親方として勤務し、薩摩藩との折衝に当った。琉球仮屋守は薩摩藩が琉球仮屋に派遣した役人である。一七八四年に琉球仮屋は琉球館、琉球仮屋守は琉球館聞役と改称される。

日帳抜書（一六八三年一〇月四日付）によると、冠船奉行付衆高田茂太夫・端山六郎右衛門、琉球在番奉行付衆浜田忠兵衛・小野甚左衛門、冠船奉行道具衆小玉左市兵衛・生駒兵右衛門、供衆二二人、船頭山川の貞右衛門・三郎右衛門・木工右衛門、浜之市（国分）の甚七、鹿児島の次郎左衛門・清左衛門が宝人と称して、長史大田親雲上《ペーちん》の案内で天使館に赴き、冊封正・副使に進物を差し上げたが、断って受け取らなかった、という。

日帳抜書は琉球仮屋より薩摩藩庁に提出された。検討の結果、薩摩藩は日本人が冊封使と対面することが以前からそのとおりであったとしても今回は先例のとおり対面させることはできない、また宝島が琉球の属地ということも事実とあわないことである、という理由で対面させないことに決した。このことは一七一九年二月、琉球仮屋を通じて琉球側に伝えられた。同時に、薩摩藩は摂政・三司官に冠船奉行の派遣を伝え、冊封使をはじめ中国人が国内を猥りに横行しないよう取り締まりを命じた。四月一日、冠船奉行が琉球に到着すると同日、摂政・三司官は宝人と冊封使の対面中止をお請けする旨を琉球在番奉行に伝えている。

宝人という偽装が琉球側の発案であったと考える理由は二つある。一つは、宝島は琉球の手の内すなわち属地であるという認識である。薩摩藩は宝島が琉球の属地であるというのは事実にあわないことであると否定する。薩摩侵入後、宝島は薩摩藩の直轄地になったからそのとおりである。重要なことは、宝島が琉球の属地であること、さらに宝島人が冊封使と対面していたことを中国人も知っていると認識していたのは誰であるか、ということである。

宝島は南西諸島の北に位置するトカラ列島、すなわち七島と呼ばれた島々（口之島・中之島・諏訪之瀬島・悪石島・臥蛇島・平島・宝島）のことである。琉球と七島の関係については、一四五〇年に臥蛇島に四人の朝鮮人が漂着したとき、同島は半ば琉球に属し半ば薩摩に属しているという理由で、二人の朝鮮人が薩摩側に、残りの二人が琉球側に引き取られるということがあった。その後、二人の朝鮮人は琉球国王によって朝鮮に送還されたので、この情報が伝わっている（「李朝実録抄（琉球関係史料）」『日本庶民生活史料集成』第二七巻）。一四七一年に朝鮮の申叔舟が著した『海東諸国紀』（岩波文庫）所収の「日本国西海道九州之図」に、臥蛇島は「日本・琉球に分属す」と記されている。一六〇六年琉球に渡来した冊封使夏子陽は『使琉球録』に、七島は「半ば日本に属す」と記している（『那覇市史　冊封使録関係資料（読み下し編）』資料篇第1巻3）。薩摩侵入以前に七島が半ば琉球に属していたという事実は、中国側にも周知の事実だったのである。

七島人と冊封使の対面に関しては、一七一八年閏一〇月、七島郡司が、冊封使が琉球に渡来したとき、七島郡司の名代として七島者四人・船頭三人の都合七人が（那覇に）罷り出て、冊封使と進上物・返し品の贈答を行った、と述べている（「列朝制度」〔『藩法集8鹿児島藩上』〕一九七一号）。これは三司官から宝人と冊封使の対面を記録した日帳抜書が届けられたあと、薩摩藩が七島郡司より事情聴取を行った記録であろう。七島郡司は薩摩藩が七島の各島の役人として島民の中から任命した役職である。薩摩藩の直轄下に置かれたあと七島郡司の名代が冊封使と対面することは考えられないから、七島郡司が語ったことは薩摩侵入以前、すなわち一六〇六年の尚寧冊封以前のことであったということになる。一六二六年一〇月、薩摩藩は直轄化した奄美諸島の役人（与人）が、冊封使が琉球に渡来したとき那覇に赴き役儀を務めることを訴えた琉球の訴えを拒絶している（『旧記雑録後編』五―六〇号）ことからも、七島人と冊封使の対面はありえないことだった。

七島は半ば琉球に属している、七島人が冊封使と対面してきた、という事実を熟知しており、その事実を踏まえて、宝島は琉球の属地と唱え、宝人を冊封使に対面させることを構想しえたのは琉球側であったと考えるのが妥当であろう。一六八三年に渡来した冊封使の汪楫は『使琉球雑録』（『那覇市史　冊封使録関係資料（読み下し編）』資料篇第1巻3）に、

相伝ふるに、琉球は日本を去ること遠からず。時に有無を通ずるも而も国人甚だ之を諱む。絶へて是の国あるを知らざる者の如し。惟々云ふ、七島人と相往来すと。

宝島は口島・中島・諏訪瀬島・悪石島・臥蛇島・平島・宝島是れなり。（中略）人万に満たず。ただ宝島のみやや強し。国人皆土噶喇《トカラ》を以て之を呼ぶ。

宝島の頭目皆右を以て名と為す。曰く甚右、曰く清右、曰く三良右、曰く木工右、曰く次郎右、曰く甚七右、曰く貞右と。通事は重徳と曰ふ。手版に書して曰く、琉球の属地なりと。然れども其の状獰劣にして、絶えて中山と類せず。人、其の頂髪の際を髡り、僅かに一線を留めて之を脳後に約し、剪りて寸ばかりを存す。夏日は棉の短衣を着し、赤足にして腰に短刀を挿す。或は曰く、即ち倭なりと。

と記し、宝人が名前、髪形、衣服、腰の短刀などから倭人（日本人）であることを見抜いていた。だからといって、中

国側が宝人という偽装を問題にした形跡はみられない。

一七一九年の尚敬冊封のとき、評価《はんがー》をめぐって冊封使と琉球の間で深刻な事態が発生した（「蔡温之自叙伝」『蔡温全集』）。評価は冊封使一行が持ち渡る品物を琉球側が買い取る交易のことである。この年中国人が持ち渡った品物の代銀は二〇〇〇貫目余に及んだが、琉球には買物代銀として五〇〇貫目の用意しかなく、段々ことが難しくなり評価が行えなくなった。冊封使をはじめ中国人がいうには、琉球は王国であるからどんなに貧国であっても六、七〇〇〇貫目の品物はたやすく買い取ることができるはずなのに、わずか五〇〇貫目のほかに買物銀がないというのは中国人に迷惑をかける企てで無情の仕方であると立腹した。一〇〇〇貫目余の品物を持ち帰ってはまたまたことが難しくなると冊封使が摂政・三司官に思慮を求めてきたので、琉球側は相談の結果、老若男女の髪差ならびに家々に持ち合わせた銅・錫の器物を取り集め、銀子にして一〇〇貫目ほどの買物をしたので、ようやく冊封使は帰国した。このとき評価問題の解決に尽力したのは祭温であった。

このとき冊封副使を務めた徐葆光は『中山伝信録』（『那覇市史　冊封使録関係資料（読み下し編）』資料篇第1巻3）に、前回一六八三年の評価と比較して、

イマ康熙二十二年癸亥ノ役、コノ時海禁方ニ厳ナレバ、中国ノ貨物ハ外邦争テ購致セント欲ス。琉球ニ相近キ諸島、薩摩州・土噶喇・七島等処ノ如キ、皆風ヲ聞イテ来集リテ、其ノ貨售《ウ》リ易シ。閩人沿説シテ今ニ至ル。故ニ役ニ充ルモノ衆シ、昇平日久シク、琉球歳ニ来リテ、中国ノ貨物ヲ貿易シテ外邦多クアリ。コノ番封舟到ルノ後チ、土喝喇等ノ番船一モ至ル者ナシ。

と記している。一六八三年の冊封（「康熙二十二年癸亥ノ役」）のときはまだ海禁が厳しかったので、中国の貨物を外国は争って購入しようとして、琉球に近い薩摩・土噶喇・七島などから、冊封使渡来の風聞を聞いて、商船が来集したので貨物を売りやすかった。しかし一六八三年の冊封以後は、土噶喇などの商船は一艘も来なくなった、というのである。

ここに一七一九年に琉球が銀二〇〇〇貫目の評価に応じられなかった原因があったのである。

一七二五年に蔡温が、父蔡鐸が編集した『中山世譜』（一七〇一年、『琉球史料叢書』第四巻）を重修して、薩摩侵入のときの国王尚寧の項に、次のような「附」を書き加えた。

附　我国、土瘠産少、国用不足、故与朝鮮・日本・暹羅・爪哇等国、嘗行通交之礼、互相往来、以備国用、万暦年間、王受兵警、出在薩州、時王言、吾事中朝、義当有終、日本深嘉其志、卒被縦回、自爾而後、朝鮮・日本・暹羅・爪哇等国、互不相通、本国孤立、国用復缺、幸有日本属島、度佳喇商民、至国貿易、往来不絶、本国亦得頼度佳喇、以備国用、而国復安然、故国人、称度佳喇、曰宝島、

琉球は万暦年間（一五七三〜一六一九年）に薩摩の侵入を被り、国王は薩摩に捕らわれの身となったが、のちに帰国を許された。その後、琉球は朝鮮・日本・暹羅・爪哇などの国と互いに通交をせず、孤立して、また国用を欠くようになったが、日本の属島度佳喇の商民が琉球に至って貿易を行い、往来が絶えることがなく、国用もたり国は安定している、それ故に琉球の人々は度佳喇のことを指して宝島という、と「トカラとの通交」論を展開した。

冊封のときの評価以外に、通常の進貢貿易においても銀の確保が不可欠である。琉球は銀を産出しないので、それは日本から調達することになる。そこで、中国から冊封されていない日本との関係は表に出さずに、しかし銀の調達ルートは確保する、それが「トカラとの通交」論の趣旨だったのである。

二　中国への進貢

清代になっても琉球は二年に一回中国に朝貢した（琉球では進貢と呼んでいる）。ここでは琉球が中国への進貢を続け

るうえで、日本に対し進貢をどのように位置づけたのかみてみよう。

琉球は将軍の襲職を祝う慶賀使と国王の即位を感謝する謝恩使を日本に派遣した。初回の一六三四年は徳川家光が上洛中だったため京都で拝謁したが、次回一六四四年より江戸に赴いた。これを琉球使節の江戸上りと呼んでいる。琉球使節は島津氏の将軍に対するご奉公として始まったが、一七一〇年に一大変革が行われ、新たな位置づけが与えられることになった。

一七〇九年一月一〇日、五代将軍徳川綱吉が亡くなった。徳川家宣が綱吉の養嗣子に決まっていたので、薩摩藩が将軍代替わりを祝う慶賀使の派遣を幕府に申し入れたところ、幕府の老中はそれを「無用」として断った。そのため薩摩藩は二月一八日島津帯刀（仲休）を家宣の側用人間部詮房のもとに遣わし、次のような事実を指摘して翻意を促した（『旧記雑録追録』二—二七五六号）。

琉球国者薩摩守先祖以来被下置、小国ニ而者御座候得共、大唐端国之内ニ而ハ朝鮮・琉球と座席之次第も宜候付、大唐江三年ニ一度宛進貢之使者差越来候故、于今大唐之北京江使者差遣申候、中山王継目之節者、大唐王より翰林学士之者を封王使ニ差渡、武官をも大勢添遣、冠并官服其外品々遣、與屹《きっと》規式執行、中山王亡王之廟所江茂封王使差越、祭をも執行申、旁懇成仕形之由ニ御座候、

琉球は小国とはいえ中国に朝貢する国々の中では朝鮮についで第二の席次の国である。それ故に二年に一度北京に進貢の使者を派遣し、国王の即位のときには中国の皇帝より冊封使が派遣され、冠・官服が贈られる。亡き国王の廟所にも冊封使が参り、諭祭を行い、実に懇ろな仕儀である、と述べた。

中国の朝貢国の中における琉球の位置づけを強調した薩摩藩の訴えに対し、同二四日、間部詮房は島津帯刀を呼び、先例のとおり中山王に慶賀使の派遣を認める旨を告げた。その理由は、琉球使節を迎えることは「第一日本のご威光に罷り成ることである」というものであった（『旧記雑録追録』二—二七六四号）。第一日本の、ということは、東アジア世

界を意識した発言であり、具体的には同じように将軍代替わりを祝って通信使を派遣してくる朝鮮を念頭においたものと考えられる。

六月七日、幕府は島津吉貴に来年参勤のさいに琉球の慶賀使を召し連れることを許可した。九月二六日、薩摩藩は琉球に、来年江戸上りする琉球使節はことさら清国風の装いをするよう指示した（『旧記雑録追録』二―二八六一号）。琉球使節は鹿児島を出発し、川内から大坂までは海路、大坂から淀川を遡って伏見へ、伏見から東海道を通って江戸に至る。その道中の装いについて、①道中の宿幕は日本風の幕ではよろしくない、幕地も仕立ても変えること、②長刀は錦物をつけること、③鑓は清の鉾のように拵えること、④海陸旅立ちの諸具は異朝の風物に似せ、日本の物と紛らわしくないようにすること、⑤雨具も同じである、と。

かくして一七一〇年に琉球使節が江戸上りして、一一月一八日、将軍徳川家宣に拝謁した。薩摩藩は今回幕府が先例になく琉球使節を厚遇したことを、「此御方御武威ニ随候故を以、遙々使者差上事候処、大底ニ御会釈候ては、異国ニ相聞得、其批判も、無御心許候との御事ニて、諸事を被改、此度参候両使、先例無之、結構ニ御会釈、為被仰付御事之由候、」（『列朝制度』七八九号）と、遙々やってくる琉球の使者を軽くあしらったことが異国に伝わり、批判にさらされることを恐れるためであると述べている。

以上が一七一〇年の琉球使節に至る経緯である。これまで、薩摩藩が慣例に則って慶賀使の派遣を申し入れたところ、幕府が「無用」と断ったため、中国における琉球の地位を指摘し、それに幕府が琉球使節は日本のご威光をいや増すのに役立つと応じて許可した、日本側（幕府・薩摩藩）の政策判断で琉球使節の再評価が行われた、と理解されてきた。果たしてそうだったのか、一面的な見方に過ぎはしないだろうか。

間部詮房のもとに使者を務めた島津帯刀は、「薩摩守事先祖共ニハ相替、働茂無甲斐付而、有来候儀をも為勤候儀難成、家格も連々軽成行候歟と琉人積候儀も可有之候、」（『旧記雑録追録』二―二七五六号）と、島津吉貴は先祖とかわって働きも甲斐なく、これまで行ってきたことも務めさせることが難しくなり、家格も次第に軽くなってきていると琉球人が考えることもあるだろう、と懸念を述べている。この訴えは、慶賀使の許可を得るための単なる方便だったのか。それとも慶賀使の実現を求める琉球側の意思を踏まえてのことだったのか。

琉球の家臣団は国王に対して「旅役」と呼ばれる奉公を務めた。旅役には地下《じげ》旅・大和《やまと》旅・唐《とう》旅の三種類があった。地下旅は琉球国内、大和旅は薩摩・江戸、唐旅は福州・北京への使者を務めた。家臣団は旅役を務めることで知行・官職を賜った。旅役は国王にとっても権力編成の重要な制度であった。真栄平房昭氏はこれを「旅役」知行制と呼んでいる(5)。

旅役がこのような性格のものである以上、慶賀使が「無用」と断られたからといっても、財政をはじめ諸負担から解放されてよかったということでは済まされなかったのである。薩摩藩は徳川家宣が綱吉の養嗣子に決まった一七〇四年にも慶賀使を計画したが、幕府は許可しなかった。このような前例があれば当然、薩摩藩は家宣の将軍襲職を祝う慶賀使に関して事前に琉球側と対策を協議していたとは考えられないだろうか。そのように考える根拠は、薩摩藩が、琉球は小国とはいえ中国に朝貢する国々の中では朝鮮についで第二の席次の国である、と指摘していることである。これは北京に進貢する琉球から示唆されてえた認識だったと思われるからである。

琉球は、中国に朝貢する琉球からの外交使節が日本のご威光をいや増すのに寄与するということを指摘して、中国への進貢の意義を幕府・薩摩藩に認識させることができたといえる。以下に述べることは、そのことを示唆している。

一六八五年、幕府は金銀貨の国外流出を制限するために定高仕法を定め、中国船・オランダ船の貿易額を年間それぞれ銀六〇〇〇貫目、金五万両（銀三〇〇〇貫目）に制限した。これは、清が一六八一年に三藩の乱を平定し、二年後に台湾の鄭氏が降伏して国内支配が安定したので、これまで鄭氏の貿易活動を封じ込める目的で実施してきた遷界令を一六八四年に廃し、展海令を発して中国船の海外渡航を許可した結果、日本に渡航する中国船が激増したからである。琉球の渡唐銀も一六八七年に進貢料銀八〇四貫目・接貢料銀四〇二貫目に制限された。

一六九五年以来、幕府は貨幣改鋳を繰り返し、銀貨の品位が著しく低下していった。慶長銀（一六〇一年）は銀の含有率が八〇％であったが、元禄銀（一六九五年）六四％、宝字銀（一七〇六年）五〇％、永字銀（一七一〇年）四〇％、三宝銀（同年）三二％、四宝銀（一七一一年）二〇％、になった。

銀貨の品位の低下は琉球の進貢ならびに進貢貿易に対して深刻な影響を与えた。そのため琉球は一七一二年八月、薩摩藩を通じて幕府に渡唐銀を元禄銀並みの品位に吹き替えてほしいと訴えた。薩摩藩は、渡唐銀の品位が低下したため進貢が困難になっている、こうした理由で進貢を怠ることを中山王は大変迷惑に思っている、進貢を怠った場合どのような事態に立ち至るか心配このうえもない、と琉球の窮状を訴えた。それに対し翌年七月、幕府は「琉球封王使之ために有之」（『旧記雑録追録』三―二四一号）という理由で渡唐銀の吹き替えに応じた。つまり、琉球に中国との冊封・朝貢関係を継続させるためにというのである。前述した、清に朝貢する琉球から外交使節を迎え入れることが日本のご威光になるという一七一〇年の琉球使節の位置づけからみて、幕府の取るべき方法はこれしかなかった。琉球は中国への朝貢を幕府に保証させることに成功したのである。

一七二六～四四年に琉球は一貢免除問題に直面した。(6) これは雍正帝が即位を慶賀した琉球に対して進貢を一回免除したところ、琉球が定例どおりの進貢を訴えたという事件である。このとき尚敬は、一七三〇年一一月皇帝に謹奏して二年一貢を希望する理由を、「臣は代々冊封を受け、世々貢職を供してきた。その貢期を緩くして梯山航海して忠誠を尽す東南諸国の後に列することはできない。」（『琉球・清国交易史』四四頁）と述べている。これは中国の朝貢国の中で朝鮮につぐ第二の席次を維持するためだった。

それでは次に、一八世紀初めころ、琉球は中国への進貢および進貢貿易をどのような形で運営していたのだろうか。それを財政面からみてみよう。首里王府の財政構造を示した「御財制」(7)（『那覇市史　近世資料補遺・雑纂』資料篇第1巻12）がある。これには一七二七年の享保盛増《もりまし》以前の目録高（薩摩藩主が琉球国王に与えた知行高）九万八八三石、および一七一六年の渡唐銀（進貢料銀六〇四貫目・接貢料銀三〇二貫目）、一七一八、二〇、二一、二二年の四年平均の白糸売却代一五六貫七〇一匁、などの数値が使用されているので、一七二〇年年代初めの財政構造を示していると推定できる。

「御財制」は三つの項目から構成されている。第一は項目名がないが、「田方代《だい》之上納」「畠方代之上納」等が記載されている。第二は「御財制　諸払　中」、第三は「御財制　御銀賦　三」と題されている。したがって第一、第二は米の収支、第三は銀の収支を説明していることになる。

米の収支は以下のようになっている。目録高九万八八三石のうち蔵入高五万一七四六石、給地高三万九一三七石である。蔵入高は田方二万一六四二石、畠方二万六一九五石で都合四万七八三七石が年貢賦課の対象となる石高で、このほかに荒欠地二四五三石等がある。収入は田方の一万二五三一石（田方代の上納・御賦米・荒欠地出米・浮得出米・牛馬出米・仕明地出米）に、畠方の雑石三〇八六石と宮古島・八重山島の上納（上布・下布など）を米に換算した三三五九石、および銭（夫銭・諸細工并職人上納・諸座所望物売物諸色代ほか）六九万五三九九貫文を米に換算した四四三四石、その他をあわせて米二万四七〇九石と計算されている。

支出を見ると、定例支出（永代不相替御定制故別格相立）として一万三五六二石があり、残りの一万一一四六石より備荒米（義貯・副貯）二二二八石を差し引いた八九一七石が一般支出に当てられる分で、総支出は二万二四五三石、差引二六石の黒字と計算されている。支出の内訳をみると、薩摩藩関係の支出（出物、牛馬口銀代米、御国元定式御礼格、御国許御取合、御国許出物仕出、御奉行方御取合、御奉行横目衆附々衆足軽所望物など）が一万三〇二二石を占める。出物は薩摩藩への上納米で、一七〇九年には米一石につき八升一合、運賃込みで一斗一升四才となっており、出物は約一万石（給地の出米四三〇六石を含む）だった。さらに鹿児島琉球仮屋の維持費（琉仮屋続料）二〇二九石を加えると一万五〇五一石となり、実に支出全体の六七％を占める。一方、中国関係の支出（唐定式御礼格・唐御通融）は六三二石、率にして二・八％に過ぎない。備荒米を除いて王府の裁量がきく財源は五一六四石、約二三％に過ぎない。米の収支には進貢に関する経費が六三二石計上されているが、進貢貿易に関する経費は一切計上されていない。

進貢貿易に関する収支は、第三の項目「御銀賦」に計上されている。この収支は、収入が砂糖（七二万一〇九〇斤）二五二貫三八一匁・鬱金《うこん》（三万斤）一七貫目・白糸（五二八〇斤）一五六貫七〇一匁・その他の売却代で四三七貫目、支出が渡唐銀一八二貫三六六匁・砂糖購入代一七三貫七五〇匁・唐船作事料など二〇貫四七九匁・その他で四〇五貫目、差引三一貫目の黒字になる計算である。渡唐銀（進貢・接貢料銀二年平均で一八一貫七二五匁・唐ニ而売物代六四一匁）の支出内訳は諸座御用物代一五貫一五九匁・官府并細遣四三貫三八八匁・存留遣銀三〇〇目・北京遣銀一五貫目・白糸（五三七二斤）一〇八貫五一七匁である。渡唐銀のほかに「渡唐人数持高銀并諸子免除銀」四四貫七七五匁が計上されているが、これは中国への旅役を務める家臣団に中国での買物を認めた銀高である。

「御財制」から進貢貿易の収支を分析した安良城盛昭氏(8)は、経費二三七貫七七七匁（渡唐銀一八一貫七二五匁、唐定式御礼格・唐御通融二五貫一六二匁、唐船作事料など二九貫四八七匁、白糸運賃一貫四〇三匁）に対し、日本での白糸の売値は一五六貫七〇一匁であるので、銀八一貫七五匁の赤字だったと述べる。

この計算をみると、進貢貿易は確かに赤字であるが、その赤字を補填するために琉球の特産物である砂糖・鬱金の日本での販売が予定されていたのである。そのために砂糖・鬱金は畠方の年貢賦課の対象から外されていた。

「御財制」は「ある特定の時期の収入と支出の一種のモデルである」（「御財制」解説）が、その作成の時期はいつで、動機は何だったのか。琉球が渡唐銀の品位を元禄銀並みに吹き替える訴えをしたとき、一七一三年五月、薩摩藩が渡唐銀を拝借銀、唐買物を返上物に呼び方を改めたことがあった。その後、正徳金銀の鋳造を俟って、一七一六年七月一六日、進貢料銀を二〇〇貫目減らして六〇四貫目、接貢料銀を一〇〇貫目減らして三〇二貫目に変更し、この「銀高之内半分ツ、ハ琉球方より差渡候事」とあるように琉球と薩摩が半分ずつ分け合うことになった（鹿児島県史料集1『薩藩政要録』）。「御財制」の渡唐銀についての説明、すなわち「進貢之時三百弐貫目接貢之時百五拾壱貫目合四百五拾壱〔三〕貫目弐年ならし」はそのことを物語っている。前述した渡唐銀の制限（一六八七年）以前、進貢貿易は薩摩藩の独占状態にあったといわれる。(9)ところが『琉球一件帳』（一七三二年、東京大学史料編纂所蔵）によると、薩摩藩は「近年、銀二十二、三貫目ほどの御用物を注文する」だけで、進貢貿易から後退している様子が見て取れる。

「御財制」は、中国への進貢が日本に対して持っている意義を重視し、薩摩藩が進貢貿易から後退することがあっても、同貿易が経営できることを目的に作成された、現代風にたとえると損益計算書であったといえる。

三　薩摩に対する忠誠

最後に、琉球が対日関係を隠蔽した、言い換えると薩摩藩にそれを認めさせることができたのはなぜか考えてみよう。首里王府は一七三二年一一月に制定した「御教条」（『蔡温全集』）の冒頭において、

御当国の儀（中略）殊に小国の事にて何篇不自由に罷在候処、其末の御代より方々へ致渡海其働を以乍漸国用筈合置候、（中略）御国元の御下知に相随候以後、国中万事思召の通相達、御政法風俗迄漸々引改、今以上下万民安堵仕目出度御世罷成候儀、誠以て御国元の家御高恩件の仕合冥加至極の御事に候、

と、琉球を「小国」と位置づけ、かつては兵乱が絶えなかったが、「御国元」（薩摩藩）の支配に従うようになって以後、政治・風俗も改まり、万民安堵し目出度い御代になったのは御国元のご高恩のお蔭であると謳っている。

「御教条」の制定にも携わった三司官の蔡温は、「独物語」（一七四九年）（同書）において、

御当国の儀偏小の国力を以唐大和への御勤御座候に付ては御分力不相応程の御事候、（中略）毎年御国元へ年貢米差上候儀、御当国大分御損亡の様相見え候へ共、畢竟御当国大分の御得に相成候次第誠以難尽筆紙訳有之候、

と、小さな国力で中国・日本への勤めを果たすことは分不相応のことであり、毎年薩摩藩に年貢米を上納することは琉

球にとって大きな損失のように見えるけれども、結果的には琉球にとって筆紙に尽くせないほど大きな得になっていると述べ、薩摩藩の支配に随うようになったお蔭を強調する。

果たしてこれは琉球の本音だろうか。必ずしもそうとは思えない。琉球が薩摩藩と向き合っていくうえでの建前を述べたものであって、薩摩藩権力を背後にいただくことで国内支配を円滑に進めるための論理であったと思われる。

琉球国王は、即位後、薩摩藩主に対して起請文を提出することになっていた。薩摩侵入後、一六一一年九月の琉球仕置に当たって尚寧に起請文を提出させたのがその始まりである。山田哲史氏は尚寧以後の歴代国王の起請文前書を分析して、琉球国王の薩摩藩主に対する忠誠の論理を明らかにしている(10)。

それによると、忠誠の論理は一六七〇年五月一五日付尚貞起請文を境に、「附庸国」論から「琉球安泰」論へ変化する。尚寧は、琉球は往古から「薩州島津氏之附庸」だったが、その勤めを怠ったために一旦破却され、捕られの身となり薩摩にあったが、島津家久が憐れに思って帰国を許され、そのうえ諸島を割いて領地を給わった、したがって永々代々薩摩藩主に対し決して粗略なことはしない、と誓っている(『旧記雑録後編』四—八六二号)。

薩摩藩が琉球の「附庸」説を唱えたのは、一六〇四年二月のことで、奥州伊達領に漂着した琉球人の送還を幕府が島津氏に命じたのは、「琉球之儀者薩摩為附庸之間」と述べている(同書一九一四号)。琉球征服後、薩摩藩は琉球に検地(慶長検地)を行って一一万三〇四一石を打ち出し、琉球国王に沖縄島・慶良間島・伊平屋島・伊是名島・伊江島・渡名喜島・粟国島・久米島・八重山島・宮古島で八万九〇八六石を与えた。

「附庸国」だから忠誠を誓うという論理は尚豊、尚賢、尚質まで変わらないが、一六七〇年五月一五日付尚貞起請文(『旧記雑録追録』一—一三一七号)は、

一先国司跡職我等江被　仰付候、誠以筋目不相替此邦相続候儀、難有仕合辱存奉候、此御厚恩生涯忘却仕間敷候事、

一琉球安泰之儀、　貴国之恵不浅故と誠以難致報謝奉存候、縦親子兄弟ニ而も忘此高恩、企逆意儀雖有之、於我等者

堅相守　貴国之御下知、毛頭別心有御座間敷候事、

と、「国司職」を仰せ付けられたこと、琉球が安泰であるのは薩摩藩の恵みが浅からざるゆえであることを感謝する。薩摩藩の「附庸国」だから忠誠を誓うという論理からの転換がみられる。このあと起請文前書は、一七一五年五月三日付尚敬起請文（『旧記雑録追録』三—五一七号）で「国司職」が「国王職」に変更されるが、他は同文である。この変更は、琉球国王は一六三五年以来薩摩藩主に対して琉球国司と称してきたが、一七一二年に再び中山王を称することを許されたことによる（『中山世譜』）。

忠誠の論理の転換は明清交代を契機とする、薩摩藩の琉球統治策の転換によってもたらされたものと考えられる。一六四四年三月李自成によって明が滅亡すると、清が北京に遷都して、明滅亡後相次いで樹立された福王・唐王・魯王・桂王の各政権（南明政権と総称する）を倒して六一年までに中国を制圧した。

この間、幕府の対琉球政策は、一六四九年に清の招諭使謝必振が琉球に渡来したとき、琉球は異国ながら島津氏が支配しているので日本同然である、それゆえ琉球に悪しきことが起これば日本の瑕になる、と警戒姿勢であった（「列朝制度」一二二八号）が、一六五四年に清が琉球国王を冊封するとの情報が伝わってくると、翌年八月、清が琉球に弁髪・衣冠を強制してきたら受け入れるよう薩摩藩に指示し（「琉球御掛衆愚案之覚」）、琉球が清と冊封・朝貢関係に入ることを容認するというように変わった。

薩摩藩は琉球征服直後から、琉球から人質（国質・十年詰・三司官三年詰）を取ってきたが、一六四七年に琉球の要求を受け容れて三司官三年詰を廃止し、代わりに年頭使を詰めさせることにした。年頭使は一六一三年に始まり、二二年に定例化された。琉球は薩摩藩に、人質に代わって上国使者を派遣するようになった。[11] 年頭使は翌年の年頭使が上国するまで琉球仮屋に一八ヶ月間詰めて薩摩藩との折衝に当った。一六六七年から親方クラスの者が年頭使を務めたので、これを在番親方と呼んでいる。薩摩藩は一六五七年に定めた掟で琉球在番奉行が琉球衆の官位昇進、口事篇、地頭、扶

持等、琉球の内政に関与することを禁止した（『旧記雑録追録』一―七四八号）。このことは薩摩藩が琉球仮屋を通じた琉球統治へ移行していったことを意味している。琉球では一六六六年に羽地朝秀が摂政に就任して、七三年まで羽地仕置と呼ばれる、古琉球以来の古い体制を改め、琉球の近世化を推し進める改革政治を断行した[12]。羽地朝秀は改革の晩年（一六七二年）に「今少相改度儀御座候得共、国中ニ同心之者無御座悲歎之事候、知我者北方ニ一公御座候事」（「羽地仕置」『沖縄県史料　首里王府仕置1　前近代1』）と、琉球に同心する者がいない中での改革の難しさを嘆き、薩摩藩に一人理解者がいることに救いを求めている。一六七〇年の尚貞起請文の「琉球安泰」論は羽地朝秀の心境に相通じるものがあった。

「琉球安泰」論は薩摩藩のお蔭を強調するが、逆にそれに薩摩藩がしばられると、琉球の行動を制御できなくなる危険性があった。

大名は将軍の代替わりごとに幕府の支配に背かない旨の起請文を提出した。島津光久が徳川綱吉の将軍襲職にさいして提出した一六八一年五月二五日付起請文前書（『旧記雑録追録』一―一八〇六号）には、これまでの起請文になかった「附」が記載されている。

一就于
　御代替、弥重　公義、御仕置等粗略不奉存可相守候、
　附琉球国之儀皆（背）仕置雖企邪儀候荷担仕間敷事、

島津光久は、将軍代替わりに当って公儀を重んじ仕置を粗略にしないことを述べ、さらに琉球が日本の仕置に背き邪儀を企ててもそれに荷担するようなことはしない、と幕府に誓約したのである。ここからどのような状況が想定されるだろうか。琉球の邪儀は琉球単独で企てられるのではなく、その背後に中国の存在が考えられる。琉球の邪儀に薩摩藩が荷担するようなことがあれば、幕府はそれを討つ軍勢を催さなければならなくなる。日本は東アジアの紛争に巻き込

まれることになり、ふたたび戦乱状態に陥ることになる。それを回避するためには、日本（薩摩藩）はまず「琉球安泰」を考えなければならなくなる。「琉球安泰」は薩摩藩のお蔭であるといいつつ、実はそうしなかった場合の結果を暗示しているのである。島津光久起請文の「附」はそのことを反証している。

一六八一年は三藩の乱が清によって平定された年である。二年後に台湾の鄭克塽が降伏し、清の中国支配が確立した。三藩の乱は一六七三年に「滅清復明」を掲げて発生した。翌年六月、三藩の乱の情報が幕府に届いたのを契機に、林鵞峯が長崎来航の中国人から聴取した「唐船風説書」を編綴して『華夷変態』と題し、中国情報の収集を始めた。一六七八年には琉球から薩摩藩に唐之首尾使者の派遣が定例化した。琉球が北京に派遣した進貢使が帰国後薩摩に上国して、中国情勢を報告した。唐船風説書は中国の地方民間人の寄せる情報であるが、唐之首尾使者は自らが進貢使として北京に赴き、皇帝に拝謁したとき見聞した情報である。琉球は精度の高い中国情報を薩摩藩（日本）に提供することができた。

一六八三年の尚貞冊封のときの宝人という偽装は、こうした中国情勢の下で行われたのである。

琉球の邪儀を云々した「附」は、島津吉貴が徳川家宣の将軍襲職のさい提出した一七〇九年二月五日付起請文にも記載されている（『旧記雑録追録』二―二七五三号）が、島津継豊が徳川吉宗の将軍襲職のさい提出した一七一六年六月七日付起請文には見られない（同書三―六八二号）。

『華夷変態』の唐船風説書の編綴状況をみると、同書巻二九（一七〇二年）以降は番号のみ、ないしは内容の省略が見られるようになり、同書巻三五（一七一一～一七年）はわずか一七通を収録するにとどまっている。これは中国情報の収集という『華夷変態』の本来の目的が中国情勢の安定に伴って喪失してきたということを表している[13]。一七一九年の尚敬冊封のとき薩摩藩が宝人と冊封使の対面を中止させた背景には、唐船風説書の編綴に見られるような中国情勢の緊張緩和という共通認識があったものと思われる。

おわりに

本稿は、琉球が中国への朝貢を続けるために対日関係の隠蔽を行った経緯について検討してきた。それをまとめると次のようになる。

一六八三年の尚貞冊封のときの宝人という偽装は、薩摩藩ではなく琉球の発案であったとみるべきである。宝島が琉球の属地であり、宝人が冊封使と対面してきたことを熟知しているのは琉球だったからである。琉球が宝人という偽装を行ったのは、冊封のときの評価に備えて日本から多数の商船を招致するためだった。ところが一七一九年の尚敬冊封のとき、薩摩藩が宝人と冊封使の対面を中止したため、銀二〇〇〇貫目の評価に応じることができずに苦労した蔡温は、一七二五年に「トカラとの通交」論を唱えて対日関係の隠蔽を行った。

一七〇九年に幕府が慶賀使を「無用」と断ったとき薩摩藩が、琉球は中国の朝貢国の中で朝鮮に次ぐ第二の席次の国であることを強調し、幕府が、琉球使節は第一日本のご威光になることであるという理由で許可した。これも薩摩藩の発案と考えるより琉球の示唆があったとみるべきであろう。一七一二年に琉球が渡唐銀の品位を元禄銀並みに吹き替えてほしいと要望したのに対し、幕府は琉球の冊封のためにという理由で許可している。こうした事実を踏まえると、琉球の中国への進貢が日本にとって高い価値があることを説いたのは琉球だったのではなかったのかと思える。琉球は王府財政を米と銀の会計の二本立てとし、進貢貿易を米の会計とは別立てにすることで、薩摩藩から多額の上納米を強いられているもとで、進貢ならびに進貢貿易を続ける方途を探った。

一六七〇年の尚貞起請文以降、琉球国王の薩摩藩主に対する忠誠の論理が、「附庸国」論から「琉球安泰」論に転換したことが指摘されている。薩摩藩のお蔭で「琉球安泰」であるという論理は、逆にそうでなかった場合が重要になる。琉球の「邪儀」に日本側が懸念を募らせることになる。したがって、日本は琉球の意向に添わざるを得なくなる。薩摩藩が琉球の宝人という偽装、ついで「トカラとの通交」論を了承した所以である。

注

（1）辞令書（一六六七年）、琉球国王の幕府老中宛書簡（一六八一年）、歴史書（『中山世譜』一七〇一年、一七二五年に重修）、地誌（『琉球国旧記』一七三一年）などの表記が和文体から漢文体に変化していることにそのことが表れている。

（2）琉球の隠蔽政策に関しては、喜舎場一隆「近世期琉球の対外隠蔽主義政策」（『海事史研究』第一六号、一九七一年。のちに『近世薩琉関係史の研究』国書刊行会、一九九三年、に再録』）、渡辺美季「清に対する琉日関係の隠蔽と漂着問題」（『史学雑誌』第一一一編第一一号、二〇〇五年）、拙稿「七島郡司考―明清交替と琉球支配―」（『南島史学』第二五・二六合併号、一九八五年。のちに『幕藩制国家の琉球支配』校倉書房、一九九〇年、に再録）などがある。隠蔽政策の成立過程に関する通説は、拙稿が深く関与している。

（3）早稲田大学アジア地域文化エンハンシング研究センター。本稿の琉球と日本との関係は、近藤一成氏が「アジア地域文化学の構築―総論」（早稲田大学アジア地域文化エンハンシング研究センター編『アジア地域文化学叢書Ⅰ　アジア地域文化学の構築―二一世紀COEプログラム研究集成―』雄山閣、二〇〇六年）で示した「アジア地域文化学のアジア史構造図」の、朝貢国と隣対国の関係に該当する。

（4）『旧記雑録後編』『同追録』『同拾遺』は『鹿児島県史料』のシリーズである。

（5）真栄平房昭「琉球における家臣団編成と貿易構造―「旅役」知行制の分析―」（藤野保編『近世九州史研究叢書3　九州と藩政（Ⅱ）』国書刊行会、一九八四年）。

（6）一貢免除問題に関しては、宮田俊彦「蔡温の外交―金鶴形一対と准作下次正貢―」（『史学論集　対外関係と政治文化』第一、吉川弘文館、一九七四年。のちに『琉球・清国交易史』第一書房、一九八四年に再録）、豊見山和行「琉球の対清外交について―雍正・乾隆期の一貢免除問題を中心に―」『琉球王国評定所文書』第3巻、浦添市教育委員会、一九八九年。のちに『琉球王国の外交と王権』吉川弘文館、二〇〇四年、に再録）の研究がある。

（7）「御財制」に関する研究として、上原兼善「近世中後期の琉球王府財政」（『岡山大学教育学部研究集録』第七二号、一九八六年）がある。

（8）安良城盛昭「進貢貿易の特質―転期の沖縄史研究―」（『琉球新報』一九七六年八月一三・一四日。のちに『新・沖縄史論』沖縄タイムス社、一九八〇年、に再録）。

（9）崎原貢「渡唐銀と薩琉中貿易」（『日本歴史』第三二三号、一九七五年）。

（10）山田哲史「琉球国王の薩摩藩主に対する忠誠の論理に関する研究ノート―王位継承過程と起請文前書の考察―」（『史料編集室紀要』第二四号、沖縄県立図書館史料編集室、一九九九年）。

（11）深瀬公一郎「近世琉球における上国使者の派遣―【上国使者一覧年表】と統計データ分析―」（研究代表村井章介『八〜一七世紀の東アジア地域における人・物・情報の交流―海域と港市の形成・民族・地域間の相互認識を中心に―』平成一二年度〜平成一五年度科学研究費補助金基盤研究（A）（1）研究成果報告書、二〇〇四年）。

（12）上原兼善「琉球国における寛文改革―いわゆる羽地『仕置』の性格をめぐって―」（『西日本史学会宮崎支部報』一九八五年―一九八八年』一九八九年）。

（13）拙稿「唐船風説書の編綴について」（研究代表紙屋敦之『江戸時代長崎来航中国船の情報分析』（二〇〇三・二〇〇四年度科学研究費補助金基盤研究（C）（2）研究成果報告書、二〇〇五年）。

東アジア法文明と教諭支配
―近世日本を中心に―

深谷克己

はじめに

アジアの近代移行過程は、いわゆる「ウエスタンインパクト」に打たれ続けた時代である。その結果の一つとして、「東アジア法文明」は「欧米法文明」によって解体的影響を受け、根本的変容を体験した、と理解される。法制史研究の分野では、こうした認識を前提にして、アジアにおける律令法の西欧法への転換の契機や担い手が探られている。

本論は、同じ事実を踏まえるが、関心はむしろ逆の方向を向いている。本論は、「東アジア法文明」がどのようにアジア諸社会の制度的「近代化」の過程で、急激に移植されようとした「欧米法文明」を彩色し直し、変容させたのかということに関心を向ける。本論は、「欧米法文明」の移植や適用の際に、在来の「東アジア法文明」の持続力が発揮された結果として、表面的には「欧米法文明」に衣替えしたが、じつは二次的な混交を惹起して、新種の「東アジア法文明」が形成され、それが現代生活をも規定している、と想定する。

ただ本論は、近代移行期を対象にして、直接に右の問題を考察しようとするものではなく、その前提をなす「東アジア法文明」とは何かを考えようとするものである。律令法が、東アジアの法制を古典的に代表するものであることは承認されており、本論もその認識に従うが、やや距離をおいた「教諭支配」という角度から「東アジア法文明」について考え、それがじつは「東アジア法文明」の重要な構成要素であることを論じたい。ただし、「教諭支配」を東アジア全域の特徴と想定してはいるが、これについても全域的に論じることは筆者の専門によって可能ではないので、近世日本の江戸時代を中心にして立論していくことをあらかじめことわっておきたい。

1　近世日本における「政治の文明化」と「諭」

イ　「武断」から「文治」への転換のアジア史的意味

近世日本は、一般的な理解としては、武力を占有した領主（武家・武威）権力の支配体制とされてきたし、今もそうした見方が否定されているわけではない。かつては、近世は臨戦態勢の社会であると言われたり、時には軍国主義の時代と評されることさえあった。これらの諸見解は、大きくまとめれば近世日本の支配体制における「武威」の役割を強調する見方である。そして、それらは、大小刀を日常的に携行する武士の武力独占の様相や、刀狩りに象徴される被支配民衆の武装解除の様相と矛盾していない点で、史実を反映する見方でもあった。

しかし同時に、そうした見方は、領主制論を核におく封建制論と結びついていた。日本はアジア的と言う場合には日本のヨーロッパ諸社会に対する後進性が強調されたが、領主制・封建制の体制論においては、日本だけが東アジア諸国諸社会とは異質であって、ヨーロッパ封建制（領主制の支配体制）と同じ世界を構築しているという見方につながっていた。アジア的とは停滞性後進性を指す言葉であり、「アジア的生産様式論」の議論ほどでないにしても、アジア的封建制という言葉で、領主制封建制自体のヨーロッパのそれに対する抑圧性後進性が議論されたりした。

もちろん現在の近世史研究が、これと同じ論議を繰り返しているわけではない。直接にそうした見方の克服に向けられたのではないが、近世史研究の成果はしだいに従来の見方から距離を広げつつある。たとえば、近世史研究の営々とした積み重ねは、「官僚制」と「法制的支配」の進展が見られたことを共通の認識にするようになってきている。

本論では、さらに一歩を進めて、近世日本においては、汎東アジア的な「教諭性の強い仁政徳治の政道論」が支配の必須要件になっていき、支配の方法の中で教諭の占める比重が大きかったことを、幕府諸藩の「諭」のあり方から考えてみたい(1)。筆者の見解では、近世日本の多種多様な支配法令の中で、「諭」は、処罰規定をともなわない点で法令と区別される。その実際の形態・呼称は、教諭・説諭・農諭など「諭」の文言が入るものも多いが、利解・異見・触書・申聞・訓戒・前書・遺言・書置など、「諭」の文言が入らないものも少なくない。それらは、「法令」とは区別される種々様々な「教令」である。「諭」もまた、法文明の重要な内容をなし、「諭」の系列に入るものは、東アジアでは前近代・近現代を通じて、国家と向き合う「公民」(「民百姓」「国民」)の統合に小さからぬ力を発揮してきたと考えられる。

この関心は、日本近世史の研究史に即して言えば、次のような批判の見解をともなっている。すなわち、幕藩体制が武威の抑圧を専らにしたのに対して「心」の支配を進めたのが近代の「天皇制国家」であるとする理解があるが、本論は異なる認識を持っている。近世の統治が「心」の領域の掌握と、「百姓成立」を根幹とする治者被治者の「合意」形成をめざすものであったと、本論は考えており、そのことと「諭」を活用する支配であったこととは深く関連している(2)。

一七世紀におけるいわゆる「武断」から「文治」への転換という説明は、古くからの近世史の共通理解であり、今日でも、歴史教科書をふくめたほとんどの近世通史で採用されている認識である。「文治」への移行については、牢人問題対策としてきた古い理解から、明清交替のアジア動乱への統一政権としての対応とする新しい理解へ変化してきた経緯がある。しかし、そこに対応的なものがあるとしても、「文治」とは根本において東アジア共通の政治文化、すなわち「儒教核の仁政徳治」への移行を表すものであり、言いかえれば「政治の文明化」のアジア的拡大の事象にほかならない。その流れの中に、近世日本での法制的支配の伸長、支配機構の官僚制化の拡大があり、「諭」によって支配を貫徹させようとする政治志向の浸透があったのである。

ロ　「教諭性の強い仁政徳治」と民本政治

筆者は先に、「教諭性の強い仁政徳治」を「東アジアの超域的な政治文化」として指摘した。[3]これは、さまざまな分野にわたる研究史から、現段階ではなお直観的にではあるが、引き出すことができると考える、東アジア世界の十項目ほどの政治文化にかかわる共通分母的な特徴の中の一つである。[4]これらをいちおう列挙すると、以下の通りである。

①漢字と地域の文字を混交併用した意思伝達。
②仏教儒教道教の普遍的土俗的超越観念（諸天諸仏諸神）。
③教諭性の強い仁政徳治の政道論。
④老荘を借りた心法尊重。
⑤官僚制（領主官僚化）王朝（国家）と向き合う「百姓」という「国民」身分の設定。
⑥均田平均の平等主義的百姓安民論。
⑦五常慈愛功過の倫理論。
⑧富貴余慶（鼓腹撃壌型）の至福論。
⑨士農工商の良民と峻別された賤民身分の設定。
⑩太平無事の平和論。
⑪華夷事大の身分制的国際関係論。

教諭支配とは、武断的でない形で、「安民」「無事」の民本的仁政を約束し[5]、支配の正当性を説き続けることによって、治者被治者の合意（相互責務）の形成を目ざす統治方法である、というのが本論の理解である。ただし、それはあくまでも目ざされるあり方であって、実態とは常にずれている。もしくは乖離、矛盾している。対立、対抗の様相を見せることもある。「合意」を、両者が穏便に向き合い生活・意識ともに合致すると主張するのは、歴史の真実性を喪わせるものである。しかし、実態が矛盾に満ち、ときに露わな対抗性を見せるからといって、「建前」的な「合意」を無視したり否定したりすることも、また歴史の真実性の把握を失敗させることにつながるであろう。「安民」とか「無事」とかの政治支配の大きな原則が、社会に受容され、支配被支配を貫徹する「合意」になるためには、「神話化」の動力になることのできる実体的な原点がかならずある。かりに小さな短期的なものであれ、起発点となる時期・状態が、近似的にせよ実際に存在しなければ、それを肥大化させることはできないであろう。

東アジアの政治文化である仁政徳治において教諭支配が大きな比重を持つ奥深い根拠について、本論は、仁政徳治と同根であると考える。それは、仁政徳治という政治文化においては、根本的に「政治における人格的依存（影響）」の比重が大きく、法制的展開をみながらも、君主・上司の好悪をともなう道徳的判断に左右される度合いが大きいということである。法制化官僚制化が進んでいくことはまちがいないが、人格との分離は起こらず、主従・上下の上位者の道徳的経験的判断がついてまわり、人格的判断の幅がそのことによって拡張されるというように、法制的支配が進展するという関係にあったと考えられる。「諭」とは、教え諭すことにほかならないが、そこには身分的上下で説明できない、人格的優劣が前提にされている。身分はここでは道徳的人間的優位と等置されている。

ところで、本論が、両者を区別できると考える「法」と「諭」の関係は、常に等量に「法」と「諭」が出されるというものではない。大まかな見通しにすぎないが、法が有効な社会状態、すなわち「法威」がなお生きている安定期においては、「諭」はそれを補助するものとして出される。だが、「法」が実効性をいちじるしく失った社会状態、すなわち

「法」が無視されることが頻繁となる変動激動期においては、秩序の回復をめざすための「諭」が、有効性を思わせる要素をさまざまに取り込んだ形で出される。この二つの段階を想定することは間違いではあるまいと思われる。時代の移行期においては、歴史を動揺させる抵抗指導層、体制を否定する反乱の社会勢力に対して、支配者からも、民間の上位の階層からも、対抗的に「諭」が頻発される。そこではもはや、狭義の法威秩序や武威秩序が力を喪っているからである。

2　教諭支配の東アジア循環

イ　「六諭」の国際流通

教諭支配は、古代以来の長期にわたる中国・朝鮮・日本など東アジア諸社会の人的・文物交流による伝播・受容を通じて浸みこんだ共通の政治文化である。起点においては中国の法文明があるが、それは周囲に拡散して、原型を変形させる形で諸社会に個性的な形を作り出す。古代に一度流入したものが、そのまま日本列島の社会に定着するというものではない。その後の交流によって、思想や理念が部分部分として細かく伝播し、それらの堆積が大きな影響の結果を生むのである。

そうした伝播・吸収・適用の好例を、「六諭《りくゆ》」で見ておこう。「六諭」は、東アジアにおける教諭支配拡大の納得しやすい事例とすることができる。「諭」の東アジア規模での流通と言うこともできよう(6)。「六諭」は、「聖諭六言」などとも呼ばれるが、その内容自体は簡単なものである。「六諭」は、明の太祖洪武帝である朱元璋が、民衆教化のために一三九七年（洪武三〇）三月に宣布した六箇条の簡潔な訓戒である。それは、告示文『教民榜文』四一か条の中の第一九条に当たっている。六箇条は、以下の条項である。

1、孝順父母。
2、尊敬長上。
3、和睦郷里。
4、教訓子孫。
5、各安生理。
6、毋為非違。

それぞれ簡明な「諭」であるが、中国史の一般的認識に従えば、「六諭」は、明末頃から郷約や家訓に取り込まれて広がっていった。

明末頃に、会稽の人、范鋐著『六諭衍義』が六諭のそれぞれについて解説し、それに関係する律令の条文を引いたり、伝説的故事や実例を挙げ、詩文を加えるなどして理解しやすくした。いわば道徳教科書であるが、ほかにも各種の衍義書（解説書）が登場し、「六諭」の衍義書は、「善書」として流布していった。元来は、郷村で老人や不具者などに命じて路傍に立たせ、毎月六回、木鐸を鳴らして唱えさせたらしい。里甲（里甲制郷村）では、毎月6回、里の長老が唱えつつ巡回する所もあったという。毎月、決まった日か各種の会合で、「六諭」の講話が行われ、児童に暗唱させることも行われたという。一六世紀になると、郷約に取り入れられ、これまで広がっていた呂氏郷約を凌ぐようになったと言われる。ただ里甲制の緩みとともに、「六諭」による教化は効果を弱めたが、家訓の中に取り込まれるようになった。

清朝時代に入ると、「六諭衍義書」はますます拡散して頒行されるようになったという。また、清朝ではたんに広まったというだけでなく、欽定された。世祖順治帝は一六五二年（順治九）、民衆教化の目的で「六諭」を欽定し、頒布している。東アジアにおける仁政徳治は「六諭」よりはるかに古く、「諭」もまた古い。ちなみにこうした仁政徳治的な心意統治法は、個々の皇帝が宮廷政治で見せる顔貌とは関係がない。明の太祖洪武帝は功臣を殺し続けたことで知られるが、そのことと天下支配をどういう倫理・論理で行わなければならないかは、時勢認識として知っていた。最高の権力者はそうした意味では、むしろ天下の輿望に逆規定されている。

これ以前の中国では、「諭」は、人民に対してではなく、官僚（士大夫）層に向けられたものだったとされる。そうしてみると、一五世紀あたりから直接に民百姓（士農工商）へ向けられる時代が始まったとみることができる。すなわち、法文明が国家の上部で洗練されるものと考えると、「諭の形を取る法文明の下降（垂直化）と広がり」の中国における画期を、一五世紀前後におくことができるのではないかということである。「六諭」を、その論拠に挙げることができる。

ロ　清から琉球へ渡る「六諭」

「六諭」は、東アジア世界に拡散した。一六八三年、琉球の程順則（和名は名護寵文）が、「六諭」を琉球に持ち帰っている。[7] 程順則は、那覇の久米村で生まれた人物である。

久米村は、一三九二年、中国の福建から移住した中国人が集団で居住した村で、中国への留学生（官生）を派遣する特権を与えられていた。こうして中国事情に最も明るい集団として、久米村人は、王府の外交文書を作成したり通訳を勤めたり、中国への水先案内者となったりして働く慣行ができあがった。帰国留学生から進貢副使や政治家・学者になることもあった。

近世琉球の政治文化にとって久米村集団が重要なのは、この集団が儒教政治の理念や手法を琉球にもたらしたことである。孔子廟は久米村に建てられた。儒教の政治と道徳は、琉球では王府の範囲に終わり、琉球民衆の生活は祖先神信仰を核にする規範によって営まれたが、ともあれ中国から渡来した社会集団が中国の政治文化の受容経路になった。ちなみにこの集団が道教も琉球へ運び、民衆の生活慣習という点では儒教以上に受け入れられた。

程順則は、試験で「秀才」の位を得て、古波蔵間切の地頭の職に就いた。のち名護間切の総地頭・親方になり、いくつものエピソードを残している。確定は難しいが、程順則は、二〇歳の時に、中国へ留学し、その後も留学を重ねた。四回目に『六諭衍義』を持ち帰った。琉歌（四七のいろは歌）を作成して「六諭」の内容を広める工夫をし、『六諭衍義』を公刊した。程順則の死後、名護間切番所では、毎年元旦に「六諭」を礼拝する「御字拝み（ミジウガン）」の行事が恒例化した。後世「名護聖人」と呼ばれるようになった。

程順則は、近世琉球の教育制度にも貢献している。程順則らの建議で、一七一七年には久米村子弟を教育するための学校明倫堂を設立している。それより年数を経てだが、首里には国学、村に学校が設けられ、久米村人が、「講談師匠」と呼ばれる教師となって、『小学』と「四書五経」を講じた。文筆師匠はほとんど首里人が勤めた。

ハ　琉球から日本へ

一七世紀末に清から琉球へ渡った「六諭」が、一八世紀初めに日本へ渡った。宝永七年（一七一〇）、中国から『六諭衍義』を琉球に運んだ程順則は、慶賀使に加わって江戸に行った。

この年、琉球は、六代将軍家宣の将軍襲職を賀する慶賀使と第一尚氏王統一二代尚益の継目を謝する謝恩使を、同時に日本に派遣した。いわゆる「江戸登り」である。この使節を、江戸の公儀は厚遇した。琉球使節を見る目は、将軍側用人間部詮房が「日本之御威光」と反応したように、東アジア世界の中での日本の威信を高めるのに効果があるというもので、これには将軍家宣侍講の新井白石の判断が預かっていたとされる。(8) 程順則は、この「江戸登り」において新井白石とも会見している。白石の『南島志』『采覧異言』はこの時の会見から資料を得たと言われる。

程順則は、『六諭衍義』を鹿児島第四代藩主島津吉貴に献上した。琉球の慶賀使・謝恩使には鹿児島藩主島津氏が同行する、というより引率するのが通例であったが、程順則はおそらく鹿児島での藩主への挨拶の際に引出物として『六諭衍義』を献じたのであろう。

中国から琉球へ、琉球から日本への経路において、「六諭」と『六諭衍義』の関係や献じた者については曖昧さが残るが、程順則は「六諭」ではなく『六諭衍義』を琉球に持ち帰ったと理解すべきであると考えられるし、これを琉球が公儀に献じたのではなく、琉球から献じられた島津氏が将軍に献じたというのが適切であるように思われる。

島津吉貴は、宝永七年に程順則から献じられた『六諭衍義』を、十年ほど後の享保四年（一七一九）に、自分から八代将軍徳川吉宗に献上した。藩主吉貴は、甘藷の琉球からの移植や琉球産黒糖の大坂市場への持ち込みなど、琉球経路の富について活発な考え方をする藩主だったようであるから、『六諭衍義』のような中国・琉球経路で流入した文物についても珍重し、将軍吉宗に対しても、珍重なる唐琉球渡りの文化として献じたものと推測される。

二　日本における「六諭」の展開

八代将軍吉宗は、「先王」の「道」を研究する古文辞学派の荻生徂徠に命じて、島津吉貴から献じられた『六諭衍義』に訓点をほどこさせた。さらに、木下順庵門の公儀儒員であった室鳩巣に対しては、漢字・平仮名交じりの「和解」を命じた(9)。

「和解」は、逐語訳を行う「和訳」ではない。大筋を適切に活かしつつ、日本の社会事情に合わせて、理解しやすく平易にした解説である。この「和解」本は、『六諭衍義大意』と命名された。「六諭」の中国の解説書を日本社会に適合させた解説書という意味である。これは、享保六年（一七二一）に上梓された。

将軍吉宗によって推進された享保の改革における文教政策の特徴は、学習の貴賤混合を許したことである。そのことは、湯島聖堂や高倉屋敷での講義を民衆に聴講させることを許可する制度に具体的に示された。『六諭衍義大意』の板行も、こうした教育の貴賤混合主義に基づくものである。もちろんこれは、大きな視野で見れば、民間社会の教養欲求が公儀施策を動かす段階に来ているということであって、治者の開明性から狭く解釈されるべきではない。「六諭」は民間の注目を引き、中村三近子の『六諭衍義小意』が享保一六年（一七三一）に刊行されている。小家族の普及した日本社会では、「六諭」の受容は乾いた土に水が染み込むようにすみやかに広がったと理解してよい。近世後期には、「六諭」を活かした『教訓道しるべ』などの教訓書も数種出ている。

当時の江戸町奉行大岡忠相（越前守）は、将軍吉宗の命を受けて、江戸の著名な手習師匠を奉行所に召集し、板刻『六諭衍義大意』を与え、それぞれの寺子屋で手習本として使用させた。また一九世紀三〇年代以降、公儀は、実績ある手習師匠の褒賞に当たって、『六諭衍義大意』を賞賜品とした。一九世紀には、大坂町奉行が寺子屋師匠に頒布している。公儀のやり方に習う諸藩もあった。一九世紀三〇年代天保年間から五〇年代安政年間にかけて、秋田・掛川・名古屋・岩村・福山藩などで『六諭衍義大意』が頒布されている。桑折代官領や伏見などの公儀御料でも、同様のことが行われた。『六諭衍義大意』の流布は、近代初頭まで行われた。ちなみにつけ加えると、国家主義の優越するようになった第二次世界大戦以前の日本では、「六諭」には家・郷里への愛はあるが忠君愛国が欠けているという見方が現れることもあった。これは、ある意味では「六諭」の本質を突いている評言ということができよう。

2　近世日本における「法」と「諭」

イ　「訴」と「諭」

「六諭」に一つの例証を見るように、近世日本の教諭支配が、東アジアの政治文化の母体の上にあることは疑えないが、ただ外延的に広まったとするだけでは日本史的な説明を十分にはおおえない。「諭」は、近世日本でも「六諭」が最初ではない。「慶安御触書」で知られているように、よく知られた農民教諭が先行している。「慶安御触書」では、一条一条が長文である。その後も、長文の教諭がなくなるわけではないが、一方で「六諭」のような標語的な簡潔なものが増えてくるのも確かであり、そうした意味での画期に一八世紀前半、享保期を見ることがゆるされよう。

また、「諭」による治者被治者双方の統合（心意統治）は、東アジア政治文化の一環であると同時に、法令教令とは次元を異にする日本史独自の事情によって個性的に展開したことに留意する必要がある。近世史に直近の最も大きな歴史的事情としては、中世から近世への移行過程のあり方である。それは、戦国の「乱世」から「物無事」状態の「治世」への転換を外貌とする過程であった。そして、支配の基調は、「政治の文明化」としての文治的な民政へ変わっていったが、そのことの他面として、村の自分仕置権を失い、村の平和と安全は公儀の権限に吸収された。言いかえると、中世惣村の自検断的機能は喪われ、村々が相互に敵意と武力による殺傷で解決する「暴力」と、百姓が「政治」に関与することが厳禁された。後者は、比喩的には百姓の「天下物語」禁止という表現が適切である。「戦争」と「暴力」の両方ともに近世では「封印」され、百姓の下克上的な政治参加も否定されたということである。支配に対する抵抗運動がなくなったのではなく、百姓一揆や村方騒動はむしろ近世的な民衆運動の代表的な形態として頻発するようになる。しかし、それらは順法違法の違いにかかわらず、また多少の逸脱は見られるが、それらが運動の性格を変質させる程度ではなく、概括すれば「作法化された実力行使」であった[10]。百姓一揆のいちばん典型的な形態である「強訴」という違法な行動の中核にあるのは、「訴」という文言が端的に表現しているように、「訴訟行動」であった。

近世日本の支配権力についての私見では、個々の大名の自分仕置権は弱いものではなく、底部に「国家的性格」を潜ませていた。幕藩体制は、将軍・幕閣専制というよりは、「幕藩の強弱相互依存権力体系」とでも表現すべきものであった。しかし、自主財政を制度化された藩組織、分割委任の御料代官所・旗本領などの財政・社会問題、武力支配の限界、百姓の公儀不信の広まりなどに、時期を下るほどに直面するようになっていく。

近世幕藩領主は、「治者」として、民本主義的な「御政道」を主旨とするがゆえに、剥き出しの武威よりも、いっそう教諭支配を進めざるをえず、それが民政の技術を洗練させていった。いわば、幕藩制の矛盾こそが、近世日本の教諭支配を進捗させ、各所での改革の必要が教諭性の強い明君・名代官を生み出し、事跡録・神格化などによって歴史の中に姿を刻むことになった。

幕府諸藩は、戦国の軍団組織が近世の支配組織に転換していったものであるが、その際に、武士（家中・家臣）を「戦士」から「役人」（治者・官僚・吏僚）へ転換させていくことが不可欠であった。その時、開明的な大名や識者から、家中に対して説諭・教諭・異見などの形で「諭」が繰り返された。その場合の主題は、「士」のあり方を「民」（領民）との関係で説くものである。

近世日本の法秩序は、幕法・藩法・村法・家法のいくつもの次元にわたるが、それら各次元において、法令（法度）に対する教令（教諭）の比重が高まり、刑罰をともなう法令に頼るだけでなく、「心意統治」の教諭支配の側面を活用しようとすることが広がっていった。近世では、村の警察的能力が弱化し、追放権は喪われ、共同体規制は「村八分」（火事・不祝儀付合）に限定されるようになった。そして、村役人が「五人組前書」や触書類を年頭には読み聞かせることがいきわたった。

近世では、家・村間の公事（民事）争論の数が急速に増加していき、享保の幕政改革では公事停滞を訴えさせる目安箱さえ設けられることになる。こうした民事的紛争は、殺傷や窃盗などを裁く吟味物（刑事事件）でなく、しばしば公事出入（民事紛争）では、「扱人」という調停者を入れて利害得失を調整させて、問題の解決をはかることが行われた。つまり、一方からの訴訟を無条件に受け付けず、また訴訟を成立させて正邪の判定を軽々に行わず、上位者（領主・役人）の「利解」（説諭）という手順を取って訴訟をひとまず留めておき、両者の間に第三者の立場にある「扱人」を入れて双方の示談・内済（「済口証文」作成）へ導き、訴訟を却下するという解決の仕方で、こうしたやり方が常態となってくる。社会の矛盾の拡大というような説明も可能だが、問題解決の方法という視角から見ると、これは近世日本における、「諭の形を取る法文明の下降と広がり」の一つの現象形態と言えよう。

だが、一九世紀三〇年代以降になると、公儀が現実社会の諸問題を解決する能力を減退させたことによって、長い間有効であった「暴力」「戦争」の封印が溶けはじめる。また百姓を政道次元の「政治」に関与させない遮蔽幕も破れ始める。支配もまた、一方では「諭」を乱発しながら、武威武力の使用を抑制しなくなってくる。これ以降、明治初年にかけ豪農・村役人層の「政治化」（草莽輩出。政治的中間層形成）と、無宿・窮民層と村々との対抗的「暴力化」の様相が各地で表面化してくる。[11]「戦争」もまた、「異国船打払令」（無二念打払令）、戊辰戦争など対内対外の紛争が表面化してくる。

ロ　「法」と「諭」を弁別する意識

法制支配の進行は、近世日本の特徴の一つである。近世社会で多用された用語では、「法度」と言うことが多い。「法度」の語義は、もともと禁制を意味した。「御法度場」の意味は鳥獣狩猟禁止あるいは鉄砲使用禁止の区域の意味である。近世では、法の支配とは、禁止令と等しかったから、禁制を意味する法度が法と等しくなり、近世では法度支配が伸長したというように記述する。

近世法の中で、「法」（法令・法度）と「諭」（教令・異見）を区別することは経験的には行われ、扱いも分類も別にされるということはあった。しかし、法認識として、「法」と「諭」の区別が自覚的に行われることはあまり見られない。しかし、次のような事例は、近世社会で自覚的に「法」と「諭」が区別されていることを示している。

そのことは、一七世紀中葉の史実の中に確認することができる。岡山藩主池田光政は、一七世紀中葉承応年間（一六五二～五五）を中心に、家中（士中）に対して激しい言葉を投げつけて教諭を繰り返した。槍働きの「戦士」から牧民の「役人」へ、「乱世の忠」から「無事の忠」へ、武士の作り替えに光政は熱中した。[12]家中への教諭は、民百姓に対してのものではないから、中国史で言えば、官僚（士大夫）に対する「諭」に等しい。
光政の家中（士中）教諭は、藩法では「直ニ被仰聞」、「御直筆」などとされて分類されるものである。以下に該当の箇所を引用してみる。

承応三年（一六五四）推定「口上ニて可申渡覚」一一箇条中の第九条目[13]。

一、近年度々申聞候事。大方ハ士中可異見ニて候。法度と異見とハ、格別に候。異見ハ、度々不申候てハ不叶候。士中よりも我等にいけん聞度候。異見を法度と存候ハヽ、大きなる心得そこないニて候事。

教諭という言葉ではなく、「異見」であるが、この場合は「諭」と同義のいくつかの文言の一つとしてよい。光政の教諭は、「近年度々申聞」と述べているように、繰り返されていた。家中の反発は、その繰り返しに対するものでもあった。

承応四年四月九日「仰ニ言」[14]には、

一、去穐より折々被仰聞候事、又御書付ニて被仰聞候事、大方ハいつれも勝手ニ成候事又ハ心得ニ可仕のみニて、法度ケ間敷事ハ二三条四ヶ条ならてハ無之候。然ルを悪敷心得候者ハ、何も法度と心得候事多、約敷難儀ニ存じ候者も可有之候条、左様ニ番頭中心得、末々へも可申聞候。

これも「法度ケ間敷事」は僅かであり、たいがいは自由に判断しうることか「心得」とみなすべき事柄であるにもかかわらず、「法度」と解する家中の姿勢を批判した藩主の申し聞かせである。あきらかに「法」と区別された、「諭」の流れにある訓話的なものがあるのである。
「法度」は、処罰規定をともなう「法」である。その理解を前提にすると、「異見を法度と存候ハヽ、大きなる心得そこない」という叱責は、「諭」と「法」を混同するのは心得損ないと述べているのである。「異見ハ、度々不申候てハ不叶候」というのは、法令なら短くても、処罰規定によって脅威を与えることができるが、教諭は繰り返すほか力になる根拠がないのである。

光政は、こうした「諭」を、自分一個の理解だけでなく、その区別を家臣たちにも気づかせようとしているのである。

ロ　「法」と「諭」の混在性・両義性

一方で、現実の幕藩支配の過程においては、「法」と「諭」の距離がたいへん近く、混在している場合が少なくないことに留意しておく必要がある。内容からみれば教諭であっても、それに処罰規定がともなっていたり、特定の箇条としてふくまれていたりすることがある。

その一例として、一七世紀の津藩主藤堂高久の百姓教諭を紹介しよう。藩主から郡奉行へ宛てた判物だが、それに続いて「右御判物ニ相添申渡覚」と、その内容が郷村へ触れ出されている。郡奉行の心得でもあるが、百姓教諭でもある。

延宝五年（一六七七）判物[15]

郷中江被仰出三ケ条之事

一すくれて父母に孝行成者、すくれて耕作精に入年貢皆済之心入之者、物をかし高利を思ハす百姓之為ニ成候者、新開新林なともくろみよく仕候者、如此者於有之ハ急度言上可仕候、褒美は可依其品事。

一すくれて父母に不孝成者、耕作不精ニ仕年貢令難渋者、博奕大酒ニつのり郷中之風俗あしく仕なす者、郷中へ物をかし高利ニ倍を加へ公儀百姓を取倒す者、如此之輩於有之ハ是又急度言上可仕候、罪科ハ可依其品事。

一我等は当分之国主、於田畑は公儀之物ニ候。然ルニ公田を当分之借物之為ニ、或は売之或は質物ニ入候儀曲事成儀ニ候。然共貧窮之百姓ハ無拠子細も可有之候間、不及是非候。奉行代官江之無断私として買取質物ニ取、其上高利を倍ニ百姓を取倒し候者、公儀軽しめ国民之魔害たり。盗賊より甚敷大罪の者ニ候得共、下々ニは貪欲ニふけり、其理を不弁事も可有之候間、一旦は其罪科を免し候。吟味之上、依其品可申付候。若令難渋者候ハ、急度曲事ニ可申付事。
延宝五年六月六日　　御判（判物）
西嶋八兵衛殿　ほか四人

右御判物ニ相添申渡覚
一近年不作ニ付、郷中困窮之様子、御不便ニ思召され、三ケ条之御書付被成下、小百姓已下迄相続仕、御国豊ニ成候様ニと御憐憫之御内意ニ候間、難有奉存、堅御条目を相守、小百姓已下迄志をはけまし耕作精ニ入可申候。
一大庄や、在々の庄や、志を合、其組下之百姓成立申候様ニ常々心入専一に候。村々よく成、悪成候は、庄やの心入正と邪とニ候。百姓之助ニ成庄やは、御吟味之上御褒美可被下、上田を己か方江買取、質ニ取、連々百姓を倒し候仕方之庄屋は吟味之上令追放、其田畑村中へ割賦ニ可申付間、左様之庄屋有之は、百姓郷代（官）迄断可申候。
延宝五年六月六日
柳田猪之助　山中兵助　ほか六人
伊賀伊勢城和御領下郷中

第一条目の「すくれて父母に孝行成者」「すくれて耕作精に入年貢皆済之心入之者」「物をかし高利を思ハす百姓之為ニ成候者」「新開新林なともくろみよく仕候者」はすべて推奨すべき百姓らで「褒美」の対象者である。この箇条は、全文が「諭」の内容である。だが、第二条は、「すくれて父母に不孝成者」「耕作不精ニ仕年貢令難渋者」「博奕大酒ニつのり郷中之風俗あしく仕なす者」「郷中へ物をかし高利ニ倍を加へ公儀百姓を取倒す者」と、前条の反対の有様を挙げたもので、戒めとして「諭」の内容になっているが、末尾は「罪科ハ可依其品事」と処罰を宣している。

ただし、これは、筆者の「法」と「諭」の区別についての見解、すなわち処罰規定があるかどうかにこだわった場合である。それにまた、この部分の文言だけに目を向けて、この「仰出」の全体を見ないのは適切ではないとも言える。というのは、末尾に「其理を不弁事も可有之候間、一旦は其罪科を免し候。」という断りがあるからである。すなわち、道理を弁えずにそうしていることもあろうから、すぐに処罰しないでいったんは「罪科」に処することを免じる、と猶予を命じているからである。摘発よりも矯正に重点がかかっていることは明らかである。しかし、これに添えられた、藩役人からの「覚」には、そうした猶予令なしに、「吟味之上令追放」と追放刑と、訴人を勧めているから、やはり「法」と「諭」は混在するものであり、両義的なものもあったとするのが適切な説明だと思われる。

ハ　「孝行」の近世日本的な意味

「孝行」を中核とする点では、近世日本も同じ東アジア政治文化の枠の内側にあった。孝行の倫理を求める「家」の実態と観念は、近世日本でそれまでの時代以上に拡張されたからである。しかし、子細に点検していくと、孝行という名分は同じでも、その名分で具体的に求められている行為の内容には、じつは大きな相違があることに留意する必要がある。

近世日本では、孝行は親への従順な奉仕、あるいは身体的な直接の介護を説くものではなくなっている。その具体例を、いわゆる「慶安御触書　諸国郷村江被仰出」で見よう。近年、「慶安御触書」の史料学的研究が進み、これの初発は一七世紀末元禄年間に出された「百姓身持之事」であったことが論証されている[16]。日本近世史のより詳細な専門的議論を進めるうえでは「慶安」か「元禄」かの半世紀の違いは大きい問題となるが、東アジア的な政治文化に通底する近世日本の教諭支配を指摘する本論においては、小さな時間差でしかない。

ところで、「慶安御触書」は、三二箇条にわたる、長大と評してよい教諭である。先にも指摘したように、「六諭」は簡潔な標語的教訓であり、近世日本ではそれ以前に長文の百姓教諭がある。「五人組前書」の形をとる教諭も長い条文がふくまれている。おそらく中国においては、官僚層へ向けた長文の「諭」に対して、民衆に向けた理解しやすい「諭」として簡潔な「六諭」が登場したと思われる。近世日本では、民衆のなかの上中階層に向けた長文の教諭に対して、より下層の民衆に向けた「諭」の必要と効果が求められる時期に立ち至ったのが一八世紀前半享保期とすることができよう。

孝行という徳目の近世日本的な性格に立ち戻ると、この事に最も深く関係するのは、全三二箇条の中の第三二条目、すなわち末条である。

親に能々孝行之心深くあるへし。おやニ孝行之第一は、其身無病ニて煩候ハむ様ニ、扨又大酒を買のミ、喧嘩すき不仕様ニ身持ちを能いたし、兄弟中よく、兄ハ弟をあわれミ、弟ハ兄ニ随ひ、互いニむつましけれハ、親殊之外悦ものニ候。此趣を守り候へハ、仏神之恵もありて道ニも叶、作も能出来、とりミも多く有之ものニ候。何程親ニ孝行之心有之も、手前ふへんニ而ハ成かたく候間、なる程身持を能可仕候。身上不成候得ハ、ひんくの煩も出来、心もひかミ、又ハ盗をも仕、公儀御法度をも背、しはりからめられ、籠入又ハ死罪はり付なとにかゝり候時ハ、親之身ニ成てハ何ほと悲しく可有之あるべく候。其上妻子兄弟一門之ものニもなけきをかけ、恥をさらし候間、能々身持をいたし、ふへん不仕様ニ毎日毎夜掛心申へき事。

全文は右のとおりであるが、要点をまとめると、

①無病で煩わない。
②大酒を買い呑みしない。
③喧嘩ごのみをしない。
④兄弟仲良くする。
⑤身持ちを能くする。

などの戒め、奨めを守ることが「孝行」の内容として挙げられている。そうすれば親が喜び、「仏神之御恵」もあり、農作物もよく出来て収穫が多い。しかし、暮らしが行き詰まると、貧苦の煩い、心の僻みが起こって盗みに走り、公儀御法度に違背して処刑され、孝行は不可能となり、妻子兄弟一門の嘆き、親の悲しみとなる。

それゆえ身持ちを慎んでよく働き、行き詰まることのないようにしなければならない。そうすれば身代もよく成り、米金・雑穀も貯まり、家作も出来るようになり、衣類・食物も「心之儘」となる。今の時代は、上から無理に抑え取る者もいない、「天下泰平之御代」であるから、子孫まで有徳に暮らせる。「年貢さへすまし候得ハ百姓程心易きものハ無之」である。

こうしてみると、「慶安御触書」は、孝行の名分のもとに親の身体や欲求への直接的な対応ではなく、自立した農家経営の実現を求め、それをもって孝行の実現としていることになる。

3 復興運動時代の公儀離れ・公儀不信と文教・教諭の活発化

イ 変動期における「諭」の拡大

一九世紀の近世日本、ことに一九世紀三〇年代以降は、かつては幕藩体制解体過程と表現されたが、本論では復興運動時代、幕末に近づくにつれて上下階層も巻き込む総復興運動時代に入る。この段階に入ると、公儀の問題解決能力の減退によって、これまで効力のあった封印が溶け始める。ことに一九世紀三〇年代から明治初年にかけて、豪農・村役人層の「政治化」、無宿・窮民層と村々の対抗的な「暴力化」の様相が各地で表面化する。領主支配のほうも、鉄砲使用、刀による斬り捨てなど、封じられていた武威が表面化してくる。この時期になると、「無事」の価値に対しても、「太平之余弊」というような否定の意識が表面化するようになる。

ところで、研究史では、以前から近世近代移行期における民衆の通俗道徳による主体形成が論じられ[17]、近年では、近世後末期における、武士教育もふくめて儒教の普及が大きく進んだことが言われている。これらの研究成果は、本論の視点から見れば、体制の解体に向かっていく中での、小前・窮民・無宿層の"気嵩な人気と暴力化"状況に対する為政者・村役人・豪農・文人層の教諭的対応の強まりを反映するものと理解できる。法威と武威の効果が弱まっているからこそ、一見無力ではあるが「諭」の長短諸形態が動員されるのである。

幕末期には、領主・村役人の教諭支配だけではなく、教諭的な働きかけを行う主体も多様化する。文人・知識人のネットワークをともなう階層的形成が表面化する。また教諭の機能は、どこからみても「諭」の令とわかるような形態だけではなくなってくる。災害の記録さえも、記述者の心意に立ち入ると、たんなる好事的な関心からでなく、自家や居村・近隣地域への教育的な視座に立って書かれることがふえてくる。「仁義礼智信」の五常論におさまらない広さで、歴史書・地誌などが「諭」の意思を背景にして学ばれ、編纂され刊行されるようになってくる。

ロ　民政的教諭の頻繁化

この時期、領主支配を復興させようとする立場から、教諭が繰り出される頻度が高まる。以下、二、三の事例を挙げてみよう。

美濃の岩村藩（譜代三万石）では、藩政改革に当たって、文政一三年（一八三〇）七月に「慶安御触書」を板刻、領内に配っている。

現代の研究では「慶安」ではなく「元禄」のものだという説が有力であるが、近世後期においては「慶安」年間に公儀の触書として発令された教諭であると認識されていた。岩村藩は、他の藩と同様、「慶安御触書」を慶安二年（一六四九）の公儀触として扱っている。岩村藩は、文政一三年一一月には「六諭衍義」を板行し、翌年一一月には「農諭」を出版し、領内に配布した。これは、文化八年（一八一一）に下野の黒羽藩士鈴木武助が著し、飢饉への対処を中心にして農村生活のあり方を説いたもので、板行されて広く知られていた。遠隔の岩村藩がそれを独自に板行して領内に配布したのである。

陸奥の白河藩（当時親藩）では、少しさかのぼるが天明三年（一七八三）、領民に対して「一、夫婦家内の者と中悪しきハ家を潰ふし先祖不幸第一となる事」などを内容とする「御触書」「訓戒」を触れ、家中に対しては「白河家訓」一三箇条を触れた。また、寛政一一年（一七九九）、「一、農業は勿論、家職働方、随分出精仕、万端正道ニ相心掛可申候。（下略）」などの条項からなる「御百姓心得方申聞書之写」を出している[18]。

文化八（一八一一）年一一月には、陸奥国で御料・私領の広域代官会議とでも呼ぶべき集会が行われている。それを主導したのは、白川郡塙代官所代官寺西重次郎封元で、封元は幕府勘定所の合意のもとに、この年一一月、「民風改正申渡一七カ条」を自分が支配する塙代官所領域の村々に出すとともに、近隣諸藩にも提示した。これも、処罰規定の基準で見れば、「法」と「諭」の混在型で、「御料私領一同百姓共」に対して、「一、百姓之身分として、先祖より之家業を嫌ひ、惰弱之もの有之候。右躰之もの者村内ニ壱人有之候而も一統之風俗ニ拘り御改正之妨ニ相成候得者、妻子一族之難儀ニおよひ候事有之候共、厳敷く遂吟味被仰付候事。（下略）」というような内容の一七か条である[19]。

そして、このことをもとにして、寺西封元は、一か月後に塙代官所に、周辺の十藩と水戸藩の郡奉行か郡代の農政担当者を集めて、農村復興について協議した。もはや幕藩体制の既存の領域支配では対応できない眼前の危機が現れてきており、これを克服するために領域を超えた会議体が、臨時のものとはいえ、成立したのである。

寺西封元は、「六諭」の系統を引くような標語的な「諭」も発している。これは、「寺西八箇条」と言われるもので、内容は以下の通りである。

①天はおそろし。

②地は大切。
③父母は大事。
④子は不憫可愛。
⑤夫婦むつましく。
⑥兄弟仲よく。
⑦職分を出精。
⑧諸人あいきょう。

ほかにも、寺西封元には「寺西十禁の制」があり、時期は天明飢饉後にまでさかのぼるが、出羽の村山郡尾花沢の代官早川八郎左衛門は、「早川六本の教え」(酒食を過ごすのは病の本。言を敬わないのは過の本。思案しないのは過の本。私欲深きは身を殺す本。倹約をしないのは困窮の本。欲をこらえないのは争いの本)で常に農民を諭した。これらが、享保改革の際に取り込まれた中国・琉球伝来の「六諭」を参考にして、土地柄と時勢に合わせたものであると推測するのはまちがっていないだろう。

他方では、一八世紀後半から武威支配も表面化する。強訴・打ちこわしの百姓一揆に対する説諭の切り崩しも進むが、手に余らば切捨て、城郭内に入れば発砲へと変化する。それらは、海防のために全国的に武装が表面化することと連動していた。しかし、騒動が噴き出ない日常においては、武力は効果を発揮することはなく、むしろ「諭」の役割こそがますます重視されたのである。

ハ　民間社会での教諭運動

民間社会でも、「諭」の流れに入る社会活動はさまざまな形で現れてくる。従来、そのようには見られていないものも、視点を変えると「諭」を重要な要素にしているものは豊富にある。
石門心学の活動や養生書の普及、手書きや出版の農書の増加もそれに入る。村役人・豪農の直接の居村・隣村への教諭活動や飢饉・大地震・台風などの克明な記録も、その動機には子孫への教育的観点が認められる。二宮尊徳の報徳仕法や大原幽学の社会運動、各地の民間での自主的な救済活動もそうした一種であり、国学的村役人の間引き忌避や紛争防止のための説諭活動もそうした流れに入る。

二宮尊徳が天保五年(一八三四)に下野の桜町で撰述した『三才報徳金毛録』は哲理的でかつ実学的な仕法論であるが、そこには「諭」の領域の言説が散りばめられている。一例として、内容の一端を見ておこう[20]。

「五常配当之図」は、先ず「仁」を中心において「仁智」「仁信」「仁礼」「仁義」の四つを配した円形の模式図(以下、図は略す)で仁が第一で他の四常を牽引することを表そうとしている。次いで、仁を「殺生」、義を「偸盗」、礼を「邪淫」、智を「妄語」、信を「飲酒」に等置し、「仏」における「五戒」と同義語であると説明する。

「天命治世輪廻之図」では「徳」を中心において、それが礼・義・学・智の姿となって変化する様相を、四季に配当し、さらにそれぞれの延長線上に経世済民の「省刑」「守法」「臣信」「下治」「恵民」「開田」などの施策と結びつけている。

「国家安寧豊饒之解」では、

それ本は一円不徳なり。不徳転変して聖賢となる。聖賢の本は道を学ぶにあり。学あれば政に明らかなり。明らかなれば必ずその徳を敬す。敬することあれば民農を惰らず。怠らざれば田廃せず。廃することなければ国は豊饒なり。(下略)

と、政治と民百姓の関係論を展開する。尊徳にあっては、仕法論は農政の技法でもあるが、すべての要素が治者被治者への「諭」に彩られているのである。こうした姿勢は、主義・行為のいかんを問わず幕末期の中間層的復興行動家に共通する特長であった。

二　民衆（小前百姓・窮民）の教諭否定

だが、幕末維新期では、「諭」の活動が強まる一方で、公儀権威の凋落と合わせて、それへの対抗的な力も強まる。無宿・窮民層の公儀・社会不信と居村百姓の村防衛行動が衝突して生み出される〝気嵩な人気と暴力化〟状況の中には、「諭」を肯定しない力が認められる。また世直し一揆では、「上下無し」という平等主義の意識が高揚し、上下へ差別化させようとする圧力に抗したが、これは分を説く教諭勢力への対抗にほかならない。

慶応四年（一八六八）の野州世直し騒動の様相を見ておこう。この年四月に、戊辰戦争と交錯する形で燃え上がった世直し一揆は、戊辰戦争と交差しながら展開した[21]。そして、「上下無」状況とでも呼ぶべき世界を作り出した。「世直し大明神ト記セル紙旗ヲ押立、近傍ノ各村ヲ脅カシ」（藤沢家『家史稿本』実見記事）というような激しい世直し一揆と、これまで声を上げなかった者らがこの状況の中で声を上げ始めることで始まった世直しの村方騒動が縦横の糸のように組み合わさって、高揚した世直し空間を作り出した。

同じ頃、近隣の上野国でも世直しの呼号が起こり、平等化の願望が「貧富のかきならし」の呼びかけとして現れた。野州では騒動勢は「世直し」を呼号し、火札を張り出し、「世直し大明神様」に対して富裕者に貸金徳政、質物返還、穀物供給を約束させ、村役人の「私欲横領」を攻撃し、「上下貧福之差別」を無視し、「名主役人も一同」、世直しだから「上下無」と主張した。その記録を以下に紹介しよう[22]。

> 未夕四月廿九日也。大勢寄集、於明珠院、大酒好呑煮飯致し、其外野菜物取集メ、四月廿七日より朔日迄之間ハ我家へ不帰、村役人より申聞、一切不取用、此節世直しならば、名主役人も一同之事、相心得、百姓内ニて器量有るものハこけの悪党を取勧メ、大たんふてきの事為申、大勢へ内交、元の発リハ人に勝れたるもの謀叛也。

おわりに―近世から近代への移行について―

近世日本の幕藩制国家は、述べてきたような内実を持つ「教諭国家」であると理解できる。しかし、幕末には近世的教諭の無効性を告発(意義否定)する民衆運動が多発するようになる。そして、公儀離れが大きく進む一九世紀三〇年代から幕末維新期を経て立ち上がった近代の天皇制国家は、「教育国家」として現れる。近世において教諭支配が蓄積されていたがゆえに教諭国家から教育国家へと素早い速度で進展・変容できたと考えられる。日本では、招聘外国人学者の援助を得ながら急激な再編を経験する。しかし、法文の形式としては、「東アジア法文明」は大きく解体されたが、不定型性・内面性の強い「諭」の流れ自体は持続し、明治国家以降の社会統合に用いられた。勅諭をはじめ、社会の各レベルで様々な「諭」が活用された。そもそも明治国家立上げの際の「五箇条の誓文」は、その神明誓約の意味については別稿で関説したが[23]、形式・内容ともに勅諭という「諭」の一形態にほかならない。

そうして、仁政徳治・教諭型政治文化を前提に持っていたために、「自由」「民主」などについての理解は、「制約的」な影響を受けたと考えられる。つまり、一君万民的平等意識の浸透が深いゆえに、共和・自由・民主の意識との接合(理解・受容)には困難さがともなったということである。「自由民権」の運動は、伝統の再解釈・別解釈による提起と喚起が必要であった。小室信介『東洋民権百家伝』などには、その苦心が認められる。

明治維新以後の近代日本でも、こうした「諭」の政治文化は生き続ける。それは国家の臣民・国民統合の手段というだけでなく、地域的な教育活動・社会運動・紛争解決などの形式としても多用されてきた。現代の日本で、「諭旨」「懲戒」の免職という形式には「諭」の政治文化の残影が見られる。また示談という紛争解決方式が公式に存続しているのも、「利解」という「諭」の形式と組み合わされた訴訟以前のところで紛争を解決する形式の残影であると考えられる。東アジア諸国家の秩序維持について、現代的な法体系があるにもかかわらず、法治ではなく人治だというような批評がなされたりするのも、「人格的依存」の度合いの強い「諭」の支配の歴史的規定を受けているためと考えられる。

残された課題として挙げたいことは、「東アジア仁政徳治的法文明」と「欧米万国公法的法文明」との関係性のさらに深い究明である。東アジアの法文明が「万国公法」的法文明に遭遇してどのように勝敗したのか、あるいは融合したのか、なにがどのように生き延び、再構築のための踏み台になったのかについては、東アジア諸社会にそくした研究が待たれる。従来の「西洋法」の採用がどのように始まったかという関心だけでなく、「東アジア法文明」の持続と変容という視角から問い直されなければならない。

注

（1）このことについては、深谷克己「近世における教諭支配」（岡山藩研究会編『藩世界の意識と関係』岩田書院、二〇〇〇年）において、初めての検討を試みている。これは、思想史の問題ではなく、法制史の問題であり、さらに進めればそれをふくんだ政治文化の問題であると考えている。

（2）「心」の領域の掌握とは、武威武力の直接的強制によらない支配のあり方を述べようとした表現である。また、「百姓成立」を根幹とする治者被治者の「合意」形成をめざすというのは、領主が単婚家族の経営維持を保証し百姓が年貢皆済に勤めるという双方向的な約定を体制的に実現することをめざしたという意味である。成立期・解体期を除き、幕藩体制の長期にわたる存続は、社会的に無数の矛盾を噴出させ体制自体の変質を強いられながらも、「安民」と「無事」の約束が基本的に守られたがゆえに可能となった、というのが筆者の理解である。「百姓成立」の考え方については、深谷克己『百姓成立』（塙書房、一九九三年）で述べた。

（3）深谷克己「近世日本における政治習俗と信仰習俗」『アジア地域文化エンハンシング研究センター報告集二〇〇四年度』（早稲田大学アジア地域文化エンハンシングセンター、二〇〇五年）で荒削りだが私見を述べている。
（4）筆者の現在の段階での理解である。部分的にはすでに書いたこともあり、繰り返しに近いが、少しずつ訂正を重ねて全体的な平衡をはかりたいと考えている。今後もさらに要点を把握できるよう煮詰めていきたいので、あえてここでも書いておきたい。これら諸点の階層的構造的整序も求められてくると考えている。
（5）「民は国の本」とする考え方は、これも東アジア規模の政治文化を形づくる重要な人民観である。しかし、それはあくまでも「君主制」の支配システムに随伴する政治思想であって、民百姓の側もそれを取り込み、主体化して自らの正統性に掲げるが、それは、生存権を頑強に主張するものではあっても、「民主政治」の民主観念とはまったく異質なものである。
（6）「六諭」についてはどこにも書かれているが、専論は少ない。その中で、中山久四郎「六諭衍義に関する研究」（『三宅博士古稀祝賀記念論文集』岡書院、一九二九年）は、全体を視野におさめた考察である。
（7）「六論」は、朝鮮やベトナムなどへも影響を与えたと考えられる。条項そのままでなくても人民教諭の発想において示唆を与えていると考えられるが、その経緯については今後を期したい。
（8）紙屋敦之「江戸登り」（『新琉球史　近世編下』琉球新報社、一九九〇年）。
（9）辻達也『徳川吉宗』吉川弘文館、一九五八年。
（10）深谷克己『増訂百姓一揆の歴史的構造』校倉書房、一九八六年。保坂智『百姓一揆とその作法』吉川弘文館、二〇〇二年。
まったく逸脱がないのではないが、近世初頭・幕末の運動の様相と比較すれば、その自己制御力は際だっていた。

(11)幕末社会の「暴力化」状況については、須田努『「悪党」の一九世紀』青木書店、二〇〇二年。幕末の状況認識については、著者と若干の認識差はあるが、社会の各所に「敵意と反感」にもとづく「人気」の高まりが、幕藩体制の仕組みでは克服できない程に達したと理解する点では、著者の分析を基本的に受け入れたい。

(12)この様相がいかにすさまじいものであったかについては、深谷克己「明君創造と藩屏国家(二)—光政の家臣統制と明君像—」(『早稲田大学大学院文学研究科紀要』第四一輯第四分冊、一九九六年)で紹介した。

(13)『法例集』巻之七「諸臣教令部」、『藩法集1岡山藩上』八九〇号、三四一頁。『池田家文庫藩政史料マイクロ版集成』E2-10*TEB-002)。

(14)『藩法集1岡山藩上』巻之七、八九三号、三四五頁。

(15)『宗国史』下、一二二一~一二三頁。

(16)このことについては、山本英二『慶安御触書成立試論』(日本エディタースクール出版部、一九九九年)がていねいな史料批判を展開して実在の結論にたどりついている。本稿の典拠は、無題「慶安二己丑年二月廿六日」令。国立公文書館内閣文庫『教令類纂』。

(17)安丸良夫『日本の近代化と民衆思想』(青木書店、一九七四年)は今も研究史の中で大きな位置を失っていないが、筆者の近世史研究の立場からは、支配の論理の評価の違いを見解の相違として出しておきたい。

(18)(19)『白河市史七　近世Ⅱ』一九九三年。

(20)『日本思想大系五二　二宮尊徳・大原幽学』一九七三年。岩波書店。

(21)『栃木県史史料編近世七』(一九七八年)に諸種の史料収録。世直し言説と行動について詳細に検討した論文に深谷克己「世直しと御一新」、鹿野政直・由井正臣編『近代日本の統合と抵抗1』日本評論社、一九八二年。のち深谷克己『増訂百姓一揆の歴史的構造』(校倉書房、一九八六年)に収録。

(22)「慶応四年辰四月　天下様不納ラ乱世ニ付、村方我儘一件書記す。隣村同様大打毀有り。江戸より会津迄之内大戦イ度々有。」『栃木県史史料編近世七』三四一～四二頁。

(23)深谷克己「東アジアにおける近代移行期の君主・神観念」『近代移行期の東アジア・シンポジウム報告集』早稲田大学アジア歴史文化研究所、二〇〇五年。

付記　本論文は、「アジア地域文化エンハンシング研究センター二〇〇五年度国際シンポジウム」での深谷克己報告「諭について—近世日本の教諭支配—」(『アジア地域文化エンハンシングセンター報告集Ⅳ二〇〇年度』に報告集として収録)をもとにして内容を改訂し、論点と史料引用を増やして作成しなおしたものである。中心的な論旨は、変わっておらず、今後も深化させたいと望んでいる。

地域文化としての岩絵
―北東アジアの中のフゴッペ・手宮岩面刻画―

菊池徹夫

はじめに

北海道の日本海岸、石狩湾に向かって開口する二つの洞窟遺跡、フゴッペと手宮は、早くからその特異な岩面刻画の存在によって広く知られてきた。

このうち、現在の小樽市にある手宮洞窟の刻画は、明治初期から「古代文字」などとして有名となった。しかし、その最初の発見が偶然のものだったこともあって、以後、文字説、絵画説、果ては擬刻説をめぐって大きな論争となったが、一九五一（昭和二六）年、現在の余市町のフゴッペ洞窟で同様の刻画が発見され、考古学的な調査で層位的事実も確認されたことから偽刻説は完全に否定された。いずれも現在では続縄文文化、後北式土器の時期の所産と考えられ、これは学界でもほぼ異論ないところとなっており、いずれも国の史跡に指定されている。

これら洞窟遺跡については、私も北方考古学、とりわけ続縄文文化研究に携わる立場から、かねてから注意を払って

1

2

第１図
1.手宮洞窟（上）とフゴッペ洞窟（下）の刻画
2.北東アジアの岩絵遺跡

きた。というのも、後北C2・D式、北大式、擦文式、それにオホーツク式系などの土器文化とこれら刻画の間に、極めて興味深い関連を感ぜざるを得なかったからである。

ところで、近年、北海道開拓記念館、余市町、それに美術史の立場から岩面刻画の研究に取り組まれる小川勝氏などと共同研究の機会があり、その一環として、二〇〇一年にはロシアのハバロフスク州、二〇〇二年にはいわば洞窟壁画の本場フランコ・カンタブリア地方、二〇〇三年には朝鮮半島東南部、そして二〇〇五年には山口県下関市彦島杉田の岩絵に接する機会に恵まれた。こうして私は、比較考古学の観点から、改めてフゴッペ・手宮の洞窟刻画について考えることとなったのである。

その結果、手宮・フゴッペという北海道日本海沿岸の二つの岩面刻画は、やはり他に類を見ない、かなり特異なものであると考えられた。そして、それらはむしろ北海道の地域的な土器文化や後のアイヌ文化との歴史的脈絡の中で、まずは捉えた方が理解しやすく、さらには北日本の歴史、アイヌ民族の歴史全体に大きな意味を持つものなのではないか、と一層強く思うに至った。

じつは、そうした考案の詳細については、フゴッペ・手宮両洞窟の発見およびそれ以後の論争の経緯などとともに、すでに別の機会に私なりにまとめ、発表もしているが（菊池　一九九七、二〇〇二a、二〇〇二b、二〇〇三、二〇〇四a、二〇〇四b）、私のそうした確信の根拠の一つとなった北東アジア地域の刻画の踏査記録じたいは未公表だったので、この機会をお借りして簡潔に記載しておくこととした。なお、今回は、この本の出版の趣旨に鑑み、フランコ・カンタブリア地方の知見は省き、北東アジア、すなわちロシアのハバロフスク州、朝鮮半島東南部、および下関市の事例についてのみ報告する。

なお、記述は岩絵そのもの以外にも若干及ぶ箇所があるが、私のフィールドノートのオリジナルな記録としてそのままにした。この点ご了解いただければ幸いである。

1　ロシア、ハバロフスク州の調査

二〇〇一年一〇月二二日（月）

新潟空港一五時三五分発ダリアビア航空TU一五四便で我々一行九名はハバロフスク空港へ。着陸前、上空からあたかも滑走路の誘導灯のように見えたのは、何とシベリア名物、山火事の火だという。覚悟のうえとはいえ入国審査等々で着陸から空港を出るまでじつに一時間半。空港にはハバロフスク州立博物館のアンナ・A・パノマリョーヴァ副館長等が車で出迎えてくれ、ヴォスホート・ホテルにチェックイン。

一〇月二三日（火）

ハバロフスク州立博物館へ。ニコライ・イヴァノヴィチ・ルーバン館長を表敬訪問。早速これからのスケジュール打ち合わせ。シェレメチェヴォ、サカチ・アリャン、キーヤの岩絵の調査、グワシュギ村でのウデゲ族シャマニズムの聞き取り調査などは約束されたが、日本を出る前の下交渉では認められ、旅程表にも明記されていたスクパイ遺跡については、何と、山火事が迫っていることと川の水位の関係で危険だとの理由で、この段階で見送られる方針が提示された。我々にとって今回最大の目的であっただけにショックだが、ここでは何とも致し方なさそうだ。

博物館見学の後いったんホテルへ帰り、シェレメチェヴォの通行許可をまって二〇時、車で出発、ビャゼムスキー市へウスリー川沿いを一路南下。寒い。約二時間で到着。

一〇月二四日（水）

朝、ビャゼムスキー市博物館を見学の後、ハバロフスク市の南西約八〇キロ、中国に近く国境警備の軍の検問所を通って、アムール川の支流、ウスリー川の右岸に位置するシェレメチェヴォへ。まず、近くの中学校を訪問、そこの博物室を見てから、いよいよウスリー川岸へ出る。

川沿いに続く高さ数メートルの黒色安山岩の岩壁に、オクラドニコフの文献（Окладников 1971）で見慣れたいくつもの刻画が見られる。多くはペッキング（敲打法）により、マスク（人面）、シカのような動物、十数人乗りの舟、水鳥、魚などが描かれている。マスクは吊り目で顔の周囲の炎のような表現が特徴的だ。サルのようなマスクもある。残念なことに、チョークでなぞったらしく凹みに白く残っている部分もある。ロシア語で「オクラドニコフの時のペトログリフ」などという文字まで見られた。

岸壁の岩が随所で崩落している。雑草が岩絵を覆い、下から見えない箇所では、岸壁の上からロープを使って懸垂し岩の張り出し部分に足をかけ観察し、撮影した。絵のある岩壁の上の段に五〇メートル四方ほどの方形のガラディシチェ（砦）かと思われる遺構があり、土手の外側に溝が廻る。一六時、暗くなったので、立ち去りがたい思いでハバロフスクに帰る。

一〇月二五日（木）

朝、アムール川右岸沿いを、ハバロフスク市の北東約六〇キロ、ナナイ（ゴルディ）の村シカチ・アリャンへ（行政上の村名はシカチ・アリャン）。

ここ、サカチ・アリャン遺跡でもオクラドニコフの報告書（Окладников 1971）や、加藤九祚さんたちの訳本（オクラドニコフ著、加藤九祚訳　一九六八）で見ていたマスク（人面）や素晴らしいシカなどの刻画を目の当たりに

第2図
1. 雪の舞うハバロフスク州立博物館
2. シェレメチェヴォの岩面刻画（スケッチ）
3,4. シェレメチェヴォの岩面刻画（部分）

する。冷たい川風の中、つぶさに観察し撮影する。

ここの刻画は、川岸砂浜の玄武岩の岩塊に描かれていて、季節により水没したり凍結によって動くこともあるという。一九三五年、A・P・オクラドニコフが調査し一〇〇点以上の岩絵を発見した。多く見られるモチーフはマスク（人面）で、彼は八タイプに分類している。人面はシャマンとされ、また死者、祖霊を表すとされる。他にシカなどの四足獣、水鳥、蛇や龍（?）、舟、人物像、同心円文（目?）、それに鋸歯文などがある。刻画の時期は、新石器時代以降、鉄器時代のものかとされ、とくにナナイの神話と密接な関連を持つことが指摘されている。多くは敲打法によるが、やや新しい時期のものと思われる馬、騎馬人物などは掻線法によるものも多い。ここでも図柄の輪郭をなぞった白いチョークが目立つ。

付近の民俗資料館ではナナイの復元住居やセヴェン（精霊の像）をいくつも見る。ここのウリチ族の「アムール・タイプ」ボートは全長五メートルほどで舳先に水鳥ガガーラ（アビ?）の木像の付けられた素晴らしいものだった。ナナイの住居の窓にはガラス以前はブタの胃袋を使ったという。白樺のジュースでのどを潤す。運よく水位は低く、川原一帯に累々と転がる岩には、思わぬ面に岩絵が見つかってきりがなく、後ろ髪を引かれる思いで、案内してくれたナナイの人たちに別れを告げた。

一〇月二六日（金）

ハバロフスクから東南約四〇キロのペレヤスラフカ村近く、ウスリー川の支流キーヤ川右岸に位置するキーヤ遺跡へ。途上、デルス・ウザーラの記念碑に寄る。大きな自然石の平坦な面に大きくキリル文字で彼の名が彫ってある。ペレヤスラフカ村のビャゼムスキー博物館ではリュウバ館長とロマン氏が迎えてくれる。キーヤ遺跡へは軍の土地を通過しなければならず、途中で軍警察の若いアンドレイ君が同乗する。三ヶ月後にはチェチェンへ行かされるのだという。同情

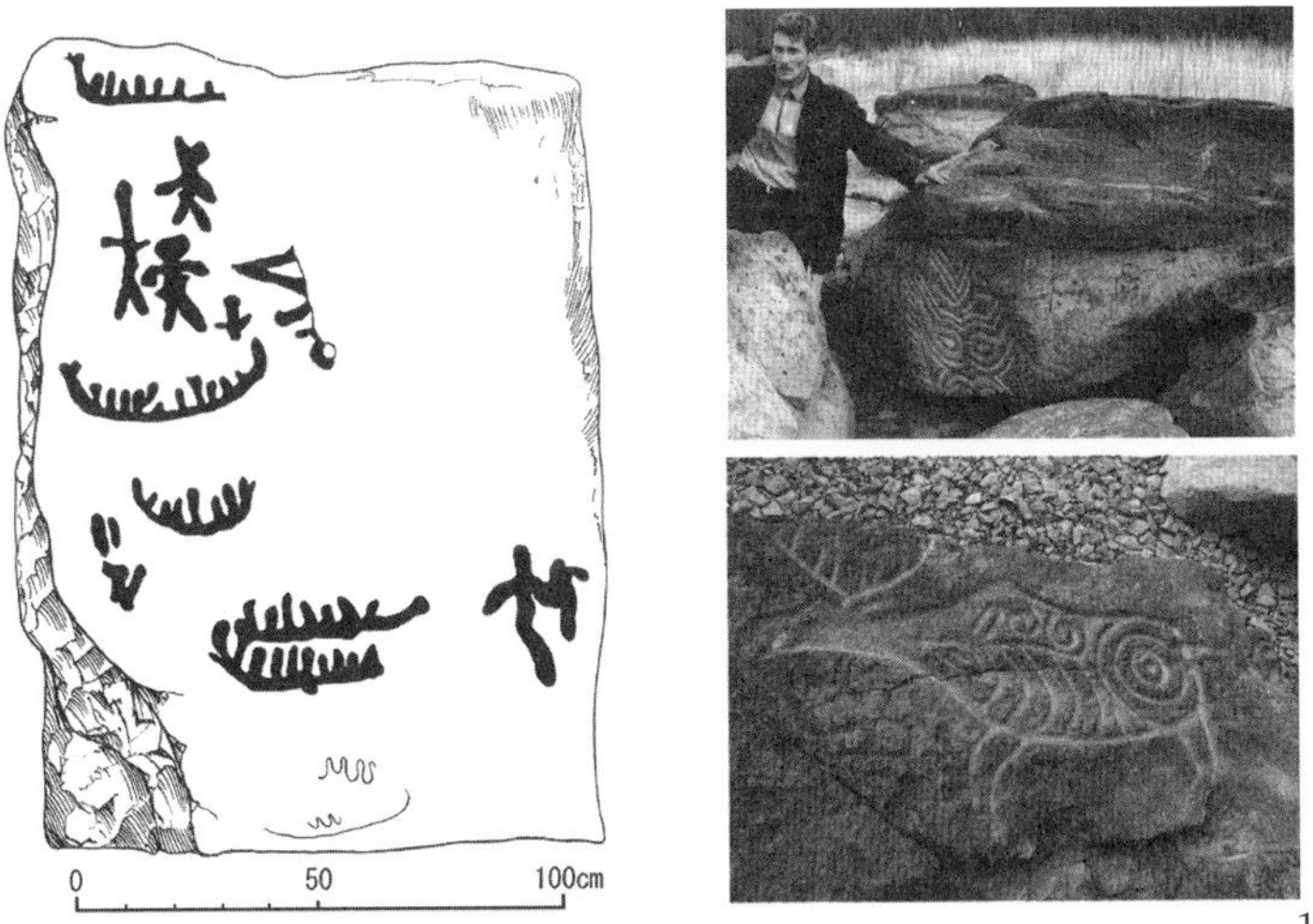

1

2

第3図
1. サカチアリャンの岩面刻画
2. キーヤの岩面刻画

を禁じ得ず、無事を祈るのみ。

シェレメチェヴォ同様の岩壁に現在一三点ほどの岩面刻画が確認出来る。刻画にベンガラで彩色を加えた例が一点見られる。やはりここでも白いチョーク痕が著しく、後世の落書きも目立つ。ここは一九世紀末、R・マークや軍人のアルフトンによって発見され、その後ウデヘを集住させるようになった。そして生来の狩猟民だった彼らにイモやトマトの栽培を教えたと伝えられる。明治政府による対アイヌ政策のことを想起する。ここで得た情報によると、「シャレメの上流ケードロワにも岩絵とガラディシチェがある」というが、確認はしていない。

ここでもマスク、動物、舟などの岩絵を「今日しかない！」を合い言葉に夢中で見て回る。途中、ロマン氏がふと漏らした「ここは不吉な場所なのだ」ということばどおり、岩絵観察中の小川勝氏が数メートルの高さから滑り落ちかかるも、右代氏が咄嗟に抱き止め難無きを得る。ただし岩肌に叩きつけられた右代氏の右手甲の傷は、応急処置として、とりあえず四三度のウォトカで消毒。その夜、少し減ってしまったウォトカを勧めつつ、ラリッサさんに強くスクパイ行きを要請するも、やはりどうもだめのようだ。

一〇月二七日（土）

ペレヤスラフカ村からキーヤ川沿いにムヒェン村へ。村の学校で元校長のアレクサンドルさんや生徒たちの話しを聞く。驚いたことに、この学校には、我々が今回ぜひ行きたいと思っていて、しかし叶わないスクパイ遺跡関係の写真などの資料がかなり保管されていた。許されるかぎり情報収集を試みる。

夕刻、そこからホル川中流右岸のウデヘ族の村グワシュギに移動し泊まる。川に渡した板橋から見る夕焼けの山々が美しい。その夜は村の広場で焚き火を囲んでシャマンの踊りを見る。伝統的なシャマンの衣装に身を包んだヴァレンティーナ・トゥンシャナガ（キモンコ）さんが子供たちと共に登場し祭りは始まった。金属製の口琴や、タイガに生えるカカリヤという植物の枝で作ったピンキーと呼ばれる音具などが演奏され、子供たちはタイガに暮らす様々な動物たちの所作を真似て踊った。そして、アムールタイガーのマスクを着けたシャマンは、手にしたドラムを桴で打ち、腰につけた金属製の垂飾をジャラジャラいわせて独特のリズムで踊る。写真や映像では見ていたが、やはり現地での体験は強烈な印象を与える。

帰舎し、借用したスクパイの報告書（Викторович 1996）を複写しながら、シベリアン・シャマニズムと岩絵の関係を改めて考える。

一〇月二八日（日）

グワシュギで二日目の朝を迎える。夕方までヴァレンティーナさんから聴き取り。

六五歳の彼女は旧姓はキモンコといい、ウデヘ族の有名なシャマンの家系だ。男女各二人の子供、四歳のひ孫までいるという。彼女はバグーリニクという香りのよい木（イソツツジ？）の枝を手にしている。スクパイの岩画の前で儀式を行う時もこの葉を燻すのだという。かつて樺太アイヌ

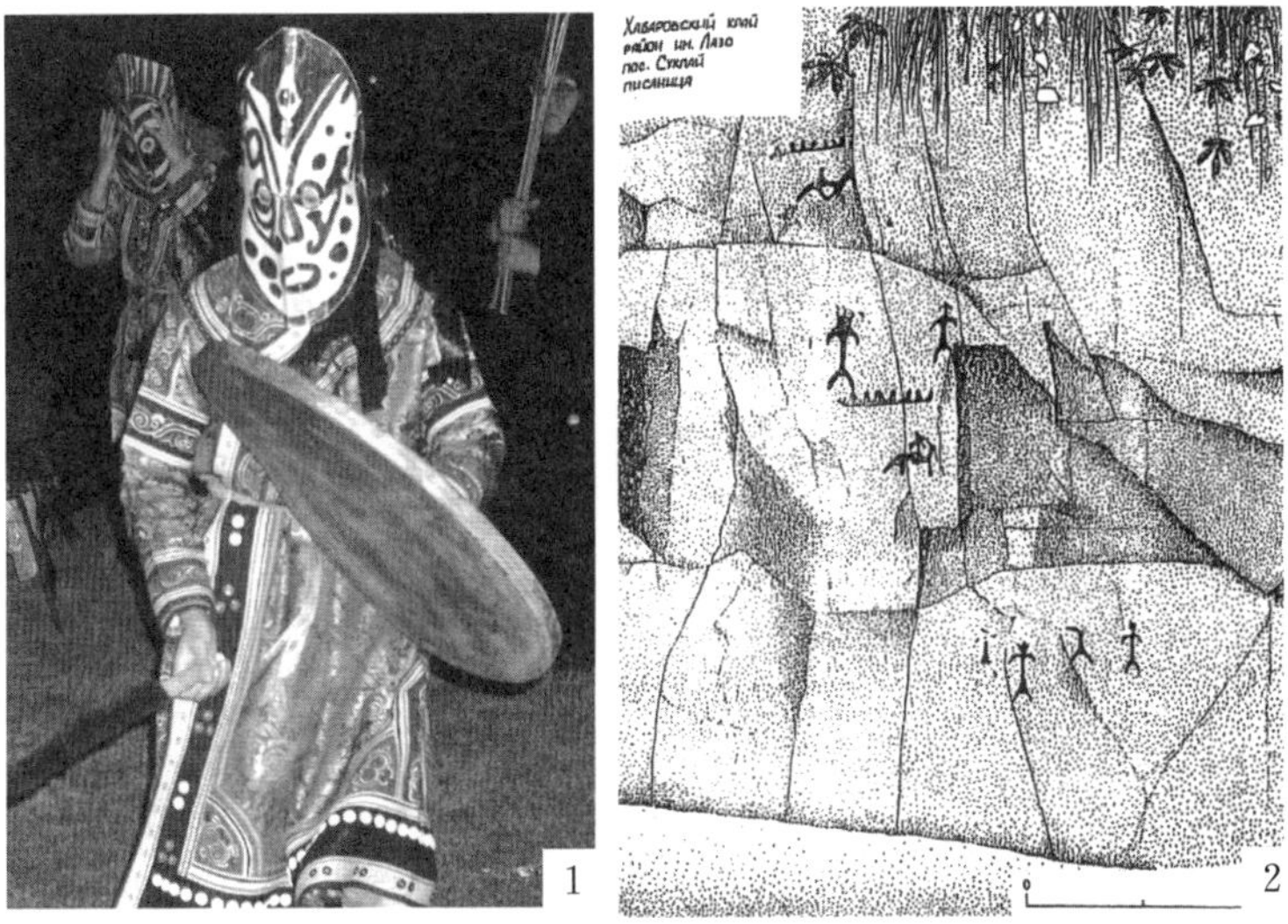

第４図
1. グワシュギ村のウデヘのシャマン
2. スクパイの岩絵

の藤山ハルさんがシャマンとして「トゥス」を行う時針葉樹の葉を燻していたのを思い出す。こうして、ヴァレンティーナさんは、彼らの信仰の対象であり聖地でもあるスクパイについて語ってくれた。

スクパイは、ハバロフスクの東南東、シホテアリン山脈の西麓を南北に流れるホル川に東からスクパイ川が注ぐ合流点に位置する。ここグワシュギからはホル川沿いに北に当たる。

「チュケンという、ハンターのかぶる帽子に似た形の山の手前、スクパイ川が蛇行して流れるところに、テーブルのような岩がある。そこはハンターが山の神に供物を供える場所だ。高い岩は大きく三つに分かれていて六〇年代に水流のために崩れが、そこにシャマンの描いた岩絵がある。

スクパイは精霊が住む、ウデへ族にとって心が安らぐ神聖な場所で、父祖の地だ。ここでイヨホフ・キモンコ（七五歳）は家庭円満、健康その他諸事万端を祈ったという。

スクパイでの儀式には、ある特別の隕石（石斧？）が使われた。これは山中の樹に刺さっていたのを曾祖父が見つけ、それ以後は代々男系で成人式に際して受け継ぐものとなり、今は兄（コースチャ・キモンコ）が保管している。

『デルス・ウザーラ』の著者アルセーニエフはウデへについて書いた中でスクパイの岩絵についても触れている。」

さらに彼女から、キモンコ家の伝承やウデへのシャマニズムについて、たとえば次のような興味深い話が聞けたのは大きな収穫であった。

シャマンを守護する動物は力の順でトラ・クマ・ヘビで、トカゲやカッコウが続くという。また祖父のキモンコ・ニチュナさんから聞いた話として、キモンコ一族はトナカイの生まれ変わりであるとか、食糧難のとき、松の実（キムクタ）で生き延びてスクパイへ移り住んだともいう。とりわけ「昔、スクパイの男女千人づつが海の彼方へ漕ぎ出して無人島に至り、彼らが日本人となった」という話は面白かった。念のためそれはアイヌではないのかと聞き直すと、いや、アイヌではなく日本人だ、とのこと。あながち我々向けの俄話でもないようだ。

さらに少数民族の気質や特徴について、我々ウデへはニヴヒ、オロチと同じく気難しい。ナナイ、オロッコは温和しい。ウリチは女性がきれいでセンスがいいうえに気立てがよく、男は男性的だ。手先が器用で色彩感覚に優れている。ナナイはただ派手だ、など、たくさんの面白い話を率直に語ってくれた。

ヴァレンティーナさんは、どんな質問にも丁寧に答えてくれ、半日に及ぶ聴き取りは充実したものであった。辞去に際し互いの健康と再会を約しグワシュギを離れハバロフスクへ帰った。途中小雪ちらつく。もう冬も近いのだ。

一〇月二九日（月）

午前中、オシポフカ遺跡へ。アムール川沿いの鉄橋の下流二キロ、川から二五メートルの段丘上に広がる。一九二〇年代にM・M・ゲラシモフによって発見され、六〇年代にA・P・オクラドニコフらが発掘して有名になった遺跡だ（Герасимов 1928）。歩き回って典型的な石器の破片などを表採する。

午後は二五日にも訪れたサカチ・アリャンを再訪。村の学校の資料室に立ち寄ってから、地元の少年マキシム君の先導で、先日見た地点よりやや上流を歩き、渦文の岩絵など観察し、撮影する。夕焼けのサカチ・アリャンを後にハバロフスクへ帰る。

一〇月三〇日（火）

午前、考古学博物館で、展示のみならず研究室で所蔵資料を見せてもら

第5図　オシポフカ遺跡

う。観察し撮影。
午後は州立資料館でキモンコさんから借りたスクパイのビデオを見る。以前、ビャゼムスキー博物館のロマンさんたちが訪れた時に撮影されたものだという。手持ちのカメラによるややぶれた映像とはいえ、ここの岩絵には、極東シベリアには珍しい、明らかに人物像のモチーフが見てとれる。彩色であろうか。やはり現地に行きたい、現物を見たいとの思いが募るが、今回はもうどうしようもない。

一〇月三一日（水）
最終日。ハバロフスク市内のバザールを歩く。国境の町らしく中国・朝鮮系の顔が多く、漢字やハングルも目立つ。
午後はまた州立博物館で閉館まで資料を見る。

一一月一日（木）
早朝、今日からさらに北のマガダン方面へ行く開拓記念館の右代君ら一行を見送る。折しも、いよいよ本格的な雪となる。州立博物館にルーバン館長を訪ね、今回はかってくれた便宜につき礼をいい、今後の早稲田大学と州立博物館の学術交流、さらに日ロ友好を誓った。もちろん、事前の約束と違って、スクパイに行けなかったことについては、一応それとなく抗議をしておく。午後は美術館を見た。ミュージアムショップで素晴らしいイコンを見つけたが、購入手続きの書類に一週間必要というので断念。夜はもちろんヴォトカで打ち上げの乾杯。

一一月二日（金）
一三時〇五分発のダリアビア航空で新潟空港に帰着。

以上のとおり、ほぼ所期の目的に沿って、ハバロフスク州博物館を拠点とし、ルーバン館長はじめ館をあげての協力のもと、ハバロフスク市およびその周辺の岩絵を中心に考古学的諸遺跡を踏査した。すなわち、シェレメチェヴォ、サカチ・アリャン、キーヤの岩絵、それに、旧石器時代から女真期に渉るオシポフカ遺跡などである。ただ、今回、もっとも期待していたスクパイの岩絵だけは、この地帯特有の山火事、およびウスリー川の増水等の関係（？）で、ついに訪れることが出来なかった。返すがえすも残念である。ただし、以前に撮影されたビデオなどいくつか有力な情報を得ることは出来たので、次の機会の実地踏査を期し合った。

このスクパイの岩絵にも深く関わるウデヘ族のグワシュギ村での考古民族学的調査、とくに彼らのシャマニズムに関する聞き取り調査では幸いに貴重な情報を得た。

寝袋を携行しての、まさに探検に近い踏査ではあったが、その意味で極めて有意義であった。

なお、ロシア極東地域の岩絵としては、これらの他、オホーツク海北西海岸のマーヤ川河岸の三遺跡で、人物像、シカなどの動物の例が知られており、東シベリア海の沿岸にあるペクティメリ川河岸の一一の遺跡で、頭上に笠（キノコ）状のものをもつ人物像、トナカイ・ヘラジカ・イヌらしい四足獣、鯨・海豹らしい海獣、海獣猟の舟らしいもの、トナカイ橇など、合わせて一一三点の岩面刻画が発見されている（右代　二〇〇四）。また、レナ川流域などにもオクラドニコフが紹介した人物像を含む岩絵がある（Окладников 1977）。

Ⅱ　韓国慶尚南道の岩絵

二〇〇三年三月二六日（土）

成田から釜山へ。小川勝氏をはじめ、北海道開拓記念館および余市町のメンバーと合流。午後はとりあえず釜山博物館を見学。明日以降の行動予定を相談する。

三月二七日（日）

慶尚南道南海島尚州里（サンジュリ）遺跡へ。釜山を九時に出発、南西へ約一三〇キロの南海島に向かう。途中、対馬海峡の景色を期待していたが、ずっと雨で、残念ながらよく見えない。道路沿いの丘の中腹に、いくつも小さな円墳が見える。現代の土葬墓だという。案内兼運転手の辛容錫さんの説明によれば、政府は火葬を勧めているが、一般の人々にしてみると、「亡くなった人をもう一度死なせる」かのような抵抗感があり、火葬の風習はなかなか普及しないという。何やら日本の奈良時代ごろを髣髴させる。

南海島に入る。ここは、慶長の役の際の、いわゆる露梁海戦など、倭韓の間で度々激戦の交わされたところだ。正午過ぎ、偶然訪ねた閑麗海上国立公園管理事務所で尚州里の岩絵に詳しいという李今守さんを紹介される。西浦（ソッポ）の海岸にある彼の店で昼食をとりつつ図面や写真、拓本などを見せてもらい、徐福伝説がらみの、かなり怪しげな「碑石」を二箇所見せられた後、小雨の中を岩だらけの山道を三〇分ばかりかけて登り、やっと目指す尚州里の岩絵に

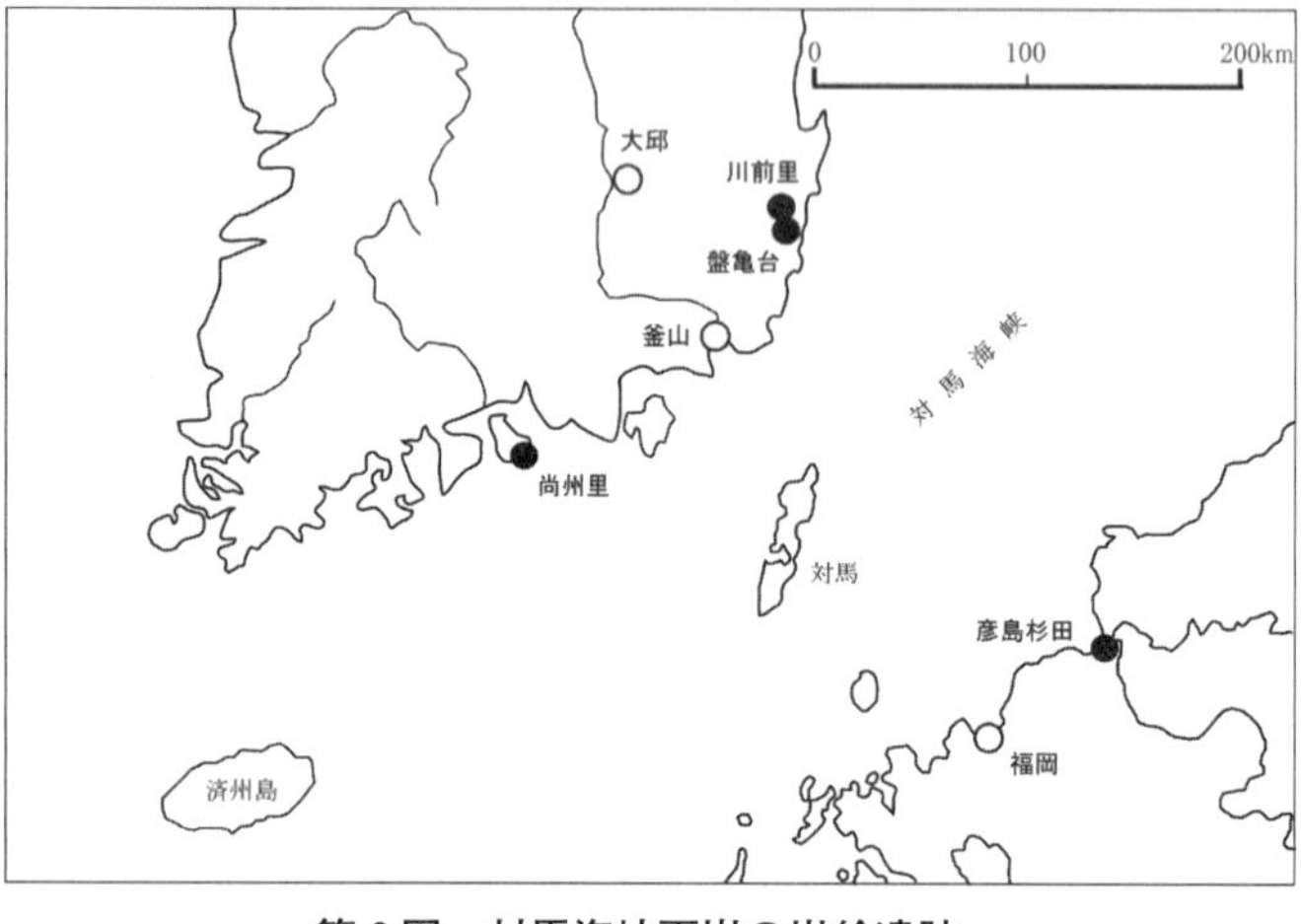

第6図　対馬海峡両岸の岩絵遺跡

辿り着く。一九一九（大正八）年に鳥居龍蔵が千島アイヌに関する仏文報告書で紹介しているものだ（鳥居　一九一九）。

雨と大汗でびしょびしょ、足腰も痛いが、鳥居龍蔵のじつに八五年後の訪問と思うと感銘を覚える。李さんの知る限り、最近、日本人の訪問はないという。降り止まぬ霧雨の中、やや暗いなか矯めつ眇めつし、岩絵と周囲の景観を撮影する。確かに手宮・フゴッペに似て、かなり抽象化された人物像的図柄もあるが、こちらの方が全体に大ぶりで、やや曲線的でもある。

岩絵のある場所から下方、つまり山裾を写した鳥居龍蔵の写真には樹木は見えず一面岩だら

第７図　尚州里の岩面刻画（上）と遺跡から望む山麓（下）
（左は1919年当時、右は2003年）

けの斜面が写っているが、この八五年の間に針葉樹が生い茂っていた。

いずれにせよ、覆屋もなく雨ざらしで、厳重に保護されているというわけではないが、簡単には近寄りがたい場所にあり、そのため逆に、盤亀台のように観光化されているわけでもないので、いたずらなどの心配はないかもしれない。

立ち去り難い思いで下山。この土地らしい李舜臣の碑と海岸に復元された亀甲船を見て、大渋滞の道を釜山へ帰る。

三月二八日（月）

釜山から慶州に通ずる京釜高速道路が彦陽面で蔚山方面へ分岐する辺りに、盤亀台と川前里という岩面刻画で有名な二つの遺跡はある。

＜盤亀台＞

まずは、慶尚南道蔚山広域市蔚州郡彦陽邑大谷里にある盤亀台（パングデ）遺跡へ（黃・文　一九八四、李　二〇〇〇）。

蓮皐山の尾根の先端が、斗東面川前渓谷に発し蔚山付近で日本海（東海）に注ぐ大和江の支流である大谷川の南岸で岩壁をなしている。あたかも亀が伏した形状からこの名がある。古来景勝地として名高い。現在は国宝第二八五号である。

一九七〇年末に発見された川前里の調査中に、約二キロ離れたところで一九七一年末に発見された。蔚山工業団地の工業用水のため下流の凡西邑泗淵にダムが造られ、遺跡付近はダム湖になっており、通常は水没し渇水期のみ現れるという状態であった。ところが、今後さらに建設中のダムが完成すると、常時水没してしまうというので、様々な運動が起こったが、結局、刻画のある岩面の周囲にいわば小規模なダムを造って岩絵を水没から防ぐ措置が講じられることになったという。しかし、水面下に在ったことで、かえって風化やいたずらから免れることができ、保存のためにはむし

第８図　盤亀台　上・岩絵の遠景　下・岩面刻画の拓影

ろ良かったかもしれない。逆に言うと、今後の常時露出という環境の大幅な変更が刻画にどのような影響をもたらすか、将来的には全く未知数のようである。

我々が訪れた時にも、まさに周辺道路や盤亀台への連絡橋など付帯工事の真最中であった。また擁壁には盤亀台の刻画のデザインされたプレートが填め込まれているなど、まさに岩絵を中心に一帯が観光地として整備されつつあった。

一〇〇メートル程の広い河原を挟んで対岸(南岸)の岩壁の、幅約一〇メートル、高さ約三メートルの平滑な面に二〇〇点近い刻画がある。ゆっくりと観察し、撮影する。

技法上、主に敲打法による面刻と線刻の技法とが見られるが、おそらく新石器時代以降、いくつかの時代に亘って作出されたと思われ、時代ごとの様式差もうかがえるようだ。おそらく面刻画のほうが古いであろう。

図柄としては陸棲動物、水棲動物、人物像、漁労・狩猟に関わる道具類がある。このうち八〇数点の陸棲動物ではシカ科動物が約四〇点と際だち、他にトラ、イノシシ、イヌなどがある。また七〇数点の水棲動物ではクジラ四八点をはじめ、オットセイ、カメなどがある。なかでもクジラは長さ一メートル程の、真上から見た大きな姿が敲打法によって丁寧に表現されており、この刻画群の中でもっとも目立つ存在となっている。

人物像としては八点数えられるが、二点のマスクの他、側面像、舟に乗った姿などがある。道具としては舟、柵(垣根?)、網、弓、それに銛など一〇点が見られる。

このように、他に例を見ないクジラを中心に獲物であろう多くの動物が、リアルな表現で重なり合うように描かれており、見るからに豊穣な感のある狩猟儀礼的表現といってよい。

なお、韓国の研究者が、ここに描かれるシカやクジラが、朝鮮半島では新石器時代に多く棲息し青銅器時代になると急激に減少することを主たる根拠とし、またロシアや中国での岩絵の年代観もふまえて、この盤亀台刻画を新石器時代のものとみなすのに対し、最近、小川勝氏は、主に線刻法によるシカの多くにサカチ・アリャンなどにも見られる「充填表現」が用いられ、これがタガール＝オルドス＝スキタイ文化複合と関連するという、いわば美術史的根拠によって「新石器時代まで遡らせる必然性はない」とし、青銅器時代説を主張されている（任　一九八四、小川　二〇〇三）。

＜川前里＞

夕方、同じく蔚山広域市蔚州郡で盤亀台から大谷川を上流へ二キロほど遡った、斗東面の川前里（チョンジョンリ）遺跡へ（黄・文　一九八四）。これは国宝一四七号。一九七〇年に、付近の仏教遺跡の調査途上、発見されたという。洪水の時に川水が及ぶ程度で、これまで冠水、水没したことはないらしい。飛び石伝いに川を渡って岩絵のある岩壁の前へ。前面には一応鉄鎖が張られ

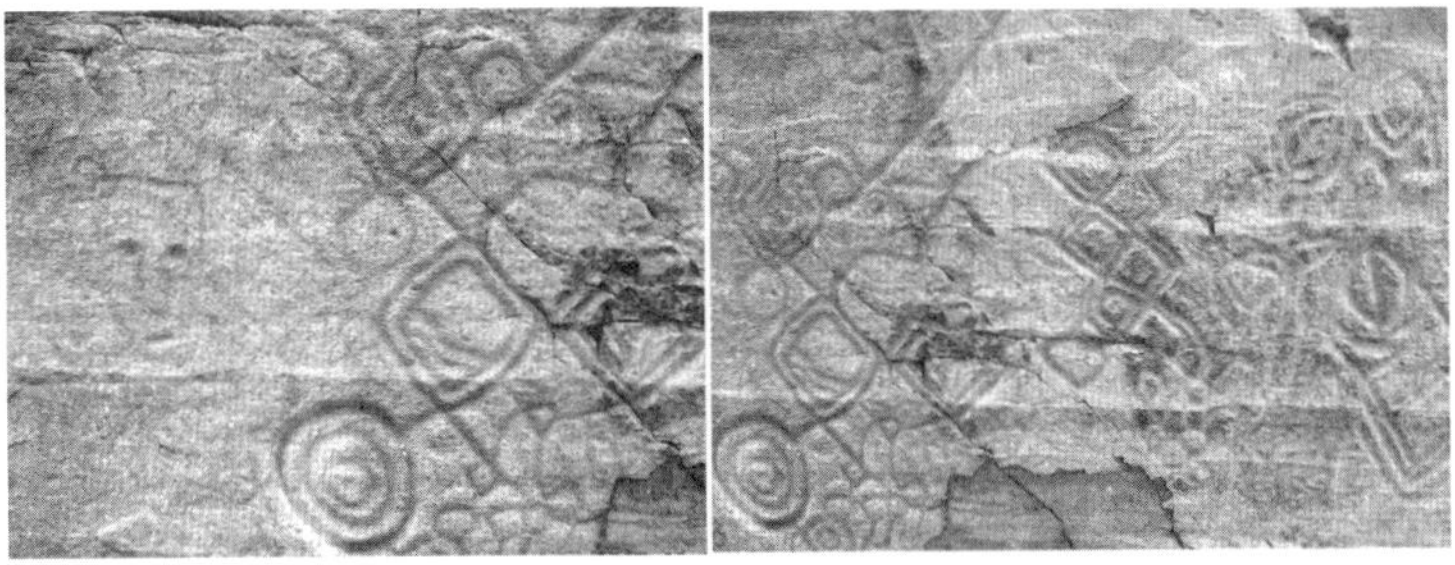

第9図　川前里　上・岩面刻画の一部　下・岩面刻画の現状

ているが、管理人が一人いて、身元を告げると自由に観察・撮影が許された。

ややオーバーハングする岩壁の、長さ九・七メートル、高さ二・七メートルの平滑な面に刻まれており、シカ、魚、鳥、蛇、マスクのほか連続菱形文や鋸歯文、同心円など幾何学的抽象文も目立つ。金元龍によれば「元三国時代初期」という。AD一世紀ごろということになる（金元龍・西谷正　一九八四）。

岩面下部には、風化が激しいが、おそらくは金属器に拠るのであろう、極めて細い線刻による騎馬、船、龍（?）などがある。また約三〇〇字の漢字文なども見えるが、それらは三国時代、統一新羅時代に遺されたものという。

このように、先史時代の岩面刻画から歴史時代の線刻による文字表現までが連続的に刻まれ続けているという点も、ここ川前里遺跡の大きな特色といえるであろう。

ここと盤亀台との間を結ぶ遊歩道も遠からず整備されるという。近くの、白亜紀前期の恐竜の足跡の残る岩床を見るうちに日も翳り、さすがに暗くなったので、一路釜山へ帰る。

三月二九日（火）

午後遅い便で成田に帰国。

Ⅲ　山口県下関市彦島杉田

二〇〇六年二月一二日（日）

午前中、下関市立考古博物館を見、午後、彦島杉田遺跡へ（小川　二〇〇三）。街

第10図　彦島杉田の岩面刻画

中の小高い丘陵上の小公園の近くにある。一応覆屋のようなもので保護されてはいる。時間と天候のせいか、光の具合がフラットで刻画も浅いので見にくい。円文や直線、曲線、あるいは抽象化された人物像のようにも見える図柄がかろうじて認められる。全体の印象はやや尚州里のものに近いか。

ここの刻画は、最近、「ペトログラフ」などといわれ、いわゆる「超古代文字」として騒がれているらしい。もっとまともに岩面刻画の比較資料としてきちんと検討されてよいのではないだろうか。

おわりに

以上、今回はロシアのハバロフスク州、および朝鮮半島南部の岩絵をいくつか見、その現地踏査の記録をまとめてみた。

最初にも記したとおり、これら踏査の間中、我々の脳裏にあったのは、やはり手宮・フゴッペの刻画であった。踏査の目的も当然、手宮・フゴッペの刻画を広く東アジアの岩絵との比較の中で捉えなおしてみたい、というところにあった。

しかし、北東アジアと一口にいってもじつに広大な地域であり、そこに散在する岩絵を一まとめに論ずることは無謀であろう。じっさい、実見出来たのは未だ限られた例数でしかないし、北東アジアに限ってみても未調査の地域の方が遙かに広い。

しかも、まだ詳細な分析を試みているわけではないが、とりあえずの印象から言えば、やはりここに紹介したいくつかの遺跡に限ってみても、手宮・フゴッペの刻画と類似の事例はない、と断言してよいように思う。

ロシアの四遺跡では、シェレメチェヴォ、サカチ・アリャンおよびキーヤは共通した特徴を持っている。モチーフとしては特徴的なマスク（人面）が目立ち、それに次いで動物と舟が多い。やはりシャマニズム的儀礼を思わせる。しかもそれらの多くは敲打法（ペッキング）によっている。スクパイだけは（実見していないから断言は難しいが）、人物像が目立ち、舟と騎馬人物があるようだ。しかもここだけは彩色画という。

朝鮮半島南部の遺跡はそれぞれに個性的といってよい。文字どおり地域文化としての岩絵といったところである。

盤亀台は、マスクや人物像もなくはないが、海獣、陸獣の方が圧倒的に目立つ。比較的海に近いこの遺跡らしく、豊かな獲物を求める狩猟儀礼を彷彿させよう。川前里は動物や人物像、マスクもあるが連続菱形文や鋸歯文など抽象文が目立つ。なお、今回は訪れることが出来なかったが、大邱に近い慶尚北道には、やや特異なマスクを特徴とする良田洞（ヤンジョンドン）遺跡がある（李　一九七二）。当然極東シベリアとの関連が注意される。

遺跡ごとに当然、時期差、地域差もあろう。また、一遺跡でも刻画は長い時間に次々に重ね描きされた例もあるはずだから、切り合い関係、モチーフそれに刻画技法などの綿密な分析・研究を経なければ、結論めいたことはとうてい言えない。

尚州里もかなり特異である。人物像を思わせるモチーフを含め抽象的な（その意味では記号様）の刻画である。しかし全体が大ぶりで曲線的であって手宮・フゴッペとは似ず、むしろ印象としては、一衣帯水の下関彦島杉田の例に近い。

結局、手宮・フゴッペの刻画は、人物像という一点に限っていえば、北東アジアでは、今のところサカチ・アリヤン、スクパイを初め、シベリア各地からユーラシアに広く見られる人物像のモチーフと共通するとはいえよう。しかしそれでも敲打法、削磨・掻線法、さらに彩色という技法上の差違をどう考えたらよいのであろうか。

小川勝氏は、手宮・フゴッペ岩面刻画をＡＤ一世紀後半〜二世紀後半とする一方、ハバロフスク州の各遺跡をＢＣ五世紀以降のタガール・オルドス・スキタイ文化複合に属するものと考え、それが海を隔てた北海道の手宮・フゴッペ岩面刻画の「淵源であることはたしかだろう」という（小川　二〇〇三）。しかし、少なくともこの手宮・フゴッペの年代観は果たしてどうであろうか。もう少し降るのではないだろうか、と私どもは考えている。

いずれにせよ、それら彼我の間に系譜的、ないし時間的繋がりがあるかどうか、今はよく分からない、というしかない。今後、シベリア沿海部や列島北半の日本海岸にそれらを繋ぐものが発見されるかもしれない。それまでは手宮・フゴッペはやはり、かなり特殊・孤立的と見ておく他はないであろう。少なくとも、無理に、広くシベリアの岩絵の系譜の中に組み込んでしまう必要はあるまい。

新石器時代以来、世界各地の民族によって、それぞれの思いを込めて描き、刻み続けられてきた岩絵というようなものも、やはり、広い地域文化の中での共通性・普遍性と、ある限定的な地域文化の中での個性・特殊性という、両面を併せ持つものなのであろう。

末筆ながら、小川勝氏を初め、ここで紹介した岩絵の調査で行を共にされたすべての方々、並びに本稿を成すにあたって協力を惜しまれなかった持田大輔君に、深甚の謝意を表する。

参考文献

（和文）
オクラドニコフ　A・P、加藤九祚訳　一九六八『黄金のトナカイ—北アジアの岩壁画』美術出版社　三三〇頁
大島秀俊　一九九五「フゴッペ洞窟および手宮洞窟壁画の一考察」『北海道考古学』第三一輯
小川　勝　二〇〇三「北東アジアの岩面刻画」『フゴッペ洞窟・岩面刻画の総合的研究』中央公論美術出版
小樽市教育委員会編　一九九七『手宮洞窟シンポジウム記録集』
菊池徹夫　一九九七「岩壁彫刻から土器紋様へ——渡島蝦夷の紋章——」『手宮洞窟シンポジウム　汲濤を越えた交流—

――手宮洞窟と北東アジア――記録集』八二―八九、一一九―一四〇頁　小樽市教育委員会
菊池徹夫　二〇〇二a「フゴッペ・手宮の岩面刻画の意味するもの――シベリア沿海州スクパイとの比較から――」『フゴッペ洞窟・岩面刻画の総合的研究』科研費成果報告書一〇二―一〇三頁　鳴門教育大学
菊池徹夫　二〇〇二b「洞窟遺跡に見る続縄文以降の諸文化――アイヌ文化形成論の視点から」『第五五回特別展　洞窟遺跡を残した続縄文の人びと』北海道開拓記念館特展図録　一六―一七頁　北海道開拓記念館
菊池徹夫　二〇〇三「フゴッペ・手宮の岩面刻画の性格について」『フゴッペ洞窟・岩面刻画の総合的研究』二五一―二五五頁　小川勝編　中央公論美術出版
菊池徹夫　二〇〇四a「洞窟のセミオロジー――聖域としてのフゴッペ・手宮――」『国指定史跡フゴッペ洞窟保存調査事業報告書』七一―七八頁　余市町教育委員会・フゴッペ洞窟保存調査委員会
菊池徹夫　二〇〇四b「北東アジア――文字から遠い世界――」『文字の考古学Ⅱ』一一九―一三七頁　同成社
金元龍著・西谷正訳　一九八四『韓国考古学概説　増補改訂』六興出版
右代啓視　二〇〇四「北東アジアにおけるフゴッペ洞窟岩面刻画の意義」『国指定史跡フゴッペ洞窟保存調査事業報告書』余市町教育委員会・フゴッペ洞窟保存調査委員会
鳥居龍蔵　一九一九　Etudes Archeologiques et Ethnologiques. Les Ainou des iles Kouriles. 東京帝國大學理科大學紀要　第四二巻一號
（ハングル）
任昌淳　編　一九八四『韓國金石集成1　先史時代』一志社　ソウル
黄壽永・文明大　一九八四『盤龜臺：蔚州岩壁彫刻』東国大學校　ソウル
李殷昌　一九七一「高靈良田洞岩畫調査略報」『考古美術』一一二号　韓國美術史學會

李相穆　二〇〇〇『蔚山盤龜岩面画』蔚山大學校博物館

（露文）

Окладников,А.П. Петроглифы Нижнего Амура Наука 1971

Окладников,А.П. Петроглифы Верхнеи Лены Наука 1977

Викторовинч,А.М. Разфебочые Работы В Лолцне Р.С.укпаи О Полевых археологических и сследованиях в Лазовскм,Комсомольском и солнечном районах Хабаровского кроя в 1995 году 1996

Герасимов,М.М. Новыеостоянки доисторического человека в окрестностях г. Хабаровска, ИВСОРГО53. 1928

〈図版出典〉

第1図　1（上）小樽市教育委員会　一九九七　（下）大島秀俊　一九九五　2　筆者作成

第2図　1　筆者撮影　2　Окладников 1971　3・4　筆者撮影

第3図　1（左）Окладников 1971（右）筆者撮影

　2（上）Окладников（下）筆者撮影

第4図　1　筆者撮影　2　Викторовинч　1996

第5図　筆者撮影

第6図　筆者作成

第7図　（左）鳥居龍蔵　一九一九（右）筆者撮影

第8図（上）筆者撮影（下）金元龍・西谷正訳　一九八四
第9図　筆者撮影
第10図　筆者撮影

習俗と歌謡から見た中国基層文化の地域性と普遍性

稲畑耕一郎

はじめに

悠久の歴史と広大な領域を持つ中国――その地で生成発達してきた文明、とくにその社会の基層を形成する衆庶の文化が、時代により、地域によって、多種多様な相貌を見せることは、すでに多くの人びとによって気づかれていることであって、もはや取り立てて言うまでもなかろう。これだけ広大な地域において、しかも長い歴史を有する地域において、地域間の文化的差異がないと考えること自体が、無見識である。

しかし、地域間に文化的な相違があるといったところで、その相違はどの次元での、どの程度の相違であるのか。ある範囲内での相違、ある時期での差異に過ぎないものかどうか。さらに、その相違や差異の拠って来たるところは、どこにあるのか。また、目に見える現象としての相違はあるものの、その根の部分では共通であるということもあるのではないか。すなわち、そこには、ここにいうところの「地域性」と「普遍性」の問題が存在するのではないだろうかということである。

地域文化ということを考える場合、私たちは、ともすると、地域の特性を強調する傾向にあるのを否定しがたいが、言うところの「地域」の範囲を、どの時代の、どのレベルで考えるのか、たとえば、中国の今日の行政単位で言えば、郷か、鎮か、県か、市か、省か、あるいはそれ以上に広範囲な地域かなどによっても、その答えは変わって来るであろう。県であれ、市であれ、省であれ、その地理的な広がりから言って、決して単一であるわけではない。しかし、これをまったく別の地域のものと比較すると、その差はなきに等しいほどのものということもあろう。

何よりも、今日の行政区域、あるいはそれぞれの歴史時代の支配領域が、中国の地域文化研究において、どれほどの有効性を持つものかについても考えてみなければならない。総じて、中国全土の地域文化を戦国期の七雄の領域に収束させることで、何らかの地域性を指摘するといったことは、限定された時期や特定の事項についてのみ有効だということは、もはや言うまでもなかろう。地域の特色ある文化の範囲が時代を超えて不変であるということもないはずである。

しかし、それでも、ある範囲、ある時代を限定すれば、たしかにそれぞれの地域の風土に根ざした特性を形成する文化現象の存在することは否定しがたく、それらがどのような塊を持って存在しているのか、いくつもの具体的な項目を立てて、さまざまな時代に応じて考察してみることが有効ではないかと考える。そのいくつかの項目に見える現象の重なり具合そのものが、中国の大地に広がる衆庶の風土に根ざした豊饒な地域文化の複合的な実態であるに違いないからである。

そのような見通しをもって、この間、私たちは、中国の基層社会に属すると考えられる習俗や文化遺産について、いくつかの項目を立てて、実地調査と伝世文献による調査を試みた。最初に取り掛かったのは、書籍の木版印刷と密接に関係する「年画《ねんが》」の図像と何代にもわたって各地において編纂されてきた「地方志」に残された習俗に関する記述の調査であった。

一、年画「鼠の嫁入り」

「鼠の嫁入り」に関する民話や習俗については、南方熊楠《みなみかたくまくす》（「もぐらの嫁探し」、『南方熊楠全集』第四巻）や永尾龍造《ながおりゅうぞう》（「鼠の嫁入り」、『支那民俗誌』第二巻）などの論考以来、近年に至るまで、日中で数多くの研究が積み重ねられてきた。その民話や図像の広がりについての報告も少なくない。それらの論者が明らかにしているように、この民話とそれをモチーフとした図像は、日本列島を含め、ほぼユーラシア全域に広がっている。

そうすると、この庶民の間で語り継がれた民話の「地域性」というものはなく、「普遍性」をもって広がっている文化事象というべきであろうが、その中にも地域によってそれなりの差異があり、それが地域文化の特性を形成する部分だということが出来る。

たとえば、日本では、この民話の最後が、鼠が同類の鼠の元に嫁ぐことによって、めでたしめでたしと終わるが多いのと違い、中国やベトナムでは、すべて最後は鼠より強い猫に嫁ぐという哀しい話になる。なぜ、中国では最後に鼠の元に嫁ぐ話として伝承されるのか、日本列島ではなぜ変容してしまったのか。そこに両地の文化風土の「地域性」というものが表現されているということにある。

中国各地にはこの話をモチーフとした「年画」が残されている。いずれにおいても、そこに表現される鼠の花嫁はなんとも悲しげな表情である。図柄は、にぎやかな楽隊の演奏とともに、輿に乗せられて、鼠の元に運ばれてゆくものが多い〔図一、図二、図三、図四〕。ただ、その中で、蘇州桃花塢《そしゅうとうかう》の年画だけは、彩りも華やかで、別の要素が加わってくる。それが、中国における他地域とは異なった蘇州の文化の「地域性」の現れである。

なぜそうであるかについては、後に述べることとして、まず、「無底洞老鼠嫁女《むていどうろうそかじょ》」と題された蘇州桃花塢の年画を紹介する〔図五〕。この年画も、画像としてはしばしば紹介されてきているが、それにもかかわらず、そこに印されてい

図一　四川綿竹年画

図二　福建漳州年画

図三　湖南楚南灘年画

図四　ベトナム・ドンホー年画

る『西遊記』に関わる歌辞を解釈したものを見たことがない。そこで、これを紹介し、併せてこの年画の歌辞の意義と後背地である江蘇一帯の地方志に見える関連の記事から考えたところをいささか記しておくことにする。

無底洞老鼠嫁女　　無底洞　老鼠　女《むすめ》を嫁す

几行来要求佛经　　几（西？）行し来たりて佛経を求めんとし
千辛萬苦拝世尊　　千辛萬苦するも　世尊を拝さん
路遇奇妖來阻隔　　路に奇妖の來たりて阻隔するに遇うも
拼此性命送残生　　此の性命を拼《へい》して残生を送らん
行之又遇妖怪穴　　行き之きて又た妖怪の穴に遇う
千年巨大老鼠精　　千年の巨大なる老鼠の精なり
妖精一見心欢悦　　妖精一たび見て心に歓悦す
央媒说合要联姻　　媒《なかだち》を央《もと》め合うを説き聯姻せんことを要《もと》む
準備粧奩来送嫁　　粧奩《しょうれん》を準備し　来たりて嫁を送らん
花々轎子閙盈々　　花花の轎子《かご》　閙《さわ》がしきこと盈々たり
老鼠堂上来接嫁　　老鼠　堂上に　来たりて嫁に接す
吹々打々不留停　　吹きも吹き　打ちも打ち　留停せず
又请猫王来到此　　又た猫王の来りて此に到らんことを請う
安排花酒献暈腥　　花酒を安排し　暈《くん》（葷）腥《せい》を献ず

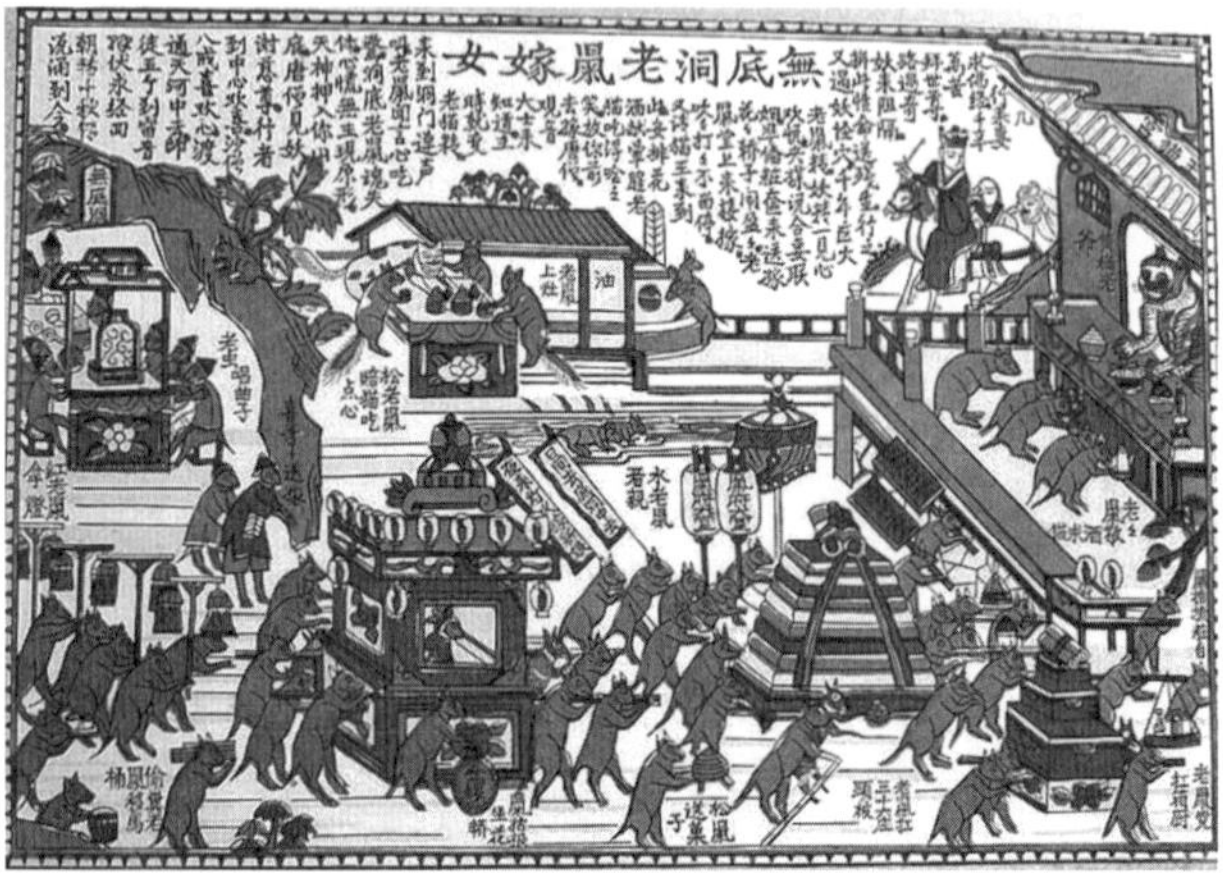

図五　蘇州桃花塢年画

老猫吃得哈々笑　老貓　吃べ得て　哈々として笑う
放你前去嫁唐僧　你《なんじ》をして前み去かせ　唐僧に嫁せしめん、と
观音大士来知道　観音大士　来たりて知道し
立時就変老猫精　立時　就ち変ず　老猫の精
来到洞门連声叫　来たりて洞門に到り　声を連ねて叫ぶ
老鼠闻言心吃驚　老鼠　言を聞き　心に吃驚す
洞底老鼠魂失体　洞底の老鼠　魂は体を失し
心慌無主現原形　心慌てて主無く　原形を現わす
天神押入你山底　天神　押さえ入れん　你《なんじ》を山の底に
唐僧見妖谢慈尊　唐僧　妖を見て慈尊に謝す
行者到中心欢喜　行者　中に到り　心歓喜し
沙僧八戒喜欢心　沙僧　八戒　喜歓の心
□渡通天河中去　通天河《つうてんが》の中を渡り去き
師徒五个到雷音　師徒五個　雷音《らいおん》に到れり
拜伏求经回朝转　拝伏し　経を求めて　朝に回り転ず
千秋传说诵到今　千秋　傳え説き　誦して今に到る

年画の絵柄そのものが、『西遊記』に見える無底洞の話といわゆる「老鼠嫁女」の民話とが合体したものであるように、歌辞も両者が一体となっている。押韻は呉の地の音の特徴をよく反映しており、この地で作られ、誦詠されていた

ものであることは明らかである。

　無底洞の話は、『西遊記』では第八十一回から第八十三回までに登場する。前の回で、松林に縛り付けられていた女を救い出し、師弟と馬（歌辞の中に「師徒五个」とあるのは、馬を含めてのことであろう）ともども鎮海寺という寺に投宿する。この女、実は「金鼻白毛老鼠の精」にして、以前、如来の香花と宝燭を盗み出して捉えられたが、如来の恩情を得て李天王の義理のむすめ、哪吒太子《なたたいし》の義理の妹となり、名を「半截観音《はんせつかんのん》」と改め、赦されて下界に下されたのちには「地湧《ちよう》夫人」と呼ばれていた。この「老鼠の精」、懲りずにまたもや悪さをしでかし、唐僧をかどわかして「陥空山《かんくうざん》の無底洞」に連れ込み、祝言を挙げんとする始末。まさにその時、悟空と哪吒太子とが穴に飛び込み、これまた間一髪救い出す、という一段。

　この年画はその場面を取り込んで描き、歌辞もまたこれを下敷きとして唱われている。ただ、この歌辞にあるような「老猫の精」が鼠と唐僧の間の仲立ちをするとか、「観音大士」が「老猫の精」に変化して救い出すという話はなく、このあたりに民間において流布する「老鼠嫁女」の習俗や民話との自在な融合がうかがわれる。逆に、『西遊記』に基づいて、この年画が作られたのではないことも、この場面に哪吒太子などが登場しないことによってわかる。

　この「老鼠嫁女」の年画を飾ることに関連して、明清から民国年間にかけての数百年の長い期間、江蘇のいくつかの場所では、正月の元宵節の賑わいの冷めやらぬ翌日の宵を「鼠納婦《そのうふ》」と呼んで、鼠に供物を捧げるとともに、女たちだけで着飾って出かける風習があった。

　たとえば、明の万暦辛丑二十九年（一六〇一年）叙刊の『揚州府志』巻二十、風物志「元夕」の条には、次のようにある。

　十六の夜を、俗に「鼠納婦」と謂う。秫米《じゅつまい》を爆して花と作し、遍く屋の罅間《こかん》（われめ）に置く。女伴いて盛粧して出游し、俗に「走橋《そうきょう》」と謂う。余猶《な》お去歳の庚子《こうし》に見るがごとくなれば、忽ち燈を張ること甚だ盛んにして、各坊の坐賈、詭異《きい》を炫闘《げんとう》し、遠近の村鎮、相い伝え市に入りて燈を観る。街巷填溢《てんいつ》し、自ら相い蹂践《じゅうせん》す。次日、官厳禁を為して乃ち止む。士人云う、十年来未だ嘗て有らざる所なり、と。則ち唐人の伝の謬《あやま》たざるを知れり。

新年の十六日の夜は、「鼠の嫁入り」であるため称して、部屋の隙間に「秫米」を「爆」して作った「花」を供え、女性たちはその邪魔をしないようにとばかり、着飾って外出する。「秫米」は、北では高粱のことであるが、南では「糯米」、すなわち粘り気のあるうるち米、いわゆるもち米をさす。米やとうもろこしなどに熱を加えて膨張させると爆裂して「花」のような形状になる。そこで、「爆米花《バオミイホア》」、あるいは「爆花《バオホア》」の名がある。

こうした記載は、網羅的に調べたわけではないが、この地の地方志のいくつかに見える。たとえば、清の乾隆十五年刻本『清河県志』巻九、乾隆十五年刻本『如皐県志《じょこうけんし》』巻三、乾隆二十年刻本『直隷通州志《ちょくれいつうしゅうし》』巻十七、嘉慶十三年刻本『如皐県志』巻十、咸豊二年刻本『淮安府志《わいあんふし》』巻十五、民国二十三年鉛印本『阜寧県新志《ふねいけんしんし》』巻十五などである。いずれも江蘇省の長江以北の地、現在の南通・揚州から淮安・鹽城《えんじょう》にかけての地である。

なぜ、この夜、女性たちが相連れ立って外出するかといえば、言うところの「走橋」にあたって、橋のたもとの煉瓦をこっそり持ち帰って、子宝に恵まれんことを祈るためであった。『如皐県志』によると、「孕《はら》まんことを祝《ねが》う者、密かに橋の甓（れんが）を携えて以って帰り、或いは厠姑（嘉慶十三年刻本「紫姑」）に請うて以って休咎を卜う」とある。また、『淮安府志』には、「婦人或いは橋を度り、磚を抱く。曰く、子に宜し、と」とある。

磚を懐に入れて持って帰るのは、表向きにはそれでもって壁の隙間を埋めようという行為であったろうが、空であるところを埋めるということが、子なき人の思いと重なるところがあったのであろう。そこで、淮安では、次のような習俗となって定着することとなる。徐珂の『清稗類鈔《しいはいるいしょう》』時令類「正月送子」の条に見える記述である。

淮安《わいあん》に送子の俗有り。恒に元宵《げんしょう》の後より、二月初二日の前に在りて、凡そ老年にして子無き、及び婚を成すこと多年にして未だ育くまざる者、戚友咸《み》な送るに紙糊の小紅燈を以ってす。間《ま》ま磚《せん》を用いて代うる者有り。此の磚は須らく取るに東門外の麒麟橋の塊（橋の両端の傾斜部分、いわゆる橋のたもと、橋詰である）自りすべく、否《しか》らずんば則ち効無し。蓋し麒麟送子《きりんそうし》の意を取るならん。送る者に由りて期に先んじて日を択び、柬を備えて受くる者の家に通知し、時に臨んで、約して十余人を集め、鼓楽を大いに作し、燈、或いは磚を持ちて送り往く。受くる者は遠く門外に迓《むか》え、以って送られし所の燈、或いは磚を子を望む者の床中に懸け、並びに酒筵《しゅえん》を以って送りし者を款待す。他日、子を得れば、則ち重ねて酬ゆる有り。

この記事では、時期は「元宵の後より、二月初二日の前」となっている。また、淮安では、橋は「麒麟橋」というので、「送子」と辻褄が合うようであるが、『如皋県志』では、同じ習俗ながら、橋の名は「文徳」「武定」「集賢」となっており、これを「走三橋」と呼んでいた。すなわち、「走橋」は、橋の名に関わる習俗ではなく、橋を渡るという行為そのものが一種の「過関」の儀礼を意味しており、橋のたもとの煉瓦はその儀礼を経たことの暗証として持ってくるに過ぎないのである。折りしも、「鼠納婦」の夜、壁の隙間に「供物」を置いてきたばかりである。帰れば、急ぎ鼠の出入りする穴を塞がなければならない、という口実があった。いや、おそらく女性たちが春の宵に相集って外出すること自体に「祈子」という口実が必要だったのであろう。

従って、「走橋」の風習は、江南だけでなく、北京でもあった。潘榮陛《はんえいかい》の『帝京歳時紀勝《けいけいさいじきしょう》』の「正月」には「走橋摸釘」の一文があって、次のように記されている。

元夕、婦女羣遊し、災咎《さいきゅう》を免れんことを祈る。前の一人、香を持ち人を辟《さ》く。「走百病《そうひゃくびょう》」と曰う。凡そ橋有る處、三五相率いて以て過ぐ、之を厄を度すと謂う。俗に傳えて「走橋」と曰う。又た競いて正陽門の中洞に往き門の釘を摸《も》す。讖《せん》に男に宜し、と。

ここには、子授けのことは明記されてはいないが、まず元宵の夕に女性たちが連れ立って「走橋」したことが記されており、橋を渡って往くことになる北京城南門の正陽門の門扉の釘に触ることが「宜男」であるという俗信があったことからすれば、その行為の中には、厄除けばかりではなく、祈子の意識が共有されていたことが分かる。従って、重ねて言うが、元宵の後の「走橋」は、橋の名に由来する習俗ではなく、「橋を渡る」という行為に意味があったのである。

しかし、民国年間になると、橋を渡って煉瓦を持ち帰ることはなくなり、『清稗類鈔』「正月送子」の後段に記されるような、煉瓦を贈る儀礼だけが残った。民国二十三年の『阜寧県新志』には、「婦人の子無き者、戚友、紅紙に磚を裹《つつ》み、其の家に送り、子に宜しきの兆と為す」とある。ここでは、「磚」を贈ることと、「子」を願うこととの関係がわからなくなってしまっている。

こうした「鼠納婦」の習俗とともに伝えられてきた年画「老鼠嫁女」と子供が授かるようにと祈る風習との関係は、もはや言わずもがなであるが、鼠が子をたくさん産むからである。鼠は、すなわち「子《ね》」であり、子は「鼠」である。

しかし、それと同時に、鼠は人に害を及ぼすこと大なるものであり、とくにこの地方では養蚕が盛んであったことから、穀物のみならず、蚕を鼠から守ることに腐心しなければならなかった。そこで、日ごろは猫を飼って、駆除に当たったわけであるが、十分な効果は期しがたかったことから、年初の決まった日に供え物をして、ひどい害を及ぼすことがないようにと願ったわけである。

しかし、「供物」という形式は取るものの、当然のことながら、鼠そのものが増えることを願ったわけではなく、真意は駆除にあった。とすれば、「供物」の中には、明記はされていないが、暗黙の了解事項として、日本における「石見銀山」の類の駆除のための殺鼠剤が混ぜられたと考えるのが自然ではないだろうか。

咸豊二年（一八五二年）刻本（重刊）『淮安府志』には、次のような記載がある。

十六日の夕を、俗に「六子夜《ろくしや》」と曰う。艾火《がいか》を以って疾病不吉等の事を咒し、各おのの門楹《もんえい》の下に小燈を点じ、「照六賊」と曰う。脂粉、花果少許を以って、穴の傍らに置き、鼠の贈と為して、云う、一歳、鼠耗《こう》を作さず、と。戸を閉じ跡を斂め、六街悄然《しょうぜん》たり。婦人或いは橋を度り、磚を抱く。曰く、子に宜し、と。

鼠は天下を害する「六賊」の一つであり、供物を供えるにあたって唱えられる言葉は、「一歳鼠不作耗」というものであった。それは、願いであるとともに、呪言でもあった。「耗を作さず」とは、「害」をなさないようにという意味であるが、鼠のことを俗に「耗子」というように、「耗」は民間では鼠の害にいう地方が多く、そこで、これを駆除する薬を「耗子薬」といい、鼠捕り器のことを「耗夾子」といった。

この鼠の害をもっとも身近に感じるのは、婦女子であったろう。養蚕も機織も、あるいは日々の食事の用意も、すべて女たちの仕事であった。この夜の供え物の「秫米」で作った「花」も、彼女たちが用意したものである。駆除もまた、女性たちの仕事であった。

ここに、蘇州年画の歌辞の中に、『西遊記』にはない「観音大士」が「老猫の精」と変じて登場することの意味があるのではないか。すなわち、ここでも日ごろより自分たちが信仰しているところの霊験あらたかな「観音大士」の力にすがる、あるいは対象が「六賊」の鼠ではあっても、捕殺は一種の殺生であるので、「観音大士」に鼠をその罪業を一身に引き受けてもらえるというようなことになるのではないか。一種の心理的な責任の転嫁であるが、そう考えれば、どれほど慰められたことであろう。しかも、観音は、「観音送子《かんのんそうし》」の言葉があるように、女性たちの守り神であるとともに、子授けのための祈りの対象でもあった。

一方、先に述べたように「鼠」は「子」であるので、多産の「鼠を捕える」ことは、また多くの「子を得る」ことにもつながると、暗々裡に意識されたのであろう。こうしてみると、新年を迎えるに当たって、女たちが率先して張り替える年画の画題の一つに辟邪《へきじゃ》と本願とが一体になった「老鼠嫁女」があり、また民話や習俗として広く全土に伝播しているのは、まことに自然なことである。

それが、蘇州年画においてのみ、『西遊記《さいゆうき》』の「無底洞《むていどう》」の話と結びついた背景には、明清期におけるこの地の繁栄とそこから来る民間の文化水準の高さが関わっているのであろう。この地においては、他の地方の同様の画題に見られるような、鼠が輿《こし》に乗って運ばれていくだけの単純な図案では、多くの女性たちの興味を引くことにならず、購買の対象ともならなかったのであろう。

また、その歌辞に「観音大士」が登場するのは、それが子授けの神であるとともに、女たちの守護神であり、「捕鼠《ほそ》」と「祈子《きし》」との間に介在する表裏一体の微妙な意識が作用したからであろう。この蘇州桃花塢《そしゅうとうかう》の年画に残された歌辞は、そのことを今の私たちに伝えているのではないか。刻本《こくほん》のなかに、これに類する歌辞を記録したものをまだ見出せないが、それだけに年画として残されたことの意義は小さくないであろう。

このことからすると、小説『西遊記』における、この段の物語は、記録にはあまり現れないものの、古くから脈々と伝えられていた民衆の切なる子授けの祈りと鼠駆除の願いを下敷きとして物語化し、取経九九八十一難《しゅきょうくくはちじゅういちなん》の一つとして取り入れられたのだと考えた方がよいようである。

ようやく暖かさを取り戻し始めた早春の夕べ、満月の下の燈火輝く元宵《げんしょう》とその後の外出は、ひと冬の閉ざされた空間からの開放感もあって、しばしば男女が出会う場となった。そうした社会における黙契《もっけい》を背景として、華やぎ浮き立つ空気の中に、「老鼠嫁女」「鼠納婦」に発する「祈子」の信仰と結びついた「走橋《そうきょう》」の習俗は生まれたのであろう。

蘇州の年画には、文字があることから、ここまで背景の文化情報を引き出すことが出来たが、他の地域の図像だけのものからはなかなか困難である。しかし、この「出嫁《しゅつか》」（嫁に出す）という行為によって、災いを文字通り「転嫁《てんか》」するという発想は、他の地方にも見られるものである。その例を次に述べる。

二、習俗「毛虫の嫁入り」

旧暦の四月八日は、釈迦の生まれた日とされる。釈迦の誕生については、生年さえ明確ではなく、有力な説でも、百年のひらきがあるほどであるので、月日については、なおさらに不確かである。中国においても、古くは四月八日ではなく、二月八日（梁・宗懍《そうりん》『荊楚歳時記《けいそさいじき》』など）、十二月八日（宋・賛寧《さんねい》『大宋僧史略《だいそうそうしりゃく》』など）とする地方もあった。これが、四月八日に落ちつくのは、南宋《なんそう》以降のことのようである。

生誕の日が陰暦《いんれき》の四月八日であることの理由として、後秦の聖堅『仏説』は、「春夏の際、殃罪悉《ことごと》く畢《おわ》り、万物善く生じ、毒気未だ行われず、寒からず熱からず、時に気和適す」ということをあげている。四時の気が和し、最も穏やかな時節に、お釈迦さまは誕生されたということになる。しかし、インド・ネパール国境にあったカピラバストゥのルンビニーでは、この時期は雨期のまっただ中であり、いわゆる夏安居《げあんご》も近く、はたしてそれほど快適な時節であったかどうか。従って、いわゆる南伝《なんでん》では、また別の月日があてられているようである。

ところで、この釈迦生誕の日とされる四月八日には、中国では古くからそれに関わる各種の行事が催されてきた。その中で「浴仏《よくぶつ》（灌仏《かんぶつ》）」は、最も普遍的なもので、中国のみならず、仏教流伝《るでん》の地である日本でも盛んに行われてきているることは、周知の通りである。古くは「灌仏会《かんぶつえ》」「降誕会《ごうたんえ》」「仏生会《ぶっしょうえ》」などと称し、陽暦《ようれき》となった後は、春の行事となり、「花祭《はなまつり》」と称する地方が多くなった。よく見られる光景は、小さな御堂《みどう》を花で飾り、水盤に安置した釈尊像に「甘茶」をそそぐ法会である。

これは、仏教の信仰される地域では、かなり「普遍性」をもつ伝統行事である。私たちの明清の地方志の調査によっても、中国のほぼ全域で行われたことが確認された。

ところが、ある地域においては、いわば「普遍性」をもつ「浴仏」とは別に、この日、この時期に大量に発生し、作物について甚大な害をもたらす毛虫を駆除することが行われてきた。現実には赤い紙を剪って作る呪符《じゅふ》を貼ることで、毛虫を駆除せんとするのであるが、四月八日が釈迦の誕生日であることにかけて、御仏の力を借り、またその慈悲深さを示すということで「他所に嫁がせる」という形式を取るのが大きな特徴である。これを「嫁毛虫」という。これまた、災害をもたらすものを他所に嫁がせるという形をとっての駆除であり、先に見た「鼠の嫁入り」と相通ずるメンタリティーによって成立したものである。

私たちは、この習俗が四川省で行われていることを、黄尚軍《こうしょうぐん》『四川方言与民俗』（四川人民出版社、二〇〇二年一月、増訂版）の第二章第八節に見える「四月八、嫁毛虫」によって知ったが、一方で、私たちはこれが四川の地に特有のものであるのかどうかいささか疑問に感じたことから、明清期から現在に至る各種の地方志を調査することによって、その習俗の分布状況が理解できるのではないかと考えるようになった。

その調査結果は、数十ページにわたる「リスト」として提示したが（ここではその一部だけ挙げた。図六、図七）、それを地図の上に表示したのが、その後に示した「分布図」である（図八、図九）。

これによって明らかになったことは、まず「嫁毛虫」の習俗は現在の四川の省域に止まらず、重慶はもとより、北は陝西、東は湖北・湖南に広がっているということである。とくに民国以前については、その傾向が一層明瞭である。すなわち、現在目にする習俗からすれば、四川省および重慶地区に特有の習俗のように見られるかも知れないが、歴史を

No.	省市名	志名(書名)	刊行期日	巻数	部門1	部門2	部門3	部門4	浴仏	駆虫	烏飯	牛	目蓮	放生	備考
45	四川	民国漢源県志	民国30年(1941)		風俗志				●	●					
48	四川	民国瀘南県志	民国4年(1915)	6	雑記志				●	●					
49	四川	光緒黔江県志	清光緒20年(1894)	5	風俗志	習俗			●	●					
49	四川	同治増修 酉陽直隷修総志	清同治3年(1864)	19	風俗志				●	●					
50	四川	道光夔州府志	清道光7年(1827)	16	風俗志	四時風俗			●	●					
52	四川	光緒巫山県志	清光緒19年(1893)	15	風俗				●	●					
52	四川	光緒大寧県志	清光緒12年(1886)	1	地理志	風俗			●	●					
53	四川	民国雲陽県志	民国24年(1935)	13	礼俗 中	歳時			●	●					
58	四川	宣統広安州新志	民国9年(1920)	34	風俗				●	●					
58	四川	民国新修南充県志	民国18年(1929)	7	掌故志	風俗			●	●					
59	四川	民国新修武勝県志	民国20年(1931)	6	礼俗志				●	●					
60	四川	同治新寧県志	清同治8年(1869)	3	風俗	歳時節序			●	●		●			
60	四川	民国渠県志	民国27年(1938)	9	礼俗門	風俗			●	●					
60	四川	民国万源県志	民国21年(1932)	5	教育門	礼俗			●	●					
60	四川	民国宣漢県志	民国20年(1931)	15	人物志 五	歳時節序			●	●					
61	四川	同治営山県志	清同治9年(1870)・ 光緒15年 (1889)増	10	輿地志	風俗			●	●					
62	四川	民国渠県志	民国21年(1932)	5	礼俗志 下				●	●					
64	四川	民国栄経県志	民国4年(1915)	12	風俗志				●	●					
64	四川	民国名山県新志	民国19年(1930)	10	風俗				●	●					
64	四川	民国雅安県志	民国17年(1928)	4	風俗志 第八	節序			●	●					
64	四川	民国蘆山県志	民国32年(1943)	1	風俗	歳事			●	●					
65	四川	咸豊天全州志	民国伝鈔	2	風俗				●						
65	四川	民国新修合川県志	民国11年(1922)	30	風俗				●	●					
66	四川	民国松潘県志	民国13年(1924)	1	風俗				●						
69	四川	民国西昌県志	民国31年(1942)	5	礼俗志				●	●					
69	四川	嘉慶馬辺庁志略	1954年	4	風俗				●	●					「架毛虫」
383	四川	万源県志	民国21年(1932)	5	教育門	礼俗				●					
364	四川	納谿県志	清嘉慶18年(1813) 修・民国26年 (1937)刊	6	風俗志				●						
368	四川	渠県志	民国21年(1932)	5	礼俗志					●					
374	四川	長寿県志	民国33年(1944)	4	節序					●					

図六　地方志に見える四月八日の習俗（部分）

No.	省市名	志名(書名)	刊行期日	巻数	部門1	部門2	部門3	部門4	浴仏	駆虫	烏飯	牛	目蓮	放生	備考
409	江蘇	重修丹陽県志	清光緒11年(1885)	29	風土				●						
424	江蘇	玉峯志	清宣統元年(1909)	上	風俗				●						
426	江蘇	錫金識小録	清乾隆17年 (1752)修・光緒22 年(1896)刊	1	備参 上	四月			●						
428	江蘇	首都志	民国24年(1935)	6	歳時習俗						●				
432	江蘇	蘇州府志	明洪武12年(1379)鈔						●						
435	江蘇	巫正崑山郡志	清宣統元年(1909)	1	風俗				●						
446	江蘇	呉江志	明弘治元年(1488)	6	風俗				●						
456	江蘇	江陰県志	清道光20年(1840)	9	風俗	歳時			●						
463	江蘇	崑新両県続補合志	民国12年(1923)	1	占候				●						
464	江蘇	靖江県志	清光緒5年(1879)	5	風俗				●						
	江蘇	高淳県志	1988年		第二十六篇 社会	第四章 風俗習慣	第一節 時令節日		●		●			●	
	江蘇	江寧県志	1989年		第三十五篇 社会志	第一章 風俗名情	第一節 四時八節				●		●		「送夏」の習俗あり
	江蘇	溧陽県志	1992年		第二十五篇 社会	第二章 民俗	第五節 歳時習俗				●		●		「目蓮」により「烏飯」
	江蘇	金壇県志	1993年		第二十五篇 社会風土	第二章 風俗習慣	第一節 歳時節慶	一 伝統節日			●				「道教習俗」により「烏飯」
	江蘇	句容県志	1994年		第二十七篇 宗教・風俗	第二章 風俗	第二節 歳時礼俗	二 時令礼俗			●		●		「目蓮」により「烏飯」
	江蘇	東海県志	1994年		第三十篇 民俗宗教	第五章 宗教	第二節 宗教節日	二 仏教節日	●						仏教寺院による廟会
	江蘇	常州市志	1995年	48	民俗	第一章 歳時節慶	第一節 歳時		●					●	
	江蘇	太華鎮志	2001年		第二十四章 社会	第三節 民俗風情					●		●		「目蓮」により「烏飯」
	江蘇	溧水県志	1990年		第二十八篇 社会	第二章 風俗	第一節 時令節日				●		●		「目蓮」により「烏飯」
53	浙江	嘉興府志	清光緒5年(1879)	34	風俗				●						
55	浙江	厳州府志	清光緒9年 (1883)増修	4	封域	四時崇尚 (節録旧志)					●				
66	浙江	西安県志	清嘉慶16年 (1811)修・民国6年 (1917)重刊	20	風俗						●	●			
67	浙江	江山県志	清同治12年(1873)	1	輿地志	風俗					●				

図七　地方志に見える四月八日の習俗（部分）

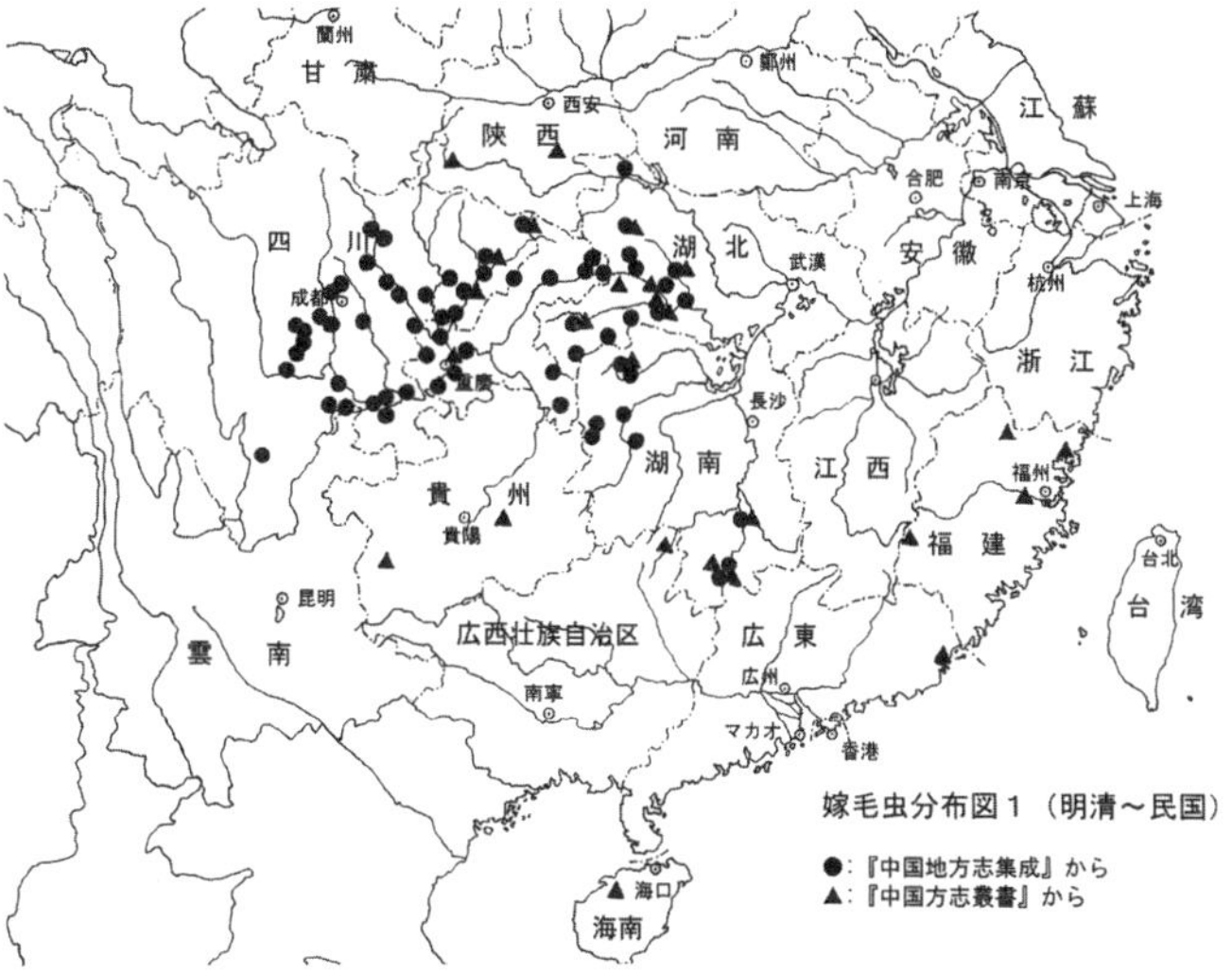

図八　「嫁毛虫」分布図（明清）

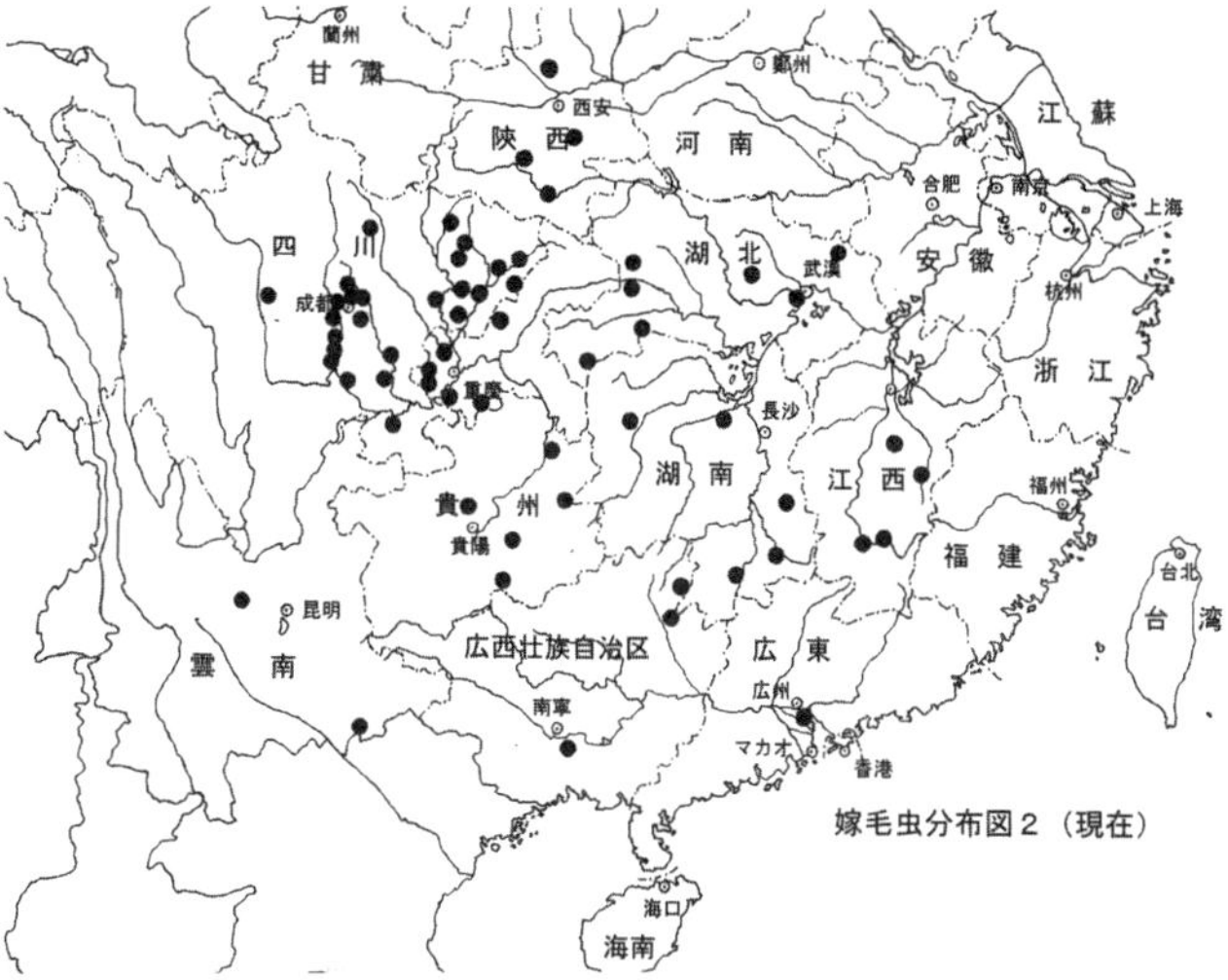

図九　「嫁毛虫」分布図（現在）

遡ると、必ずしもそうではないことが理解できる。
このことは、習俗というものは、少なからずこうした傾向をもつのではないかということを私たちに喚起している。自分たちのエリアの事象だけで習俗の特殊性を論じることはできないし、また現在眼にすることだけで、過去の習俗の存否を論ずることもできない。

次に、この調査の過程で気がついたことは、ある地方志に当該の習俗の記述がないということは、必ずしもその地にその習俗がないということの絶対的な証明にはならないということである。「嫁毛虫」の習俗でいえば、省レベルで編集された地方志には、過去にはそのような習俗があったが、現代では行われなくなったと記述されていても（例えば、二〇〇二年刊の『四川省志』には「今無」とある）、これに属する県レベルが出版する地方志には、今も行われていると記されていることがしばしばある。中央の調査は、基層の村落にまでは十分に行き届いていないことが窺われる。あるいは、あることを知りつつも、無価値なものとして記述しないことも多いようである。

また逆に、県レベルの地元の地方志に記述があるからといって、実際にそのことがその地において行われていることを完全に保証するものでもない。すなわち、過去の地方志にそうした記述があることによって、ただそれを漫然と踏襲して書いただけではないかと思われるものもないではないからである。

ただ、そのようなことはあるにしても、地方志を、時代的にも、地域的にも、網羅的に調査した結果である「リスト」と「分布図」によって、大略の傾向は知ることができるであろう。

また、この調査の過程で明らかになったことは、この「嫁毛虫」の習俗の分布とは別に、この日、「烏飯《うはん》（青精飯《せいせいはん》）」という色つきの米を食べる習俗が、江蘇・浙江・安徽の江左の地を中心に江西・湖南・貴州・広西と、大陸東南部にひろがっていることである。その分布状況は、別の図〔図十、図十一〕として作成したが、「嫁毛虫」の分布と重なる部分をもちながらもかなり対照的であることがわかる。この偏在が何かの意味を持つものであるのかは、これから考えて

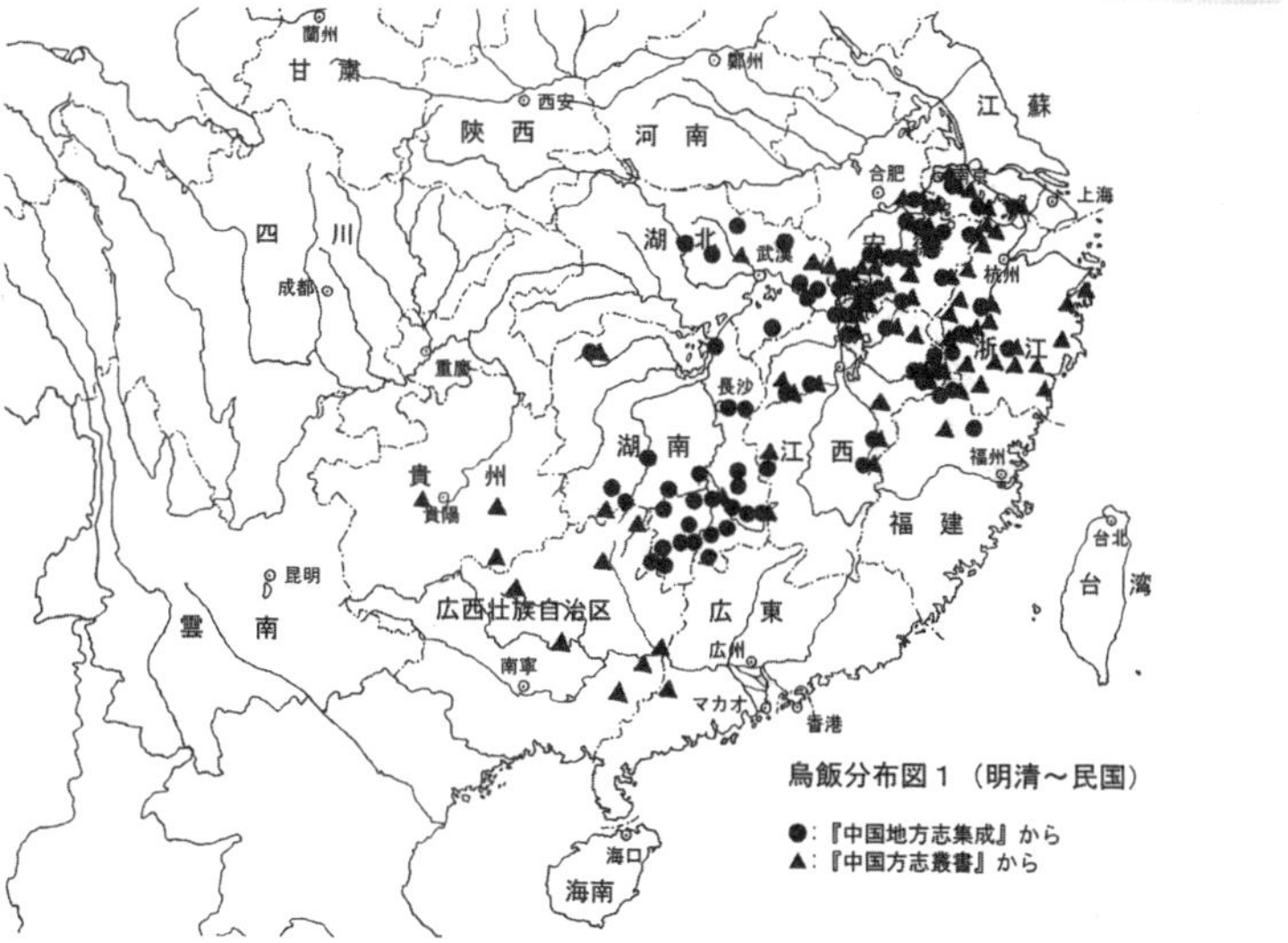

図十　「烏飯」分布図（明清）

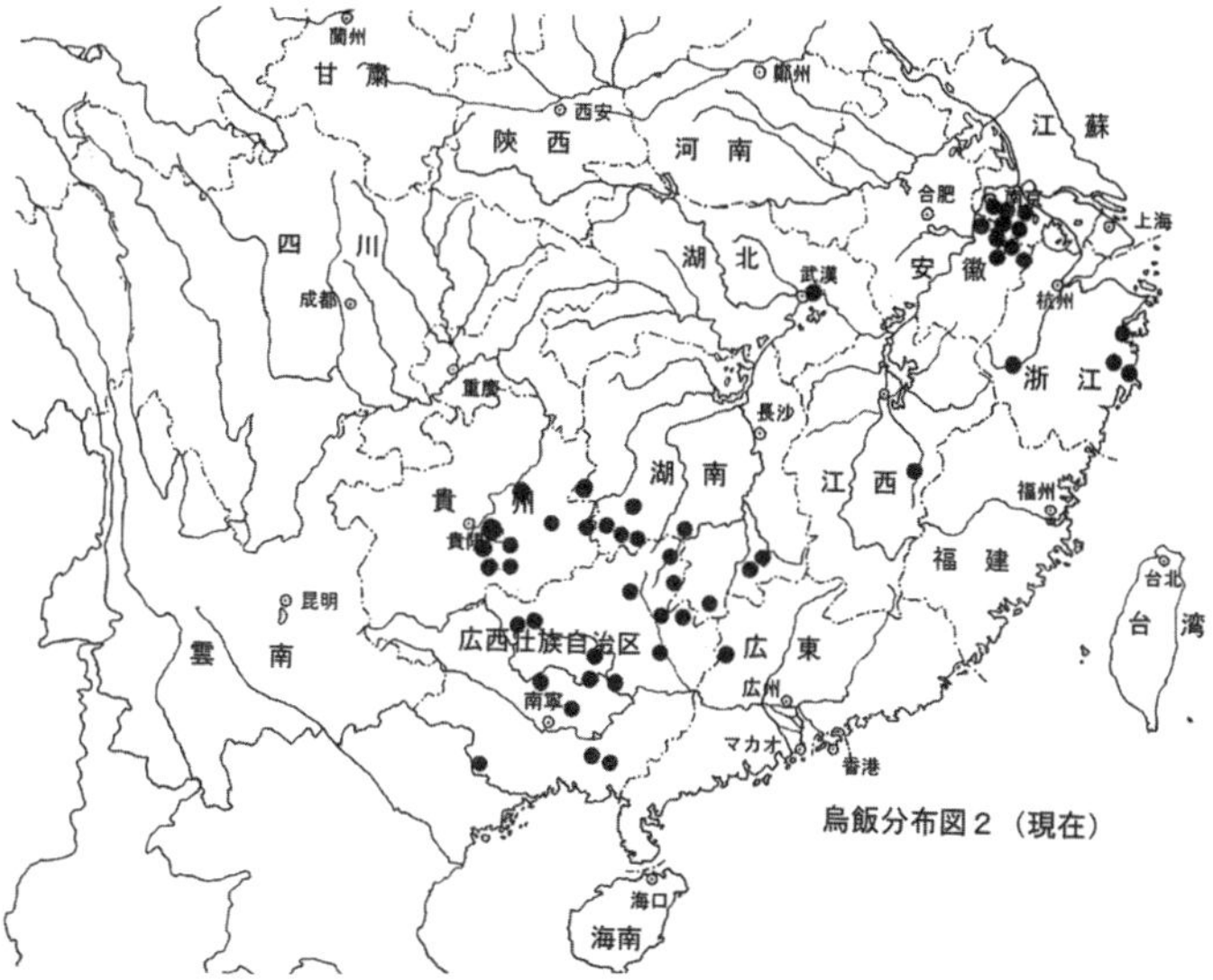

図十一　「烏飯」分布図（現在）

ゆきたいが、興味深い現象であることは確かである。

これによって、ある地方特有とされる習俗についても、丹念に全国の各時代の地方志の記載を調査してゆくと、それなりの分布状況が確認されることから、今後はまた別の事象を取り上げて同様の作業を試みることによって、社会の基層における習俗をある一地方に特有のものとしてではなく、むしろ面的な広がりを持つものとして取り上げることができるのではないかと考える。その上で、その分布サークルをいくつか重ねることによって、はじめて基層の習俗のある傾向が見えてくるのであろう。

たとえば、こうした村落共同体の基層に存在する事象を考えるときに、今日の行政区が、何の意味も持たないことは、もとより周知のことに属するが、しかしあくまで便宜的なものといいつつも、現実の行政区、あるいは国家の領域によって、私たちの思考が縛られているところは少なくないのではあるまいか。

こうした中で、私たちの調査項目のうち、最も意外な分布を示したのが、本来いわゆる茶摘歌に類する労働歌に発すると思われる「採茶山歌」であった。

三、民歌「採茶山歌」

年画の調査の過程で、蘇州桃花塢《とうかう》に「採茶山歌」と題された年画〔図十二〕の残されていることを知り、そこに記された歌辞の解読から興味深い事象の存在に気づかされた。それは、この歌が、茶の栽培が行われている地域で歌われているのだろうという当初の予測を大きく超えて、ほぼ中国全土に広がっていること、しかも歌辞の内容および他の文献に残された記述から、十七世紀後半には確実に存在したことが検証できたことである。その分布の広がりと伝承の古さは、民間における文化の時間と地域を超える生命力の強さを実感させるものである。

図十二　蘇州桃花塢年画「採茶牛図」

蘇州年画に残された歌辞は、次のようなものである。

正月採花瑞香開
多情多義蔡伯階
苦了妻房趙氏女
蔴裙兜土哭墳台

正月花を採り　瑞香開く
多情多義の蔡伯階《さいはくかい》
妻房《つま》の趙氏の女《むすめ》を苦しませ
蔴裙もて土を兜《つつ》み墳台に哭す

二月採茶杏花開
苏秦不第轉家來
堂上爹娘全不采
妻子不肯下机來

二月茶を採り　杏花開く
苏秦第せず　家に轉じ来る
堂上の爹娘《ちちはは》全く采［睬］せず
妻子《つま》も肯ぜず　机《はた》を下りて来たるを

三月採茶桃花開
張生跳过粉墻來
紅娘月下偷棋子
這个姻原天賜來

三月茶を採り　桃花開く
張生粉墻を跳え過ぎり来たり
紅娘は月下に棋子を偷み
這《こ》の姻《えん》原は天の賜い来るなり

四月採茶墻薇開

四月茶を採り　墻薇開く

梁山伯相送祝英台
三年同孶書孶友
不知祝氏女裙釵

五月採茶石榴紅
瑞蘭遇見蒋世龍
招商店内為夫婦
一朝拆散各西東

六月採茶荷花開
王石朋髪妻錢玉蓮
玉蓮抱石投江死
按撫相救永團圓

七月採茶菱花香
刘伶父子过長江
孝女尋夫他州去
推頭遇見俏張郎

梁山伯《りょうざんはく》相送る祝英台《しゅくえいだい》
三年同に孶《まな》ぶ書孶の友
知らず祝氏の女《むすめ》裙釵たるを

五月茶を採り　石榴紅なり
瑞蘭　蒋世龍を遇い見て
招商店《やど》の内にて夫婦と為るも
一朝拆散せられ　各おの西東

六月茶を採り　荷花開く
王石［十］朋の髪妻《つま》の錢玉蓮
玉蓮石を抱き江に投じて死なんとするも
按撫に相い救われ　永く團圓

七月茶を採り　菱花香る
刘伶［伯］父子　長江を過ぎる
孝女　夫［父］を尋ね他州に去く
推頭して相い見る俏張郎

八月採茶桂花香
月梅小姐伴梅香
百花亭上間遊玩
遇見王然兩眼張

八月茶を採り　桂花香る
月梅小姐　梅香を伴い
百花亭上　遊玩間たり
遇い見る王然　兩眼張る

九月採茶菊花黄
鉛山打猎咬脐郎
并州做官刘智遠
磨房受苦李三娘

九月茶を採り　菊花黄なり
鉛山に打猎する咬脐郎
并州に官と做る刘智遠《りゅうちおん》
磨房に苦を受く李三娘

十月採茶芙蓉開
朱買臣当年去買柴
只因妻子帯十敗
逼寫休書兩分開

十月茶を採り　芙蓉開く
朱買臣　当年去きて柴を買い
只だ妻子《つま》の十敗を帯びるに因り
逼られて休書を寫き　兩分に開く

十一月採茶雪花
招君出賽好孤悽
低恨奸賊毛延壽
鴛鴦拆散兩分開

十一月茶を採り、雪花［開く？］
招［昭］君賽［塞］を出て　好《はなはだ》だ孤悽
低《た》だ恨むは奸賊毛延壽
鴛鴦拆散せられて兩分に開く

十二月採茶腊梅開　十二月茶を採り　腊梅開く
蒙正当年來投齋　蒙正　当年來りて齋に投じ
窰中苦了千金女　窰中に千金の女を苦しむ
呑飢忍餓等夫來　飢を呑み餓を忍び　夫の來たるを等つ

以上が蘇州年画「採茶牛図《さいちゃぎゅうず》」に残された「採茶山歌《さいちゃさんか》」である。「採茶山歌」というからには、本来は茶摘みに当っての農事歌から発したものであろうが、いわば数え歌風に、茶摘みとは関わりのない季節の月にまで及んでおり、内容も男女の情愛をテーマとした物語を読み込んでいる。

まず、正月に唱われるのは、一般には元代の南戯、高明《こうめい》の『琵琶記《びわき》』で知られる蔡伯喈《さいはくかい》（階）とその妻趙五娘《ちょうごじょう》の物語である。ただ、『琵琶記』の中では、蔡伯喈は新婚間もなく父の命によって科挙《かきょ》受験のためにむりやり都に行かされ、合格の後は時の丞相《じょうしょう》の目にかない、その娘と結婚させられ、趙五娘とは別れ別れになる悲劇の人物とされている。ところが、ここで「多情多義蔡伯階」と歌われるのは、これ以前の南戯の「趙貞女蔡二郎」における「蔡二郎」のイメージ、すなわち「旧伯喈棄親背婦、為暴雷震死」（徐渭《じょい》『南詞叙録《なんしじょろく》』宋元旧篇）とされるような妻の気持ちにそむく薄情な男として描かれているようである。

二月は、『史記』の列伝に典拠をもつ戦国の縦横家、蘇秦《そしん》が職を得ずして故郷に帰ったときのさまを物語化したもので、やはり宋元の南戯に「蘇秦衣錦還郷」があった。

三月は、元曲『西廂記《せいしょうき》』の張生《ちょうせい》と崔鶯鶯《さいおうおう》の恋物語。二人は紅娘《こうじょう》が取りもつ縁でめでたく結びつくことになるが、「月下偷棋子」の情節は、通行の『西廂記』には見えない。この情節は弘治本《こうちぼん》には残されており、暖紅室刻本《だんこうしつこくほん》『西廂記』の付録に「無名氏囲棋闖局」一折が収録されている。その弘治本の題記《だいき》には「此れ南呂の一折、鶯鶯と題す。紅娘囲棋を着して作す所なり」と見える。この「採茶山歌」の歌辞は、明らかにこれに基づいている。

四月は、民間に最もよく知られた梁山伯《りょうさんはく》と祝英台《しゅくえいだい》の悲劇の物語。山伯は男装して学ぶ英台と知りあい、のちに女であることを知って結婚しようとするが、帰省した英台にはすでに嫁ぎ先が決まっており、果たせなかった。山伯が死んで葬られた後、英台が墓前に平伏して号泣すると、地が裂け、ともども墓に埋まってしまう。その墓からは二人の魂が蝶となって飛んでいく。

五月は、元雑劇『閨怨佳人拝月亭《けいえんかじんはいげつてい》』に語られる物語。時は金の末年、モンゴルの大軍が南下したころ、落ちのびる兵部尚書王鎮の娘瑞蘭《ずいらん》は、書生蔣世隆《しょうせいりゅう》とめぐりあい、結婚を約束するが、王鎮によって仲を割かれてしまう。

六月は、宋元の南戯「荊釵記《けいさき》」に見える銭玉蓮《せんぎょくれん》と貧乏書生王十朋《おうじゅうほう》の恋物語。玉蓮はむりやり富豪の孫汝権《そんじょけん》のもとに嫁がされるが、道中、身を投げて自殺をはかるも、救い出されて、後にはめでたく団円をむかえるというもの。

七月は、元曲「劉孝女金釵記《りゅうこうじょきんさき》」。この作品は、『九宮正始《きゅうきゅうせいし》』では「明伝奇《みんでんき》」とされている。ともにわずかな部分しか残っておらず、むしろこの「採茶山歌」によって、物語の梗概《こうがい》をうかがうばかりである。すなわち、劉氏の孝行娘が父を捜し尋ねていく道中で、張郎《ちょうろう》なる者と出会って結ばれるという話のようである。

八月は、未詳。唱われる「王然」が「王煥」であれば、元の雑劇「逞風流王煥百花亭《ていふうりゅうおうかんひゃっかてい》」の物語であるが、その女主人公の妓女の名は賀怜怜《がれいれい》であるので、あるいは異なる話か。それとも元曲「孟月梅写恨錦香亭《もうげつばいしゃこんきんこうてい》」の話と混同があるか。

九月は、明らかに元の南戯「劉知遠白兎記《りゅうちおんはくとき》」である。五代後漢《こうかん》の皇帝劉知遠が布衣《ふい》にして貧しかったころ、地主の李文奎《りぶんけい》の家に泊まることがあり、その娘三娘《さんじょう》を娶ろうとした。しかし兄嫂の反対にあい、やむなく軍に身を投じ、のち功成り名を遂げて帰る。その間、李三娘は辛苦を味わうことになるが、粉引き小屋で臍《へそ》の緒を咬んで生んだ男の子（咬臍郎《こうせいろう》）が山中で白い兎を狩りする時に母を見つけ、夫婦親子が結ばれる。

十月は、元雑劇「朱太守風雪漁樵記《しゅたいしゅふうせつりょうしょうき》」。朱売臣《しゅばいしん》が貧しかったころ、岳父の劉二公《りゅうじこう》が売臣を発奮《はっぷん》させるために、娘にむりやり離縁状を書かせ、家を追い出させた。路上の銀子は妻である劉二公の娘が用立てしたものであった。後に太守となった売臣は、そのことを知らず冷たくするが、旧友の漁夫の王安道《おうあんどう》からこのことを聞いて、めでたく再び結ばれる。

十一月は、『漢書』や『西京雑記』などに典拠をもつ「昭君出塞《しょうくんしゅっさい》」の物語である。

十二月は、宋元の南戯「呂蒙正風雪破窰記《りょもうせいふうせつはようき》」の物語。蒙正が貧しかったころ、相門《しょうもん》の劉懋《りゅうぼう》が彩楼《さいろう》で娘婿を選ぶことになり、たまたま蒙正に当たった。劉氏は悔やんだが、娘の千金は気持ちを変えなかった。二人して家を追い出された後、道中で物盗りに遭い、全財産を失うが、最後には状元《じょうげん》に合格して、めでたく故郷に帰る。

ここには、ひとまずの目安として、後世の私たちが知る範囲での芝居の名を挙げて、その物語の大筋を記したが、当時の人々も同じような形で当該の恋物語を理解していたかどうかは明らかでない。むしろ、これらに限定されることなく、芝居に止まらず、説話や語り物などさまざまな媒体《ばいたい》を通して、その大略を熟知していたと考えるのが実態に近いであろう。ちょうど今日の私たちが赤穂浪士討ち入りの話を竹田出雲《たけだいずも》らの原作『仮名手本忠臣蔵』を読まずともよく知っているのと同じことである。蘇州年画に残された「採茶山歌」は、何によってということではなく、広く民間に伝えられ、しかも誰もが知る男女の物語を月ごとに詠いこんでいることになる。

しかも、その男女の物語が、多くは徐渭の『南詞叙録』の「宋元旧篇」に、すでにその名を留めるものが多く、三月に詠われる『西廂記』の物語に至っては、明中期の弘治本にしかない情節が唱われていること、さらには全体として清代になって新たに生まれたものが入っていないことなどからすると、遅くとも明末には出現していた可能性の高いことを示唆している。七月に唱われる劉孝女の話も、後世にまとまったものが伝わっておらず、この部分の誤刻の多さも、あるいはこれによって生じたものかとも考えられる。

ところで、この「採茶山歌」の地域的な広がりを考える場合に、有用だと考えられる資料が、早稲田大学図書館の

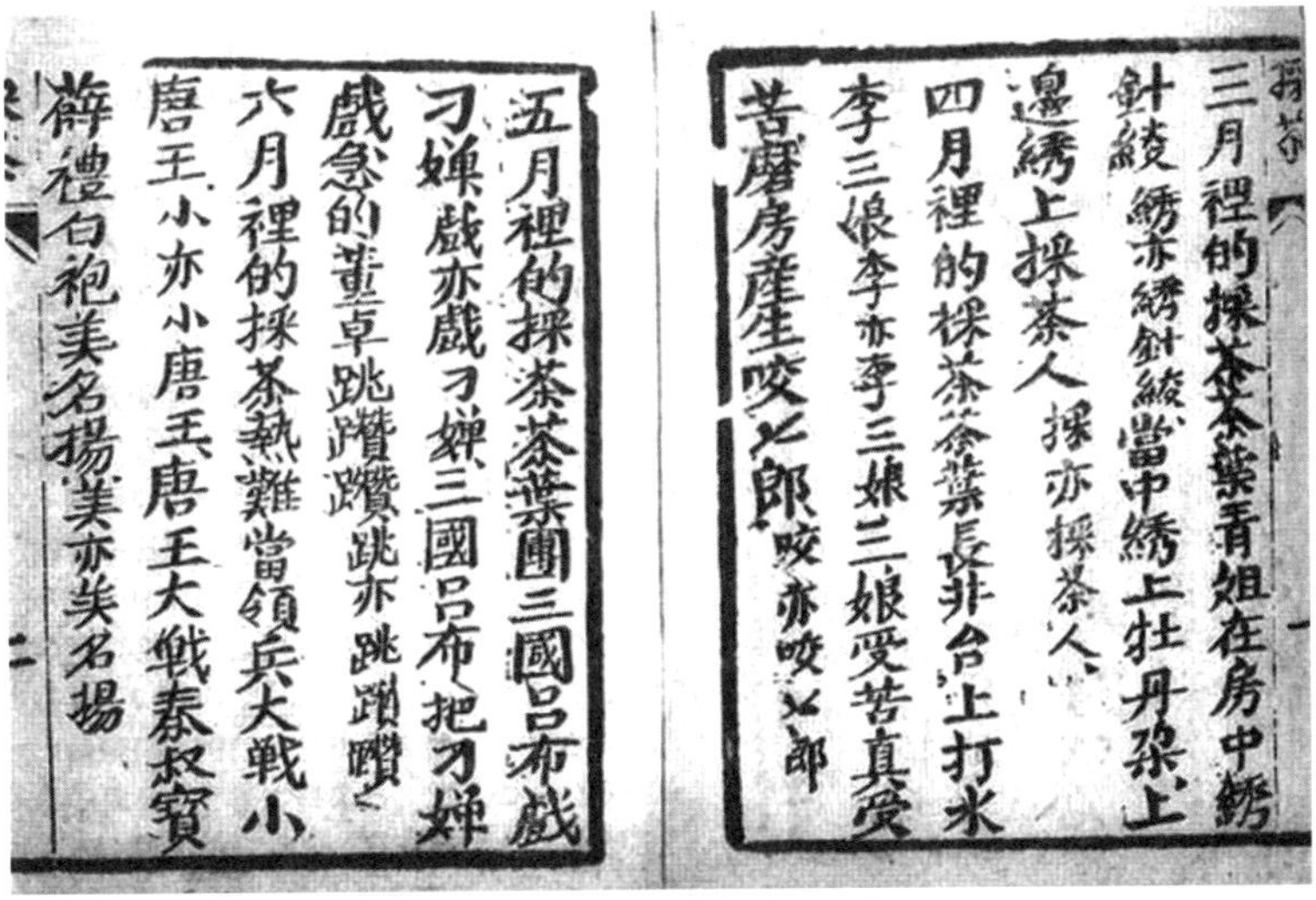
三月裡的採茶茶葉青姐在房中綉
針綾 綉亦綉針綾當中綉上牡丹朶上
邊綉上採茶人 採亦採茶人
四月裡的採茶茶葉長井台上打水
李三娘李亦李三娘三娘受苦真受
苦磨房產生咬七郎咬亦咬七郎
五月裡的採茶茶葉圓三國呂布戲
刁嬋戲亦戲刁嬋三國呂布把刁嬋
戲急的董卓跳躦跳亦跳躦躦
六月裡的採茶熱難當領兵大戰小
唐王小亦小唐王唐王大戰秦叔寶
薛禮白袍美名揚美亦美名揚

図十三　風陵文庫本『新詞採茶』

「風陵文庫《ふうりょうぶんこ》」に残されている。旧蔵主の澤田瑞穂《さわだみずほ》教授が、一九四〇年代初めに北京で滞在したころに収集されたと思われる『新詞採茶』と題する数葉《すうよう》の小冊子である〔図十三〕。「新詞」と冠されているのは、それまで歌われてきた歌辞とは異なるという謳い文句での出版であったからであろう。いずれにせよ、そこには蘇州年画に見えるものとは別の物語、しかも男女の恋物語には限定されぬより広い題材を詠い込んだ歌辞が見られる。

正月裡的採茶是新年　二十四個美女打鞦韆　打亦打鞦韆
劉全進瓜遊地獄　借屍還陽李翠蓮　李亦李翠蓮
二月裡的採茶茶葉發　三下寒江范梨花　范亦范梨花
穆桂英大破天門陣　劉金定報號把四門殺　四亦四門殺
三月裡的採茶茶葉青　姐在房中綉針綾　綉亦綉針綾
當中綉上牡丹朶　上邊綉上採茶人　採亦採茶人
四月裡的採茶茶葉長　井台上打水李三娘　李亦李三娘
三娘受苦真受苦　磨房産生咬七郎　咬亦咬七郎

五月裡的採茶茶葉團　三國呂布戲刁嬋　戲亦戲刁嬋
三國呂布把刁嬋戲　急的董卓跳躦躦　跳亦跳躦躦

六月裡的採茶熱難當　領兵大戰小唐王　小亦小唐王
唐王大戰秦叔寶　薛禮白袍美名揚　美亦美名揚

七月裡的採茶七月七　天上牛郎會織女　會亦會織女
神仙斗有團圓會　金簪畫河分東西　分亦分東西

八月裡的採茶茶葉香　箭射瓊刀李晉王　李亦李晉王
打虎收下李存孝　五龍二虎鎖彥章　鎖亦鎖彥章

九月裡的採茶茶葉黃　伍子胥打馬奔長江　奔亦奔長江
懷揣幼主把江過　楚平王赶的真慌張　真亦真慌張

十月裡的採茶十月一　紂王無道寵妲姬　寵亦寵妲姬
吳王信寵西施女　武王伐紂分東西　分亦分東西

十一月裡的採茶冷清清　薛禮白袍去征東　去亦去征東
三箭奪取東海岸　走馬捎帶鳳凰城　鳳亦鳳凰城
十二月裡的採茶整一年　家丶戸丶綉牡丹　綉亦綉牡丹
牡丹綉在門簾上　着花容易綉花難　綉亦綉花難
十三月裡的採茶閏月年　王禪老祖下高山　下亦下高山
勉手捧定靈丹葯　荅救徒弟薛丁山　薛亦薛丁山
十四月裡的採茶一年多　孫二娘開店十字坡　十亦十字坡
打遍天下無對手　又來了好漢呉二哥　呉亦呉二哥

蘇州年画に見える故事は、月毎に一つの物語であったが、『新詞採茶』の方は、月によっては複数の物語が合わさって唱われるものがある。しかも「十四月」まである。

まず、正月は、『西遊記』にも登場する「劉全進瓜《りゅうぜんしんか》」の故事を踏まえる。劉全は、唐の太宗李世民《たいそうりせいみん》の求めに応じて冥《めい》府《ふ》に瓜を送り届けるための使者となり、毒を飲んで死に、縊死した妻の李翠蓮《りすいれん》を追う。翠蓮は玉英公主《ぎょくえいこうしゅ》の遺体を借りて還魂《かんこん》し、めでたく一緒になるという物語。地獄遍歴《じごくへんれき》や借屍還魂《しゃくしかんこん》といった話が入ることで、民衆の間にはよく知られた物語であった。

二月は、いわゆる「説唐《せっとう》」故事に登場する范《はん》（樊）梨花《りか》と、「楊家将《ようかしょう》」故事の穆桂英《ぼくけいえい》が唱われる。ともに武芸に秀でた女傑《じょけつ》として庶民の間にはよく知られ、人気の高い人物である。劉金定《りゅうきんてい》も女武者《おんなむしゃ》。京劇《きょうげき》「劉金定殺四門《りゅうきんていさつしもん》」では、時代は宋のはじめ、寿州城《じゅしゅうじょう》を包囲されて窮地に陥った恋人をみごとな武術をもって救い出す。ここでは、三つの物語が唱われる。

三月は、刺繍の巧みさが唱われているだけで、故事はない。

四月は、蘇州年画の「採茶山歌」の九月にも唱われた「白兎記」。

五月は、「三国」ものとしてよく知られる「連環計《れんかんけい》」の話。司徒王允《おういん》が、美女貂蟬《ちょうせん》を使って董卓《とうたく》と呂布《りょふ》の間を割き、呂布に董卓を殺させる。

六月は、『隋唐演義《ずいとうえんぎ》』や『説唐演義《せっとうえんぎ》』に登場する唐初の名将秦瓊《しんけい》（叔宝《しゅくほう》）と太宗李世民（唐王《とうおう》）の戦いを唱う。薛礼《せつれい》は、薛仁貴《せつじんき》の名の方がよく通っており、十一月にも登場する。秦瓊は、民間ではのちに尉遅恭《うっちきょう》とともに門神として祀られる。

七月は、説明を要しない、七夕の牛飼いと織女《しょくじょ》の話。

八月は、『残唐五代史演義《ざんとうごだいしえんぎ》』の中心人物の一人、勇猛果敢な将軍李存孝《りそんこう》を唱う。

九月は、『史記』にも列伝のある伍子胥《ごししょ》が呉王闔閭《こうりょ》を佐けて、楚の平王《へいおう》を伐ったことを唱う。

十月は、殷《いん》の紂王《ちゅうおう》が寵愛《ちょうあい》するあまり国を亡ぼすことになったという妲己《だっき》と、美貌比べるものなしといわれ、呉王夫《ふ》差《さ》のもとに献じられた西施《せいし》を唱う。

十一月は、「説唐」もの。唐のはじめ、高麗《こうらい》との戦いの中で、将軍薛仁貴（薛礼）が鳳凰城を計略をもって攻め落としたり、三本の矢で天山《てんざん》を打ち負かした話。薛仁貴は好んで白い袍《ほう》を身につけていたことから、「白袍記《はくほうき》」（明代伝奇）という芝居の名ともなっている。

十二月は、三月同様に故事を唱い込まず、刺繍について唱う。

十三月は、「説唐」ものの中心人物である薛仁貴の子である丁山《ていざん》が父の傷を負ったことを聞いて、王敖老祖《おうごうろうそ》の仙薬《せんやく》をもって山を下りる話を唱っている。

十四月は、『水滸伝』に登場する梁山泊の孫二娘《そんじじょう》。夫の張青《ちょうせい》とともに十字坡《じゅうじは》で人肉饅頭などを売る怪しげな酒屋を開いて、通りかかる旅人を待ちうける。

以上、ここでは、主に小説をもとに説明を加えたが、蘇州年画と同様、それに限定されることなく、いずれについても芝居や語り物などを通して、誰もがよく知っているという社会的背景があったはずである。ただ、同じく故事を唱うにしても、蘇州年画に較べると何とも武張った歌辞ではないか。その間に女功のことが挿入されるのも、逆にいささかぎこちない。しかし、これが北の「採茶山歌」であったのであろう。実際に唱われたものを採録したものかどうかは不明であるが、合いの手のように、繰り返しのフレーズが入ることからしても、実際に唱われることを想定して作られていることは確実である。

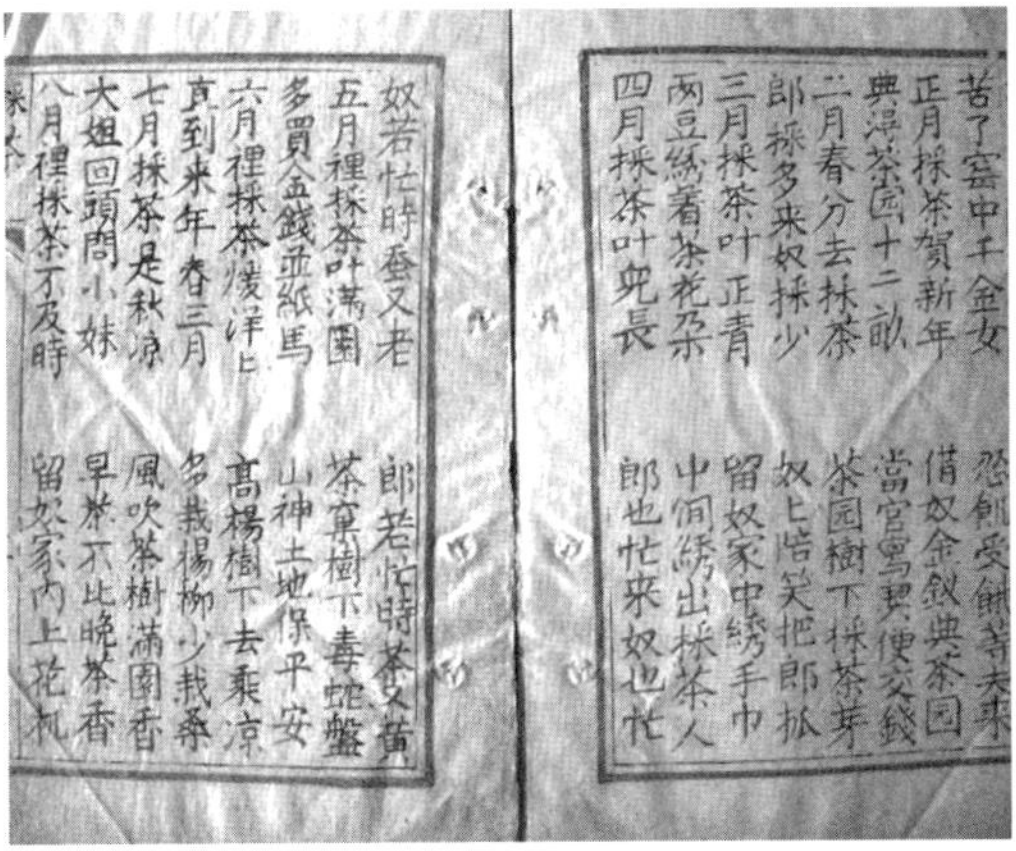
苦了窑中千金女　怨餓受餓等未来
正月採茶賀新年　借奴金釵典茶园
典得茶园十二畝　當官寫契便交錢
二月春分去採茶　茶园樹下採茶芽
郎採多来奴採少　奴上陪笑把郎拡
三月採茶叶正青　留奴家中綉手巾
兩旦綉着茶花朶　中间綉出採茶人
四月採茶叶兜長　郎也忙来奴也忙
奴若忙時蚕又老　郎若忙時茶又黄
五月裡採茶叶满園　茶棄樹下毒蛇盤
多買金錢並紙馬　山神土地保平安
六月裡採茶燒洋洋　高楊樹下去乘凉
直到来年春三月　多栽楊柳少栽桑
七月採茶是秋凉　風吹茶樹满園香
大姐回頭問小妹　早茶不比晚茶香
八月裡採茶不及時　留奴家内上花机

図十四　西諦本『時調唱本』

では、南北いずれにせよ、巷間《こうかん》で唱われた「採茶山歌」というものは、かくも「文芸的」な要素を持つ「民歌」であったかというと必ずしもそうではない。それについては、北京の中国国家図書館に所蔵される鄭振鐸《ていしんたく》（西諦《せいてい》）旧蔵本の『時調唱本《じちょうしょうほん》』に見える「採茶山歌」を見ておかねばならない。それを見ると、「風陵」本の『新詞採茶』に歴史故事を唱う中に女《じょ》功《こう》のことが挿入されたことの経緯も推測できる。

中国国家図書館の所蔵になる『時調唱本』なる冊子（鄭振鐸旧蔵本、図十四）は、北京の中和堂《ちゅうわどう》という書店から出されたものであるが、むしろ蘇州年画に見えるものとほぼ同一の歌辞をもつ「採茶古人山歌」なるものが収められている。「古人」と銘打っているのは、先の風陵本の「新詞《しんし》」と対応するものであろう。すなわち、その時期に唱われているもの（今）があった上での「新」「古」ではなかったか。西諦本の「古人山歌」には、蘇州年画には見えない後段があるばかりでなく、さらにその後に男女、姑嫂の掛け合いの戯歌《ざれうた》が加えられていて、より濃厚に「山歌」の面影を残している。

正月採茶梅花開　無情無義蔡伯喈　苦了妻兒趙氏娘　麻裙包土築坟堆
二月採茶香花開　蘇秦求官空回来　家中爹娘全不保　妻子不肯下机来
三月採茶桃花開　張生跳過粉墻来　紅娘月下偷情事　這段姻縁天上来
四月採茶薔薇開　買臣當初曾賣柴　只因妻兒命八敗　不相宜利两分開
五月採茶石榴紅　瑞蓮遇着蔣世隆　曠野奇逢招商店　一朝拆散两西東
六月採茶荷叶园　十朋結義錢玉蓮　只因抱石投江死　按撫救取得團园
七月採茶菱花香　刘伯父子过大江　孝女尋父他州去　唯豆喜淂遇張郎
八月採茶木犀香　月梅小姐伴梅香　百花亭里閑游戯　遇着陳魁心上郎
九月採茶菊花黄　智遠生下咬臍郎　妻児家中多受苦　夜間挨磨到天光
十月採茶楊柳衰　山伯遇見祝英台　与他三年同攻書　不知祝氏女裙釵
十一月採茶雪花旋　看灯賒酒是周堅　願替趙朔身亡死　趙氏孤兒冤報冤
十二月採茶臘梅開　蒙正當初去赶斋　苦了窑中千金女　忍飢受餓等夫来

正月採茶賀新年　借奴金釵典茶园　典得茶园十二畝　當官寫契便交錢
二月春分去採茶　茶园樹下採茶芽　郎採多来奴採少　奴ヒ陪笑把郎抓
三月採茶叶正青　留奴家中綉手巾　两豆綉着茶花朵　中間綉出採茶人
四月採茶叶兒長　郎也忙来奴也忙　奴若忙時蚕又老　郎若忙時茶又黄
五月裡採茶叶満園　茶窠樹下毒蛇盤　多買金錢並紙馬　山神土地保平安
六月裡採茶煖洋ヒ　高楊樹下去乗凉　直到来年春三月　多栽楊柳少栽桑
七月採茶是秋凉　風吹茶樹満園香　大姐回頭問小妹　早茶不比晩茶香
八月裡採茶不及時　留奴家内上花机　織就綾羅並段疋　與郎做仲販茶衣
九月裡採茶葉作堆　去到江边用小車　臨行許奴金戒子　但等我郎販茶歸
十月裡採茶過長江　脚踏船兒細思量　過了長江忙ヒ走　販了私茶轉還郷
十一月採茶過嶺西　寒ヒ冷ヒ好孤悽　奴在房中烘水炉　郎在路上受奔波
十二月採茶過嶺来　茶兒販尽空手回　等待来年春二月　茶窠樹下再相逢

女問　你去販茶十二年　那里宿来那里眠　脚下鞋子何人做　衣裳着破誰人連
男答　我去販茶十二年　店里宿来店里眠　脚下鞋子將錢買　衣裳着破喚人連
男問　我去販茶十二年　你在家中与誰眠　身上衣衫誰人買　誰人抓破你胸前
女答　你去販茶十二年　同姑伴宿与姑眠

姑嫂相嘲

姑唱　哥ヒ　販茶十二年　不曾踏進你房前　身上衣張郎買　李郎抓破嫂胸前
嫂唱　小姑听　小姑听　你有東庄小後生　肚裡孩兒就要養　奶兒尖ヒ嚇殺人
姑唱　嫂休愁　嫂休憂　番担水一番揉　三番兩次来揉下　丟在深山澗水流
嫂唱　付与江河慢ヒ流　休教磕破我兒頭　不是親娘將兒丟　有娘無爺怎生留

五更採茶歌

初更俏ヒ淹重門　鮫羅怕温啼痕　早晨与郎相別了　只留孤影伴黄昏
二更銀灯烟將殘　獣炉烟断紫沉檀　郎在天涯奴在家　一般両處枕边単
三更銀蟾上東窗　窗間花影断人腸　断一輪来十里月　月明何處照情郎
四更和衣連身眠　我郎夢裡到床前　窗外無情風吹竹　鴛鴦分散不團圓
五更悠ヒ声悲哀　擁衾無寐枕斜挨　曉盼昏時昏盼曉　我郎去了几時来

西諦本『時調唱本』の歌辞の第一段は、先に見た蘇州年画の「採茶山歌」と対照すると、四月と十月の故事が入れ替わり、十一月が「趙氏孤児《ちょうしこじ》」の話となっている他は、字句に若干の異同はあるものの、ほぼ同じである。ところが、このテキストには、それに続く第二段とその後に男女、姑嫂の掛け合いの歌、および「五更採茶歌《ごこうさいちゃか》」なる孤閨の嘆きを唱う歌辞の部分がつけ加わっている。

第一段についていえば、「採茶山歌」なるものが、ほぼ同一の歌辞で蘇州の年画にあり、また北京の出版社から出た冊子にあるということは、どのように考えればよいのか。「採茶山歌」という民歌は、特定の地域にだけで唱われていた「時調」歌というわけではないのだろうか。

第一段の歌辞は、世に知られる男女の物語を詠み込むという点で、文雅な趣きを残しており、蘇州年画では、その「文芸化」された部分だけを文字化して表わしたのであろう。第一段を見れば、後に続く歌辞は、容易に想起できるものではなかったたか。しかし、歌辞の表現が次第に露骨になることもあって、文字化して、部屋（おそらく女性の部屋）に飾るには憚られるところがあったのであろう。そこで、年画の方では、第二段以下を示さなかったのではないか（ここでも、あえて意をもって訳をつけない）。

ここでは、便宜上、第一段を「故事型」、第二段を「農事型」、第三段と第四段を「対唱型」、第五段の「五更採茶歌」を「閨怨型」と呼んでおくことにする。「農事型」とはいうものの、全篇では、夫婦が茶畑を借りて茶葉を育て、秋にはそれを外地に売りに出るが、冬になって空しく帰ってくることを唱い、続く第三・四段への序章となっている。この二つの型の「採茶山歌」は、後述するように、通常それぞれ別々に演じられ、また異なった旋律で唱われるが、まれに「風陵」本の『新詞採茶』に見られるように両者を一段十二月の中に混淆して唱うものもある。「風陵」本において、故事を唱う中に女功のことが挿入されたのは、こうした背景からである。

最後の「閨怨型」の「五更採茶歌」は、ひとり部屋に取り残された婦人の嘆きを唱うが、元来の「採茶山歌」から転化して、遊里で唱われていたのではないかとさえ思われる歌辞である。

この「採茶山歌」なるものが、ただ読まれたり、室内を飾ったりするばかりでなく、実際に唱われていたことは、次の文献によってわかる。

すなわち、一つは、石門（浙江）の人で、康熙十八年に進士となった呉震方《ごしんぽう》（字は青壇《せいだん》）の『嶺南雑記《れいなんざっき》』である。そこには、潮州《ちょうしゅう》の燈節《とうせつ》で演じられた「採茶歌」の様子と歌辞の一部が記録されている。

潮州の燈節に魚龍の戯有り。又た、毎夕、各坊市、扮して秧歌を唱うこと、京師と異なる無し。而して「採茶歌」

尤も妙なり。姣童麗飾し、採茶女と為る。隊毎に十二人、あるいは八人、手に花籃を挈《さ》げ、迭進して歌う。俯仰抑揚、妖妍を備極せり。又た、少長の者二人有り、隊首と為り、綵燈を擎《かか》げ、綴るに扶桑茉莉の諸花を以てす。采女の進退行止、皆な隊首を視る。各衙門、或いは巨室に至れば、歌を唱い、賚《たま》わるに銀銭酒果を以てす。十三夕より十八夕に至りて止む。

この記述によれば、潮州では、正月十五日の燈節をはさむ日の六日間、日が暮れると各坊市からパレードが繰り出され、その中で、舞い踊りながらこの歌が唱われていたことがわかる。やはり、「採茶山歌」は、すでに茶摘みでの労働歌ではなく、年画の題材として描かれるにふさわしいものであった。ここには、その歌辞のうち、二月、三月、四月のものだけが記録されているが、先に挙げた「西諦」本の第二段に近いものである。すなわち、次のようなものである。

二月采茶茶發芽　姊妹雙雙去采茶　大姊采多妹采少　不論多少早還家
三月采茶是清明　娘在房中繡手巾　兩頭繡出茶花朶　中央繡出采茶人
四月采茶茶葉黃　三角田裡使牛忙　手挈花籃尋嫩采　采得茶來苗葉香

また、屈大均《くつだいきん》『広東新語《かんとんしんご》』巻十二「粵歌《えつか》」（康熙《こうき》三十九年、一七〇〇年刊）にも同様の場面の紹介があり、そこにも、なぜか二、三、四月の歌辞だけが紹介されている。歌辞は『嶺南雑記』のものとほぼ同じであるが、四月の末句が「使得牛來茶已老　采得茶來秧又黃」となっていて、幾分かの差異がある。よく似てはいるが、微妙に異なる点が注目される。

この広東における実演の記事から、「採茶山歌」が一七世紀後半には、この歌辞をもって確かに唱われていたことがわかる。先に蘇州年画に残る「採茶山歌」が、その内容から、明代にまで溯り得るのではないかということを推測したが、そこには至らないまでも、必ずしも的外れのことでないことを傍証するものとなろう。「西諦」本の「古人採茶山歌」たる所以でもある。

しかし、こうした遠く離れた地（北京・蘇州・広東）における「採茶山歌」の歌辞の類似は、どのようなことを意味するのであろうか。民歌を地域密着型と考えるのは、ある種の先入観からであろうか、それとも人間の本性に基づく歌は、特定の地域の枠を越えて伝承されたり、あるいは時代をも超えて唱い継がれてゆくものだろうか。少なくとも、地域が異なり時代が移ることによって、表面（辞句）がいくらか変化することはあっても、核になる部分のメンタリティーは変わりにくいということであろうか。

それでは、遅くとも一七世紀後半にはすでに存在したことが確認された「採茶山歌」は、いつの時点まで実際に巷間で歌い継がれていたのであろうか。

今、手元にある一九五六年十一月刊行の江蘇省歌舞団編『江蘇民間歌曲』（第一集）には、溧水《りっすい》県において唱われている「故事型」「農事型」二種類の「采茶灯」が収められている。まず、「故事型」の方は、次のようなものである。それには、音符が付されているので（ここでは、楽譜省略）、確かに唱われていたことがわかる。歌辞は、次のようなものである。

正月采茶梅花开　無情無义的　花兒开　蔡伯喈喃　蔡伯喈
家中丟下趙氏女　麻裙兜土的　花兒开　上坟台　上坟台
三月采茶桃花开　張生跳　粉牆來　紅娘月下傳書信　西廂佳期來相会
五月采花石榴圓　抱石投江錢玉蓮　一双花鞋江边上　叫声我夫王狀元

八月采茶桂花香　鳥山打獵咬臍郎　小小白兔來領路　并边打水見親娘
冬月采茶臘梅開　梁山伯与祝英台　杭州攻書三年整　誰人知道女裙釵

次に、このような男女の恋物語を詠み込むものとは別に、西諦本の第二段や『嶺南雑記』『広東新語』に見たような「農事型」の歌辞を連ねるものも採録されている。楽譜もついているので、これもまた実際に唱われていることが分かるが、そこに記された旋律は、前者とは異なる。やはり楽譜は省略するが、一つの型を示すものとして、一月から三月の歌辞を挙げておく。四月から十二月の歌辞は、省略する。

正月采茶是新年　奴奴在家点茶園
茶園点了十二畝　憑官下来定交差
思想起好悲傷　這回采茶懶梳妝

二月采茶茶發芽　姐妹双双去采茶
姐采多　妹采少　避郎姐姐怕郎找
姐采多來妹采少　避郎姐姐怕郎找

三月采茶茶叶青　奴奴在家绣手巾
両头绣的茶花果　中間绣的采茶人
绣手巾　绣手巾　中間绣的采茶人

これによって、一九五〇年代半ばにおいて、南京《なんきん》の南、安徽《あんき》に接するあたりにある溧水という県では、二つの型の「採茶山歌」が、異なった旋律で唱われていたことがわかる。このことは、最初に見た蘇州年画の「採茶山歌」が第一段の「故事型」の部分しか取り上げていないのではないかと述べたことの一つの傍証とすることができるであろう。

これは、南の地においてだけではない。東北地方の「蹦蹦」という民間の芸人が唱い舞う音楽を紹介した寄明《きめい》編『東北蹦蹦音楽』（三聯書店、一九五〇年十一月、北京）には、「正月裏採茶是新年哪、二十四個美女他打鞦韆哪、劉全進瓜遊地獄呀、借屍哪還魂李翠蓮哪」という「故事型」の歌辞が譜面とともに採録されている。この「蹦蹦」という音楽の源は河北にあり、その地から移住する人々によって東北にもたらされて、定着したものであるという。二人の芸人が地を跳びはねながら唱うので、近年は「二人転《ににんてん》」と呼ばれることが多い。

この一九五〇年代の「採茶山歌」の調査は、当初、試掘的なボーリング調査にすぎなかった。しかし、これによって大激動を経た二十世紀後半以降にも、各地に「採茶山歌」が存在することがおぼろげながらわかってきたことから（別表「一九五〇年代の採茶山歌」、ここでは省略）、次に、国家プロジェクトとして近年陸続として出版されている大部の「中国民間歌曲集成」「中国歌謡集成」「中国民族民間舞蹈集成」について、全面的に調査することに着手した。その調査結果についてては「全国分布一覧表」（図十五。表中のA・Bは、それぞれ故事型・農事型を示す）としてまとめたが、これによって、「故事型」「農事型」のいずれの「採茶山歌」も、ほぼ地域を問わず、きわめて広範囲に広がっているかがわかった。ただ、その中で、「故事型」の「採茶山歌」が、東北地方に多く残っていることも明らかになった。

全国に広がった「採茶山歌」は、歌辞は似かよったところが多く、それぞれある類型（故事型、農事型）をもって唱われていることもわかった。今後の課題は、曲調や旋律にどれほどの差異や地域性があるのかないのかの調査であり、また、「民歌」である「採茶山歌」が、なぜかくも類似の歌辞をもって広範囲に分布し、またその生命力も長いのかに

採集地域	分類	曲名	曲調	類型	初句	頁数
河北・遵化県	小調	採茶		B	正月裏採茶是新年	①686
河北・冀東	小調	採茶		A	正月裏採茶是新年	①687
河北・昌黎県	小調	採茶		A	正月裏採茶是新年	①687
河北・三河県	小調	採茶		B	正月裏採茶是新年	①688
河北・昌黎県	小調	正採茶		A	正月裏採茶是新年	①689
河北・蔚県	小調	反採茶		A	十三個月反採茶	①691
河北・青龍県	小調	倒採茶		B	十二月整一年	①692
山西・祁県	秧歌	倒採茶	祁県過街秧歌	A	十三月反採花倒採茶	①261
山西・陽城県	小調	採茶調		B	正月裏採茶是新年	①661
山西・離石県	小調	採茶調		B	正月裏来採茶是新年	①662
山西・沁水県	小調	十三月採茶歌		B	正月裏採茶是新年	①662
遼寧・丹東市	秧歌	採茶	小場秧歌調	A	正月裏採茶是新年	①509
遼寧・カラチン左翼県	秧歌	正採茶	小場秧歌調	A	正月裏採茶是新年	①511
遼寧・カラチン左翼県	秧歌	正採茶	小場秧歌調	A	正月裏採茶是新年	①512
遼寧・カラチン左翼県	秧歌	倒採茶	小場秧歌調	A	十三月裏倒採茶	①513
吉林・敦化市	秧歌小調	採茶	秧歌帽調	A	正月裏採茶是新年	①295
吉林・敦化市	秧歌小調	採茶		B	正月那個採茶是新年	①296
吉林・長春市	秧歌小調	採茶		A	正月裏採茶是新年	①296
吉林・乾安県	秧歌小調	採茶		A	正月裏採茶是新年	①298
吉林・伊通県	秧歌小調	採茶		B	正月裏採茶是新年	①299
吉林・長春市	秧歌小調	倒採茶		A	十四月裏倒採茶	①299
黒龍江・林口県刁翎鎮	小調	採茶		A	正月裏採茶是新年	①278
黒龍江・チチハル市	小調	採茶		A	正月裏採茶是新年	①279
黒龍江・木蘭県	小調	倒採茶	採茶調	A	十五月裏過了頭	①282
黒龍江・龍江県	秧歌調	十四月採茶	秧歌帽調	A	正月裏採茶是新年	①517
山東・恵民県	小調	十二月採茶		B	十二月採茶過路東	①344
上海・崇明県	小調	採茶調		A	正月裏採茶是新年	①602
江蘇・溧水県	採茶燈	十二月採茶	採茶燈	B	七月採茶七秋涼	①1113
江蘇・溧水県	採茶燈	大採茶	採茶燈	A	正月採茶梅花開	①1114
江蘇・宜興市	採茶燈	十二月採茶	採茶調	A	正月採茶水仙花開	①1115
江蘇・江寧県	採茶燈	正月十五鬧花燈	採茶燈	B	正月十五鬧花燈	①1117
江蘇・江寧県	採茶燈	四月採茶大麦黄	採茶燈	B	四月採茶大麦黄	①1118
江蘇・江浦県	採茶燈	春季採茶茶発芽	採茶燈	B	春季裏採茶茶発芽	①1120
江蘇・江浦県	労働歌・農田歌	四季採茶	山歌	B	春季採茶茶発芽	②59
江蘇・贛楡県	労働歌・農田歌	十月採茶		B	正月採茶是新年	②57
浙江・建徳県	燈調・蓮花	順採茶	茶燈調	B	三月裏採茶茶爆芽	①433
浙江・建徳県	燈調・蓮花	順採茶	茶燈調	B	正月採茶是新年	①434
浙江・衢州市	燈調・蓮花	順採茶	茶燈調	B	正月採茶是新年	①434
浙江・雲和県	燈調・蓮花	順採茶	茶燈調	B	正月採茶是新年	①435
浙江・青田県	燈調・蓮花	順採茶	茶燈調	B	正月採茶過新年	①436
浙江・仙居県	燈調・蓮花	順採茶	茶燈調	B	正月採茶是新年	①436
浙江・東陽市	燈調・蓮花	花採茶	茶燈調	B	正月採茶是新年	①437
浙江・臨海市	燈調・蓮花	倒採茶	茶燈調	B	十二月採茶話過年	①438
浙江・建徳県	燈調・蓮花	倒採茶	茶燈調	B	十二月裏倒採茶待過年	①440
浙江・湖州市	燈調・蓮花	採茶	花鼓調	B	正月採茶梅花開	①482
浙江・磐安県	儀式歌	採茶経	仏曲	B	正月是新年	①556
浙江・金華市	養殖歌	採茶歌	燈調	B	正月採茶是新年	②44
浙江・安吉県	養殖歌	三季採茶歌	山歌	B	谷雨採茶茶発芽	②46
浙江・青田県		青田採茶		B	正月採茶賀新年	③179
江西・南昌県	燈歌	倒採茶		B	臘月裏採茶又一冬	①231
江西・南昌県	燈歌	十二月採茶	茶燈	B	正月裏採茶是新年	①232
江西・進賢県	燈歌	採茶	茶燈	B	正月裏採茶是新年	①236
江西・景徳鎮市	山歌	採茶歌		B	頭遍採茶茶発芽	①388
江西・貴溪県樟坪郷（畲族）	山歌	採茶歌	燈歌・馬灯調	B	正月採茶是新年	①426
江西・鉛山県烏人岩（畲族）	山歌	姐妹双双将茶典	燈歌・採茶	B	正月裏採茶是新年	①427
江西・資溪県烏石郷（畲族）	山歌	十二月採茶歌	山歌	B	正月採茶是採郎	①437
江西・婺源県	小調	十二月採茶		A	正月採茶是新年	①495
江西・玉山県	小調	十二月採茶		B	正月採茶是新年	①503
江西・臨川県	小調	姐在園中摘細茶		B	正月採茶是新年	①525
江西・徳興県	燈歌	十二月倒採茶		B	十二月倒採茶又一年	①584
江西・撫州市	燈歌	採茶	茶燈	B	正月採茶是新年	①595
江西・南城県	燈歌	十二月採茶	茶燈	B	正月採茶賀新年	①601
江西・武寧県	山歌	採茶		B	正月採茶是新年	①773
江西・遂川県	小調	十転茶		B	一転茶、茶生芽	①1094
江西・遂川県	小調	十月摘茶		B	正月摘茶是新年	①1099
江西・萍郷市	燈歌	正月採茶是新年	双採茶	B	正月裏採茶是新年	①1120
江西・蓮花県	燈歌	双採茶	茶燈	B	正月裏順採茶	①1132
江西・瑞金県	燈歌	摘茶	茶燈	B	正月茶是新年	①1318
江西・瑞金県	燈歌	倒茶	茶燈	B	十二月倒茶	①1319
江西・石城県	燈歌	順摘茶	茶燈	B	正月摘茶是新年	①1322
江西・石城県	燈歌	倒採茶	茶燈歌	B	一年唱起倒采茶	①1323
江西・贛南地区		倒採茶		B	一年唱起倒採茶	③397
福建・福鼎県	山歌	正月採花采山茶		B	正月採花采山茶	①116
福建・寿寧県	歌舞歌	倒採茶	採茶歌	A	十二月倒採雪紛紛	①175
福建・古田県	歌舞歌	倒採茶	採茶歌	A	十二月雪紛紛	①179
福建・龍岩市	燈歌舞歌	採茶灯		B	正月算来鬧匆匆	①814
福建・長汀県	燈歌舞歌	順摘茶	船燈調	B	正月摘茶是新年	①821
福建・長汀県	燈歌舞歌	倒摘茶	船燈調	B	十二月倒茶牡丹花	①821
福建・南平市	燈歌舞歌	正採茶		B	正月採茶是新年	①1153

採集地域	分類	曲名	曲調	類型	初句	頁数
福建・建陽県	燈歌舞歌	倒採茶		A	十二月来採茶又一年	①1158
福建・武夷山市	燈歌舞歌	十二月採茶		B	正月採茶是新年	①1162
福建・浦城県	燈歌舞歌	茶燈調		B	正月裏来是呀麼是新春	①1166
福建・邵武市	唱詩念歌	十二月採茶		B	正月採茶是新年	①1176
福建・漳平市（畲族）	雑歌	採茶歌		B	正月採茶是新年	①1381
福建・龍岩市		採茶灯	当地民間小調	A	正月裏来是新年	③307
福建・浦城県		茶灯		A	正月採茶是新年	③363
河南・密県	田歌	姐妹採茶		B	正月裏採茶過新年	①304
河南・商水県	小調	採茶		B	正月採茶是新年	①427
河南・羅山県	小調	採茶調		B	頭遍採茶茶発芽	①428
河南・伊川県	小調	十二月採茶		B	正月採茶是新年	①429
河南・新県	小調	採茶歌		B	頭遍採茶茶発芽	①838
河南・夏邑県	燈歌	採茶歌		B	正月採茶正月喝	①909
河南・盧氏県	燈歌	五月採茶	竹馬調	B	正月採茶是是新年	①912
湖北・黄岡県	山歌	十月採茶	山歌・茶歌・四句子	B	正月採茶是新年	①124
湖北・武昌県	山歌	正月採茶是新年	山歌・採茶歌	B	正月採茶是新年	①125
湖北・宜昌県	山歌	正月採茶是新年	山歌・採茶歌	B	正月裏採茶是新年	①958
湖北・宜昌県	山歌	二月採茶茶発芽	山歌・採茶歌	B	二月裏採茶茶発芽	①959
湖北・宜昌県	山歌	三月採茶茶葉青	山歌・採茶歌	B	三月採茶茶葉青	①959
湖北・宜昌県	山歌	四月採茶茶葉長	山歌・採茶歌	B	四月採茶茶葉長	①960
湖北・宜昌県	山歌	五月採茶茶葉団	山歌・採茶歌	B	五月裏採茶茶葉団	①960
湖北・宜昌県	山歌	六月採茶懸峰嶺上坐	山歌・採茶歌	B	六月採茶懸峰嶺上坐	①961
湖北・宜昌県	山歌	七月採茶茶葉稀	山歌・採茶歌・泥溜調	B	七月採茶茶葉稀	①961
湖北・宜昌県	山歌	八月採茶秋風涼	山歌・採茶歌	B	八月裏採茶秋風涼	①962
湖北・宜昌県	山歌	九月採茶是重陽	山歌・採茶歌・衣？也	B	九月採茶是重陽	①962
湖北・宜昌県	山歌	十月採茶過大江	山歌・採茶歌	B	十月採茶過大江	①963
湖北・宜昌県	山歌	十一月採茶過厳冬	山歌・採茶歌	B	十一月採茶過厳冬	①963
湖北・宜昌県	山歌	十二月採茶過了期	山歌・採茶歌	B	十二月採茶過了期	①964
湖北・宜昌県	山歌	十三月採茶一年年	山歌・採茶歌・陰声子	B	十三月採茶一年年	①964
湖北・宜昌県	山歌	只等来年新茶到	山歌・採茶歌・迎板腔	B	正月去採茶	①965
湖北・興山県	山歌	陽雀採茶	田歌・薅草鑼鼓・叫号子・採茶	B	二月採茶茶発芽	①1106
湖北・興山県	山歌	小幺姑採茶	田歌・薅草鑼鼓・叫号子・採茶	B	三月採茶茶葉青	①1109
湖北・興山県	山歌	採茶閏月年	田歌・薅草鑼鼓・叫号子・倒採茶	B	十三月倒採茶閏月年	①1110
湖北・保康県	田歌	採茶調	田歌・薅草鑼鼓・花鑼鼓・花歌	B	正月裏採茶是新年	①1381
湖北・保康県		採茶歌	燈歌	B	正月採茶是新年	①1472
湖北・十堰市		採茶	燈歌	B	正月採茶是新年	①1474
湖北・丹江口市		採茶	燈歌・四平腔	B	正月採茶是新年	①1479
湖北・南漳県	小調	倒採茶		A	臘月採茶下大凌下大凌	①1495
湖北・竹渓県	小調	倒採茶		A	臘月採茶下大凌	①1499
湖南・臨澧県	田歌	採茶歌		B	三月採茶茶発芽	①245
湖南・邵陽市	燈調	採茶調	地花鼓	C	正月採茶是新年	①593
湖南・新寧県	燈調	十二月採茶	茶燈	B	正月逢春好唱花	①606
湖南・岳陽市	燈調	十二月採茶	茶燈	C	正月採茶是新年	①634
湖南・臨湘県	燈調	三月上採茶	採茶歌	B	三月採茶上茶山	①642
湖南・桃源県	燈調	摘茶調	茶燈	B	三月裏来三月三	①656
湖南・石門県	燈調	採茶	茶燈	A	正月採茶是新年	①673
湖南・花垣県	燈調	倒採茶	茶燈	B	十二月裏完一年	①693
湖南・吉首県	燈調	大採茶	茶燈	B	正月採茶是新年	①699
湖南・鳳凰県	燈調	採茶調	茶燈	B	正月採茶是新年	①711
湖南・鳳凰県	燈調	四季採茶	茶燈	B	正二三春採茶	①712
湖南・辰渓県	採茶歌	十二個月採茶	採茶調	B	正月採茶是新年	②155
湖南・岳陽地区		採茶	地花鼓	C	正月採茶是新年	③180
湖南		十二月採茶		B	十月裏是小陽春?	③338
広西・資源県	小調	姐妹採茶正当春	採茶歌	B	頭遍採茶茶発芽	①519
広西・博白県	燈調	姐妹双双点茶園	採茶・点茶	B	正月点茶是新年	①534
広西・北流県	燈調	歓天喜地過新年	採茶・十二月茶	B	正月採茶妹採正	①535
広西・玉林市	燈調	兄妹双双来摘茶	採茶・摘茶調	B	春季摘茶茶葉新	①537
広西・欽州市	燈調	手挽茶笠回家転	採茶・正茶	B	正月採茶是新年	①539
広西・欽州市	燈調	正月採茶是新年	採茶・正茶	B	正月採茶是新年	①540
広西・平南県	燈調	鴛鴦交頸在山腰	採茶調・賀年宵	B	正月採茶賀年宵	①540
広西・上林県	農田歌	採茶歌	採茶調	B	正月採茶賀新年	②49
広西・金秀県（瑶族）	労働歌・農田歌	採茶歌	過山調	B	正月採茶未出芽	②752
広西・羅城県（仫佬族）	労働歌	採茶歌	四句歌	B	正月裏来是新年	②1122
広西・玉林地区		玉林採茶		B	第一摘茶茶葉青	③539
陝西・安塞県	一般小調	採茶		B	正月裏採茶是新年	①259
陝西・安塞県	一般小調	採茶		B	正月裏採茶是新年	①261
陝西・藍田県	関中山歌	採茶		B	正月採茶茶発芽	①715
陝西・紫陽県	一般小調	順採茶		B	正月採茶是新年	①1287
陝西・石泉県	一般小調	倒採茶		A	臘月採茶下大雪	①1341
甘粛・西和県	採茶歌	採茶		B	正月裏採茶是新年	②256
甘粛・岷県	採茶歌	採茶	採茶調	B	正月裏採茶是新年	②257
貴州・思南県	小調	採茶		A	正月採茶是新年	①116
貴州・綏陽県	小調	正採茶調		B	五月来採茶是端陽	①144
貴州・福泉県	小調	二十四女打秋千	採茶調	B	正月採茶是新年	①150
雲南・玉渓市		大茶山	花燈	B	正月採茶是新年	③96

図十五　「採茶山歌」の全国分布一覧表

ついて考察することである。一つの推測は、西諦本の第二段（農事型）にあったように、茶葉を外地に売り歩くことが、歌の流伝と関わりがあったのではないかということである。

一七世紀後半にこの歌が演じられているのを目撃した呉震方は楽府題《がふだい》の「子夜四時歌《しやしいじか》」に託して「頗る前渓子夜の遺有り」といい、また屈大均は『詩経』を念頭において「雅《が》に幾《ちか》し」と評している。いかにも伝統的な士大夫の見解であるが、両者はともに眼前に繰りひろげられる迎春の習俗の中に「民歌」の本質を見ようとしたともいえよう。

「古代」は、確かに今日の私たちからは（いや、実は、いつの時代の人からも）はるか遠い昔のことと意識されるが、その時代に生み出されたものは姿をかえつつ後世の基層社会のなかに息づいているのではないか。それは、「生きた化石」といわれる農村における仮面劇の調査からの想いでもあるが（拙著『神と人の交響楽　中国 仮面の世界』農文協、二〇〇三年十月）、「採茶山歌」の調査からの結論もその方向と矛盾するものではないと理解する。

確実な記録をたどるだけでも三百年以上の伝承をもつ「採茶山歌」という「民歌」は、内容から見てもさらに古い時代に遡り得ると考えられるが、その種の歌を生み出すメンタリティーは一層古い時代からのものであることは明らかである。いつの時代にも、その時の文化は、意識されることは稀であっても、常に「古代」の影を引きずりながら存在しているのではないかということである。現在においてのみ、例外であるはずはない。

おわりに

中国の衆庶の中に育まれた文化の「地域性」と「普遍性」について、蘇州年画に残された「鼠の嫁入り」にまつわる歌辞、旧暦の四月八日の仏誕会にかかわる「毛虫の嫁入り」「烏飯」の習俗の分布、さらには民歌「採茶山歌」の分布と伝承を通して、いささかかの考察を試みた。

蘇州年画に残された「鼠の嫁入り」についていえば、ほぼユーラシア全域に広がることが知られている、いわば「普遍性」をもつ民話とその図像が、蘇州という地においては『西遊記』と結びつき、その地特有の、すなわち「地域性」を有した発展のしかたをしたことを指摘した。

また、仏教の信仰されている地域において、ほぼ全域に見られる旧暦の四月八日の「浴仏」(「灌仏」)の行事とは別に、「地域」によっては、「毛虫の嫁入り」と称して毛虫の駆除を行ったり、あるいは「烏飯」を食する風習があったりし、それがある塊をなして、いわば一定の「地域性」を持って広がっていることを、「地方志」の記述の点検を通して確認した。しかし、その「地域」なるものは、今日の行政区では、いくつもの省にまたがっており、その範囲は通常の〝国〟の単位をはるかに超えるものであることから、中国をフィールドとする、いわゆる地域研究における「地域」とはいかなる概念で捉えるのがよいか、一定の定義づけが必要であろうと思われた。

最後に試みた民歌「採茶山歌」の分布は、当初の茶葉を生産する「地域」に関わる歌であろうとの予測をはるかに超える全国的な「普遍性」をもつものであった。しかも、文献によって確実にたどれるだけでも三百年余の伝承を持つこうした民歌の生命力は、基層の文化が意外と社会に根を深く張っていること、しかもそれは時代や社会の変動を受けることが少ないことを改めて考えさせる事例となった。

調査の結果は、幾通りかの結果となったが、こうした作業をいくつも積み重ねることで、中国における基層文化の「地域性」と「普遍性」の実態が浮かび上がってくるものと思われる。これまでの初歩的な調査を踏まえて言えば、「地域」的と見なしうる文化現象の中には「普遍性」の共通の根が内在し、「普遍」的な文化現象の中にも「地域性」の発揮される核が内包されているということのようである。従って、もし、人類の文化における「地域性」を指摘するとすれば、その基盤に通底する共通の要素のあることも見逃すべきではないのではないだろうかというのが現時点での私の結論である。

＊本稿は、これまでの数年にわたる「アジア地域文化エンハンシング研究センター」での調査研究の成果の一部である「〈毛虫を嫁がせる〉習俗から見た区域」（『中国古籍文化研究』第一号、二〇〇三年十二月）、「採茶山歌初探――その流伝と分布について――」（『中国古籍文化研究』第二号、二〇〇四年十月）、「蘇州年画《無底洞老鼠嫁女》の歌辞について――補鼠と祈子――」（『中国古籍文化研究』第四号、二〇〇六年十二月）の報告に基づいて、標題の趣旨からこれを整理し再考察を加えたものである。

四川の薬市と唐宋文学

岡崎由美

はじめに

明代の中国各地の民情風俗を詠ったものに、「天下に九福有り、京師は銭福、眼福、屏帷福、呉越は口福、洛陽は花福、蜀川は薬福、秦隴は鞍馬福、燕趙は衣裳福、美女福なり」(明・陳継儒『書蕉』巻上)[1]というものがある。日本のいわゆる「京の着倒れ、大阪の食い倒れ」の類である。時は世につれ、世は時につれの習いで、今ならさしずめ銭福は金融都市への発展めざましい上海、口福は「食は広州に在り」となるだろうか。この中で、蜀川の薬福は長い歴史を持ち、現在に至る。四川は古くから中華薬材の集散地として知られ、今なおお漢方薬の製造・流通に関してその伝統を保っている。四川で「薬市」と呼ばれる薬材の交易市が開かれるようになったのは、伝承によれば、唐代の梓州が始まりであるという。宋・高承『事物紀原』巻八「薬市」に唐王昌遇、梓州人、得道、號易玄子、大中十三年九月九日上昇。自是以來、天下貨藥輩、皆於九月初集於梓州城、八日夜、於州院街易玄龍沖地、貨其所齎之藥、川俗因謂之藥市、遲明而散。逮宋朝天聖中、燕龍圖肅知郡事、又展爲三日、至十一日而罷。是則藥市之起、自唐王昌遇始也。有碑敍其本末甚詳。（唐の王昌遇は梓州の人、得道して、号を易玄子という。大中十三年〔八五九年〕九月九日に昇仙した。これ以来、天下の薬売りがみな九月初めに梓州城に集まり、八日の夜、州院街易玄龍沖地で薬を商う。ゆえに四川ではこれを薬市といい、明け方になって解散する。宋の天聖年間になって、燕粛が郡の長官となり、さらに三日間に延長し、十一日まで行うことにした。これが薬市の起源で、唐の王昌遇から始まるのである。その経緯を詳しく述べた碑がある。）

という起源伝承が見られる。要するに重陽節を利用した市であり、そこに昇仙伝説が結びついたのであろう。ただし、四川の薬市が全国的に名を知られるようになるのは、宋代になってからのようで、その中心地は成都である。九月九日重陽節に開かれる成都の薬市は、宋代の著名な詩人たちに詠われ、隆盛を誇った。明清には、四川の薬材は広東と共に「川広薬材」と並び称せられて全国に流通し、外地の商人が四川広東を行き来して薬材を仕入れ、巨万の富を築くものもいた。明清の小説にもそうした社会事情が反映されている。

這人複姓西門、單諱一個慶字。他父親西門達、原走川廣販藥材、就在這清河縣前開着一個大大的生藥舖。（この人は複姓で西門、諱は慶の一字。父親の西門達は、もともと四川・広州を往来して薬材を商い、この清河県の役所前に大きな生薬店を開いた。）

（崇禎本『金瓶梅』第一回）(10)

話説南宋光宗朝紹熙元年、臨安府在城清河坊南首昇陽庫前有個張員外、家中巨富、門首開個川廣生藥舖。（さて、

南宋の光宗の御世、紹煕元年、臨安府城内清河坊南側の昇陽庫前に張旦那という人がおり、家には巨万の富を擁し、表通りに面して川広生薬の店を開いていた。）

（明・馮夢龍『古今小説』第三十八巻「任孝子烈性爲神」）

以上のように、四川は「薬福」の土地であった。また、こうした豪商台頭の背景には、四川から河北の安国や江西の樟樹、安徽の亳州などの中継点を経由して薬材を沿海部へもたらす流通網が確立していた。成都の薬市は、はるばる外地から薬材を買い付けにきた商人で賑わったことであろう。否、人ばかりではない。薬市の賑わいには人ならざるものも混じっていた。明・陳耀文『天中記』巻下、明・徐応秋『玉芝堂談薈』巻二十一「社日雨」に同様の記事を引く。

成都九月(3)九日爲藥市。人盡入市、吸藥氣。是日雨則仙人在其中。（成都は九月九日が薬市である。あらゆる人が市に足を踏み入れ、薬の気を吸う。この日が雨であれば仙人がその中にいるのだ。）

薬市に仙人が紛れ込んでいるという伝承は、実は唐宋の頃から盛んで、そうした伝承は薬市をより賑わせ、そこで取引される薬の効用に付加価値をつけたであろう。

前置きが長くなったが、以上のような伝統を前提とし、本稿では、薬市が盛んになり始めた唐宋時代を中心に、地域文化としての四川の薬市を文学面から考察する。唐宋の物語や詩、伝承は、四川の薬市をどのようなイメージで描いたのか。言い換えれば、四川の薬市はどのような文学的発想を喚起したのか。そしてさらに、当時の人々の「薬」を巡る文化観はどのようなものであったのか、ということを考えてみたい。

一、四川の薬市の風俗

まず、当時の史書、雑記に見られる薬市の様相を風俗面から拾っておきたい。四川の薬市の起源伝承は前述の『事物紀原』の通りであるが、唐末五代ごろには梓州をしのいで成都が台頭したようで[4]、宋代には成都は押しも押されもせぬ薬都となった。元・費著『歳華紀麗譜』に、「(二月)八日觀街藥市。早に大慈寺の設廳に宴し、晩に金縄院に宴す」、「(三月)九日觀街藥市。早晩の宴は二月八日の如し」、「九月九日玉局觀藥市。監司賓僚を舊宣詔堂に宴し、晩は五門に飲す。凡そ二日、官は幕帟棚屋を爲り、以て遊觀に事う。或るひと云わく、恍惚として仙に遇う者有りと」とあり、二月八日、三月九日、九月九日の三回行われたようであるが、最も盛大であったのは、やはり九月九日重陽節の薬市であった。

宋・陸游『老学庵筆記』巻六に、「成都の薬市は玉局化[5]を以て最も盛んと爲し、九月九日を用う」とある。南宋の著名な詩人である陸游は四川に八年ほど暮らしたことがあり、この記事は実際の見聞に基づくものである。また、宋・荘綽『鶏肋編』巻上に

至重九藥市、於譙門外至玉局化五門、設肆以貨百藥、犀麝之類皆堆積。府尹、監司、皆歩行以閲。亦於五門之下設大尊、容數十斛、置杯杓、凡名道人者、皆恣飲。如是者五日。云亦間有異人奇詭之事。(重陽節の薬市に至っては、譙門外から玉局観五門まで店舗を設けて様々な薬を商い、犀や麝香の類さえ山積みである。府尹や監司らもみな徒歩で見て回る。また五門の下に、数十斛は入ろうという大きな酒樽を用意し、杯や柄杓を置いて、およそ道士を名乗るものは皆好きなだけ飲める。このようなことが五日続く。また、時には神仙の不思議なこともあるという。)

とある。以上を見ると、成都の薬市は、大慈寺や玉局観など寺院道観の門前市であり、その中で九月九日の玉局観門前の薬市が最も盛大であった。高価な珍しい薬材が山積みされ、府尹や監司といった行政長官らも徒歩で見物し、また道士には酒が振舞われた。宋・陳元靚『歳時広記』にも、類似の内容が記されている。

成都九月九日藥市、詰旦盡一川所出藥草異物與道人畢集。帥守置酒行市以樂之、別設酒以犒道人。是日早、士人盡入市中、相傳以爲吸藥氣瘉疾、令人康寧。（成都は九月九日が薬市で、朝早くから四川中で採れるありとあらゆる薬草やら珍しいものと道士がこぞって集まる。お上が市に酒を置いて楽しませ、別に酒を用意して道士をねぎらった。この日は朝から士人がこぞって市に入る。言い伝えでは、薬の気を吸うと病を治し、健康になれるとされている）

「薬の気を吸う」というのは、前掲の『天中記』、『玉芝堂談薈』にも見られたが、薬市を歩いて、文字通り様々な薬の匂いを嗅ぎ、その気を吸うことによって、健康を得るのである。こうした習慣は宋代にすでにあったことが、『歳記広記』の記述からわかる。また、「士人が尽く市中に入る」ような慣わしであったからこそ、薬市に関する様々な記録、伝承も知識人によって続々と書き留められたのであろう。

『鶏肋編』に記された「犀麝の類」のような珍しい高価な薬材は、辺境の少数民族地区からもたらされた。宋・張世南『游宦紀聞』巻二に、

犀出永昌山谷及益州。今出南海者爲上、黔蜀次之、此本草所載云。然世南頃游成都、藥市間多見之。詢所出、云「來自黎、雅諸蕃、及西和、宕昌」、亦諸蕃寶貨聚處。（犀は永昌の山谷および益州で取れる。今は南海産を上物とし、貴州、四川がこれに次ぐ。これは本草の記載に云うものである。しかし、わたくし世南は成都に旅行したおり、薬市でよく見か

けた。産地を訪ねると、「黎州、雅州など諸蕃、それから西和、宕昌から来ます」という。ここも諸蕃の貴重な物産が集まるところなのである。)

という。黎州は現在の四川省漢源のあたり、雅州は四川省雅安のあたりで、当時は吐蕃と境を接する辺境地帯であった。西和、宕昌は甘粛である。

また成都の薬市は、薬材を商うだけではなかった。宋・周煇『清波雑志』巻十二「聚香鼎」に以下の記事がある。

毘陵士大夫有仕成都者、九日薬市、見一銅鼎、已破缺、旁一人贊取之。既得、叩何用、曰：「歸以數爐炷香環此鼎、香皆聚於中。」試之果然、乃名「聚香鼎」、初不知何代物而致此異。(毘陵の士大夫で成都で役人務めをしていた者がおり、九日の薬市で銅の鼎をみかけた。すでに欠け壊れていたが、そばの一人がこれを買いなさいと盛んに勧める。入手してから、どうやって使うのかと訊ねたところ、「幾つかの香炉でこの鼎を取り囲むように香を焚くと、香がみな中に集まるのですよ」という。試してみると果たしてその通りだったので、「聚香鼎」と名づけた。初めはいつの時代のものかわからなかったが、このような不思議を起こしたのである。)

このように骨董も出回り、それがまた思わぬ掘り出し物ということもあったようだ。

しかし、薬市における最大の不思議は、『歳華紀麗譜』に「恍惚として仙に遇う者有り」といい、『鶏肋編』に「間に異人奇詭之事有り」というように、神仙との遭遇譚であった。宋・龐元英『文昌雑録』巻二にいう。

禮部王員外言：前知制誥李大臨、西川人、有門人背傴、不能仰視。一日因藥市罷、見一道士、云：「秀才有錢

丐一二百爲酒資。」此書生云：「家貧無錢、所居有薄釀、同一醉可乎。」道士欣然便往。酒半、道士問何故背傴。書生言：「不幸得此疾、無如之何。」道士因出藥三十粒云：「來日五更面東、以新汲水下。覺微燥、不足怪。」書生如所教、既服藥、燥不可勝。展轉於榻上、亦甚悔之。然每一伸縮漸覺舒便。比明身已直矣。蜀人重藥市、蓋常有神仙之遇焉。（礼部王員外が語ったことである。前の詔勅担当官李大臨は西川の人であったが、門人に背が曲がって仰向くことのできない者がいた。ある日、薬市が終わったころ、一人の道士に出会い、「酒の元手に一、二百の銭があれば恵んでくれ」と言われた。書生が「うちは貧しくて金がない。拙宅に安酒があるので、一緒に飲みませんか」と言うと、道士は喜んでついてきた。酒半ばで、道士はなぜ背中が曲がっているのかと問う。書生は、「不幸にしてこんな病になり、どうしようもありません」と言った。すると道士は薬三十粒を出して、「明日五更の頃、東に向き、新しく水を汲んで飲みなされ。いささか渇きを覚えるが、怪しむに足りぬ」と言った。書生が教わった通り薬を飲むと、渇きが耐え難い。寝床でのた打ち回り、ひどく後悔もした。ところが、体が伸び縮みするごとに次第に気分がよくなる。明け方には体がまっすぐに伸びていた。蜀の人が薬市を重んじるのは、おそらくしばしば神仙に出会うことがあるからだろう。）

薬市に神仙は不思議な薬を携えて紛れ込む。宋・蔡絛『鉄囲山叢談』巻六に、

往時川蜀俗喜行毒、而成都故事、歳以天中重陽時開大慈寺、多聚人物、出百貨。其間號名藥市者、於是有於窗隙間呼「貨藥」一聲、人識其意、亟投以千錢、乃從窗隙間度藥一粒、號「解毒丸」、故一粒可救一人命。夫迹既叵測、故時多疑出神仙。（往時、蜀川の風俗ではよく毒が用いられた。成都の故事に、毎年五月五日と九月九日に大慈寺を開き、多くの人が集まって、さまざまな品を商った。その中に薬市を称する者がおり、窓の隙間から「薬買わんか」と呼ばわる。その意味を悟り、すぐに千銭を投じると、窓の隙間から薬を一粒渡す。「解毒丸」と称し、一粒で一人の命が救える。神出鬼没なの

で、神仙ではないかと当時多くが疑った。）

という。そもそも神仙と薬は深い関わりがある。晋・葛洪『神仙伝』には、山に入って金丹・神丹を作り、それを服用して昇仙するという描写が少なからず見られる。後世に成立した道教は民間化・世俗化の中で、不老長生の法を追求することから、気功養生、煉丹など医学・薬学に深い関心を寄せ、こうした神仙の方術も吸収した。神仙は山中に不老長生の薬を研鑽する神出鬼没の隠者、道士はその予備軍あるいは神仙が俗世に出現する際の仮の姿、というのが、あまたの神仙伝承の描くイメージである。薬市は薬を媒介に、神仙がこの世に出没する舞台を提供しているのである。

二、詩詞に詠われた薬市

『全唐詩』には四川の薬市を詠んだものは見当たらない。少なくとも「薬市」は詩語としては定着しておらず、詩の題材としても成熟していなかったのであろう。しかし、宋の詩詞には四川の薬市を題材としたものが少なからずあり、その隆盛を見ることができる。

薬市をよく詩に詠んだのは、南宋の詩人陸游であろう。陸游は既に述べた通り、乾道六年（一一七〇）から淳熙五年（一一七八）まで四川で八年余りを過ごしたうえ、薬学に深い関心を寄せて研鑽した人でもあった。(6) 四川でもしばしば薬市に足を運んだであろう。「初春懐成都」（『剣南詩稿』巻十二）「戊午重九」（同巻三十七）「野興」（同巻五十五）「山村道中思蜀」（同巻五十九）など、いずれも四川の薬市を詠んでいる。

例えば「戊午重九」は、以下のように詠う。

朋舊相望天一涯　朋舊相望む　天の一涯
登高結伴只鄰家　登高して伴を結ぶはただ隣家のみ
秋風自欲吹紗帽　秋風自ら紗帽を吹かんと欲し
衰鬢何曾泥菊花　衰鬢　何ぞ曾て菊花を泥《とど》めん
藥市神仙思益部　薬市の神仙に　益部を思い
餻盤節物記京華　餻盤節物に　京華を記《おぼ》ゆ
自憐病後歡悰薄　自ら憐れむ　病後　歓悰の薄きを
小醉歸來日未斜　いささか酔いて帰り来たれば日未だ斜めならず

「益部」は益州即ち蜀を指す。「神仙も訪れる重陽節の成都の薬市」というモチーフが、蜀を懐かしむ心情描写に用いられている。

陸游が成都にいた頃、一時その上司であったのが、陸游と並び称せられる詩人の范成大である。范成大は淳熙二年（一一七五）、四川安撫制置使に除せられて成都に下り、同四年に呼び戻されて礼部尚書となった。范成大の詩「九月八日池口に泊す」（『石湖詩集』巻十九）でも、

我從落日西　我落日の西より
忽到大江東　忽ち大江の東に到る
回首舊游處　首を回らす　旧遊の処
曛黃錦城中　曛黄　錦城の中

薬市并樂事　薬市　楽事を并《とも》にし
歌樓沸晴空　歌楼は晴空に沸く
（抜粋）

と、成都の薬市の歌舞音曲に騒ぐ歓楽のさまを回想している。「錦城」は成都の別称である。

また、時代は遡るが、北宋の詩人黄庭堅も四川に六年を過ごした人で、「高士敦の成都鈐轄に赴くを送る」詩の第二首で、「燭を焼く海棠の夜、衣を香らしむ薬市の秋」と、重陽節の成都の薬市を詠っている。衣まで薬材の移り香が香る薬市で、士人は薬気を吸い、健康を求めたのである。

宋詞の方面では、京鏜が成都の薬市をよく詠んでいる。京鏜も淳熙十五年（一一八八）、四川安撫制置使を拝命し、成都に赴任した。紹熙二年（一一九一）、呼び戻されて刑部尚書となっている。「洞仙歌（重九薬市）」詞では、「三年錦里、重陽の薬市を見る。車馬喧しく闐《み》ち管絃沸く」と薬市の賑わいを詠い、また「木蘭花慢（重九）」詞でも、「蜀人従来事を好み、良辰に遇いて、時光に負《そむ》くを肯ぜず。薬市家家の簾幕、酒楼処処の糸簧」と、重陽節の良い時候を見逃すなとばかり、酒楼で管絃に興じる薬市の享楽を描いている。

このように薬市は単なる薬の交易市場ではなく、町を挙げての祭りであった。

薬市の開催場所、成都の玉局観も、詩詞に詠われた。京鏜の「雨中花（重陽）」詞では、

玉局祠前、　玉局祠の前、
洞壺閣畔、　洞壺閣の畔、
錦城薬市争奇。　錦城の薬市　奇を争う。
正紫萸綴席、　正に紫萸もて席を綴り、

黄菊浮卮。　　黄菊　卮（さかずき）に浮く
巷陌聯鑣並轡、　　巷陌に鑣（くつわ）を聯ね轡（たづな）を並べ、
樓臺吹竹彈絲登高望遠、　　楼台に竹を吹き糸を弾じ登高して遠きを望む
一年好景、　　一年の好景、
九月佳期。　　九月の佳期。

と詠う。このように京鏜は盛んに重陽節の成都の薬市の賑わいを題材にしており、よほど印象深く詩想を触発されたものであろう。

さらに、玉局観前の薬市のありさまを細かく具体的に描写したのが、度正の詩「歩みて玉局より判院塗文の廨舎に会飲し正に日字を得る」（『性善堂稿』巻二）である。度正も南宋の嘉定年間に重慶府の知府を務めたことがあり、そのおり成都玉局観の薬市を訪れたのであろう。その薬市のありさまは、次のように描写されている。

席地堆雄附　　地に席（むしろ）して雄附を堆み
連盤佇參朮　　盤を連ねて参朮を佇《たくわ》う
雲乳色晶熒　　雲乳は色晶熒にして
沈檀氣芬苾　　沈檀は気芬苾たり
溪毛極草莽　　溪毛は草莽を極め
水族包蟲蛭　　水族は虫蛭を包む
貴者如丹砂　　貴き者は丹砂の如く

賤者如乾漆　賤しき者は乾漆の如く
苦者如膽礬　苦き者は胆礬の如く
甘者如石蜜　甘き者は石蜜の如く
陳者如醐醍　陳《ふる》き者は醐醍の如く
新者如棗栗　新しき者は棗栗の如し
來爲中國用　来りて中国に用いられるも
往往四夷出　往々にして四夷より出づ
海賈冒風濤　海賈は風濤を冒し
蠻商經崒嵂　蛮商は崒嵂を経たり

玉局観門前の薬市は、むしろを敷き、大きな盆を並べて、そこに「雄附（雄黄と附子）」、「参朮（人参と白朮）」、「雲乳」「沈檀（沈香と檀香）」「丹砂」「乾漆」「胆礬」「石蜜」などの薬材が並ぶ。植物性のもの、動物性のもの、鉱物性のもの、様々な薬材は、塩漬けの肉のように黒く干からびたものもあれば、採りたてのつやつやしたものもある。これらはたいていが辺境の異民族が中国にもたらすもので、海商は風と波を冒し、異民族の商人は険しい山々を越えて運んでくるのである。そのように詠うこの詩は玉局観薬市の情景を、薬材がもたらされる背景までありありと描き出している。

最後に、「薬市には神仙が紛れ込む」という発想もまた、宋代の詩詞では一つのモチーフとなっている。前掲の京鏜「洞仙歌（重九薬市）」詞の末尾では、「物外を道うに、高人の時に来る有り、龍蛇を混雑するに問う、箇《そ》の中に誰か是れならんと」と締めくくる。薬市に神仙が紛れ込む、というモチーフを詠んだものである。物外は俗世間の外、高人は「異人」「神仙」と同様に、俗人の世を超越した人を指す。様々な人が入り混じる中で、いったい誰がその高人なのでし

ようか、というのである。他にも、

遙知行樂處　遥かに知る行楽の処
藥市隱真仙　薬市　真仙を隠す

范祖禹「九日諸弟に寄す」(『范太史集』巻三)

錦江喧士女　錦江　士女喧しく
藥市混仙樵　薬市　仙樵混じる

朱翌「吏部張尚書の成都を帥べるを送る」一百韻(『灊山集』巻三)

のように、成都の薬市を描いた詩に詠み込まれている。

以上のことから見るに、「四川の薬市」は、宋代に至って急速に詩の題材として成熟した。そのイメージの源泉はもっぱら成都玉局観の薬市の隆盛であり、重陽節の季節感と景物を表現する地域性を持ったモチーフとして機能したのである。また、そうした詩的モチーフの成熟の背後には、陸游を筆頭とする宋代の名だたる詩人が成都を訪れ、薬市を実体験し、さらにそれを詩的に表現したことの影響を軽視することはできまい。その積み重ねが、薬都成都のイメージを定着させていったのである。例えば、宋の詩人范仲淹が「章岷従事の闘茶歌に和す」詩で、

長安酒價減千萬　長安の酒価　千万を減じ

成都薬市無光輝　成都の薬市　光輝無し

と詠ったのは、銘茶の素晴らしさ、闘茶の面白さをアピールするために、喩えとして引き合いに出したものである。ここにおいて、「成都の薬市」は、喩えになりうる詩語として定着しているといえる。

三、「採薬」と仙境訪問

成都の薬市に神仙が出没し、不思議なことが起きる、という、その神仙はどこから薬市にやってくるのだろうか。まず、北宋の太平興国年間（九七六―九八三）に編纂された『太平広記』所収の一つの伝承を見てみたい。『太平広記』巻三十一「許老翁」であるが、これには二つの異伝が収録されている。以下あらすじを記す。

A．許老翁はいつのころからか峨嵋山に隠棲していた。唐の天宝年間（七四二―七五五）、益州の官吏の妻に李氏という美女がおり、夫が吐蕃へ使者に立ったきり、三年間音信不通であった。ある日、裴という兵曹が李氏の親戚だと名乗って訪ねてきた。李氏は裴兵曹に心奪われ、夫婦になった。おりしも節度使の章仇兼瓊が李氏の美貌を噂に聞き、一目見ようとて、夫人に府県の官吏の妻たちを招待させた。李氏は一度は断るが、強引に迫られて出席することになった。礼服を身にまとった李氏を見て、裴兵曹は衣装が気に入らず、下僕に代わりの衣装を取って来させる。衣装が届くと、不思議な香が立ち込め、裴兵曹は、「許老翁に知られたらまずいなあ」と漏らした。章仇兼瓊は、李氏の美貌をいっそう引き立てる衣装を人の世のものではないと見抜き、試しに水や火にくぐらせてみたところ、傷一つつかない。李氏からいきさつを聞いた章仇兼瓊が、裴兵曹宅を捜索させるともぬけの殻だった。衣装を皇帝に献上したところ、許老翁を探せと命じられた。章仇兼瓊は相手は仙人であろうから、薬屋に現れるに違いないと推測し、薬師にそれらしい人物を待つよう命じる。すると子供が薬を買いに来たので、これは許老翁の弟子ではないかと思い、わざと質の悪い薬を渡した。子供はまた戻って来て、「主の許老翁が怒っている」という。章仇兼瓊は子供の案内で許老翁のもとへ部下を遣わし、官邸へ招いた。許老翁は、裴兵曹が天界の上元夫人の衣装係だったと告げ、章仇兼瓊の求めに応じて都に赴く。そして、衣装係はどうなったかと問われて、罪を得て人界の一国主に転生したと答える。また件の天衣をどうするかと問われて、許老翁は「清浄な場所に広げて置けば、取りに来る者がいる」という。その通りにすると、つむじ風が衣を雲の彼方に巻き上げ、瞬く間に許老翁の姿も消えていた。(出『仙伝拾遺』)

B．天宝年間、崔という役人が成都で亡くなった。未亡人は美貌であったので、節度使の章仇兼瓊が我が物にしようと思い、五百里以内の女たちを宴に招待するよう夫人に勧め、広く触れ回らせた。ところが、崔の未亡人はすでに親戚の盧生と再婚していた。盧生は章仇兼瓊の下心を悟って、妻は病気だと断る。怒った章仇兼瓊は兵を出して捕らえようとその家を囲んだ。盧生は泰然自若として、妻にこれから届く衣装を着て出かけるよう言い含め、自分はロバに乗って門を出た。取り囲んだ兵士は捕らえようとしたが、どうしても追いつけなかった。やがて妻のもとに衣装が届いたが、それは人の世のものではなかった。その衣装をまとって宴会に赴いた妻は、光り輝くようで、誰もが威光に打たれ、ひれ伏したのである。しかし、宴会から戻った妻は三日後に死んだ。驚いた章仇兼瓊は、玄宗に一部始終を奏上した。玄宗が方士の張果にわけを問うと、「わかっていますが、口には出せません。青城山の王老にお聞きください」という。章仇兼瓊が玄宗に命じられて青城山を捜索するが、王老は見つからない。ただ、薬屋から、「王老の使いと名乗っていつも薬を売りにくる二人連れがいる」と聞き及んだので、部下にその二人の跡をつけさせると、果たして王老の草堂にたどり着いた。王老は、「これはおしゃべりな張果の小せがれめに違いないな」といい、都へ赴く。張果を叱りつけた王老は、盧生が天界の太元夫人の納戸係であること、罪を得て欝単の天子に転生したこと、未亡人が死んだのは太元夫人の衣装を着た罪によることなどを告げる。そして暇乞いをすると、その後行方がわからなくなった。（出『玄怪録』）

A『仙伝拾遺』版とB『玄怪録』版の共通の骨格は以下の通りである。

①夫と生別／死別した美貌の人妻が再婚する。
②節度使の章仇兼瓊がこの人妻を呼ぶために、夫人に女たちの宴会を開かせる。
③人妻は二度目の夫が用意した「天衣」をまとって出席する。
④天衣の不思議を説明させるため、仙人を探す。
⑤薬屋を訪れた仙人の弟子を手がかりに、居場所を突き止める。
⑥仙人が謎を解く。

この話は、前半①〜③が謎の提供、後半の④〜⑤が謎解きの二部構成といえる。謎を提供するのは、人界の美女に恋した天界の衣装係の異類婚姻譚であり、謎解きの方は神仙譚によく見られる人知を超えた予言・解説の類である。狂言回しとなる剣南節度使の章仇兼瓊であるが、『太平広記』には他にも、彼が遭遇した蜀の地の神仙譚や怪異譚が幾つか収録されており(7)、この伝承にも彼の好色を揶揄する趣が含まれていることから、章仇兼瓊という人物を素材として出てきたものと思しい。神仙の居場所が峨嵋山や青城山といった四川の霊峰であることも、「剣南節度使章仇兼瓊」という土地と人物の限定的な結びつきを発想の源とすることを考えれば不思議はない。すなわち、この伝承は初めから地域性を持った話なのである。

最も興味深いのは、「薬市」という設定でこそないものの、薬屋（原文は「薬肆」）に張り込みをして仙人を訪ね当てる、という発想である。いわば、人為的に仙人を捕捉する作戦なのであった。

しかしその一方で、仙人はおおむね深山に迷い込んだ人が偶然に出くわすものという発想がある。仙人は出会おうと思って出会えるものではない。むしろこちらの発想の方が、我々日本人にも馴染み深いのではないか。代表的なものとしては、「王質爛柯」の故事や[8]「劉晨阮肇」の故事が[9]あげられよう。前者は、晋の時代、王質というきこりが石室山で二人の童子が囲碁を打つのを見かけ、しばらく見物する。気がつくと傍らに置いた斧の柄が古びて腐り果て、家に帰ってみると数百年が経過しており、顔見知りは誰もいなくなっていた、というもの。後者は、劉晨と阮肇という二人の男が天台山へ薬草採りに入り、道に迷って二人の美女の住まう家にたどり着く。男たちは二人の美女にもてなされ、枕を共にする。半年後、劉晨と阮肇は帰途につくが、帰りついた村はすっかり様変わりし、十世が過ぎていた、というものである。とりわけ六朝の志怪小説には、こういった山中で異界に迷い込んでしまう話が少なくない。加えて、人里に戻ると数十年、数百年が経過していた、というのもよく見られる結末である。

注目すべきは、意図せずに山中で異界に迷い込むのに、薬草採り――「採薬」という行為が契機となることである。晋・葛洪『神仙伝』巻六「呂文敬」は、太行山へ採薬に行った呂文敬が、山中で三人の神仙に出会った。彼らと二日間一緒に薬草採りをして、不死薬の秘法を授かる。家に戻れば空家ばかりで、村人は「二百年余り昔に、呂文敬という人が太行山へ採薬に入ったまま行方がしれないとの言い伝えがある」という。呂文敬は、道士になっていた呂習という子孫を尋ね当て、秘薬を伝授して去った。すでに齢八十に及んでいた呂習は薬を飲むと若返り、二百歳を過ぎて山中に入った、という。このように、「採薬」を契機とした浦島太郎風の仙境訪問譚は、古くからある。

そこで、四川に目を向けると、『太平広記』巻二十五「採薬民」[10]に類話がある。

唐の高宗の顕慶中（六五六―六六〇）、蜀の青城の民が、青城山で採薬をしていたところ、穴に堕ち、地の底で見つけた洞窟を辿って行くと、仙境に迷い込んだ。そこには玉皇や玉女など神仙があまたおり、民はそこで道術を授かり、一年余り修行を続けた。やがて家族が気になり、暇乞いする。去り際に仙女が、砧石の下に仙薬を置いたので、それを飲めばまた戻って来られると教えた。故郷に帰り着いてみれば、家は瓦礫と化し、九十歳を越えた老人が、「私の祖父は九十年前に採薬に出て行方が知れない」という。これが採薬民の孫であった。時はすでに玄宗の開元末年である。おりから、民の仙境訪問を聞き及んだ方士の羅公遠が、「そこは、第五洞天宝仙九室の天である」といった。民は瓦礫の中から砧石を見つけ、金丹を飲むと、仙境への帰り道を思い出し、山へ入って行方を絶った。

物語は、「おそらく洞天へ帰ったのであろう」と締めくくっている。採薬に行き、仙境に迷い込み、神仙の秘術を授かり、故郷に帰り、高齢の子孫に会い、仙薬を飲み、山へ入る、という話の骨子は、『神仙伝』「呂文敬」に酷似している。六朝以来の伝承を受け継いだものであろう。

なお、青城山の洞窟については、『太平広記』巻十四「崇山叟」（出『神仙拾遺』）に『茅君伝』を引用して「青城はこれ第五洞九仙宝室の天にして、周は廻ること二千里、十洞天の一なり」という。青城山が十洞天の一つ、第五洞の仙境に通じているという伝承は、知られていたようである。

これら仙境訪問譚の本質は、人が人界から異界（仙境）へ赴くというベクトルにあるのではないか。そこに「採薬」という行為を遭遇の接点に介して、人為的には成しがたい偶然性が関与している。一度仙境に迷い込んだ人間が、二度目に意図して行こうとしても、たいていたどり着くことはできない。「採薬民」のように仙薬を飲まないと、道がわからないものらしい。

ところが、先に挙げた「許老翁」の二つの類話はその人界と異界の間のベクトルが逆なのである。この話は、仙人を異界から人界へ招き寄せる方向に働いている。その接点にあるのが、人界に置かれた「薬肆」という定点である。仙人はここへ薬を買いに、あるいは売りに来る。会いたいという希求は同じであっても、人が意図せずして仙境へ迷い込むという発想と、仙人が薬肆や薬市に現れるのを予測して待ち受けるという発想は、異質なものであろう。要するに、物語の根底にある人々の期待・願望の現れ方の違いである。

むろん仙人は神出鬼没であり、漢魏六朝の昔から、山中に隠棲もすれば、街中に出現もしていた。また、唐宋の物語にも異界へ迷い込む話は数多くある。単純に人の異界訪問譚が神仙の人界来訪譚へと変遷した、という時代的推移を述べるものではない。しかし、薬屋や薬市という都市的な商活動の隆盛が、街中の定まった場所へ神仙を招き寄せ、来訪の受け皿となり、一つの活動の場を提供したことは確かであろう。

四、「売薬」と神仙来訪

それでは薬市は神仙にどのような活動の場を与えたのだろうか。

宋・釈文瑩『湘山野録』巻下には以下のような話がある。

成都のさる高僧のもとへ一人の子供が来て、「主人が明朝読経にお出でいただきたいと申しています。薬市でお待ちします」という。薬市に赴くと、子供は僧を遥か山奥の邸へ連れて行く。読経がすむと、質素な身なりで両眉が肩まで垂れた主人が現れ、斎をふるまった。子供に送ってもらった僧が途中で主人の名を尋ねると、孫思邈だというので、僧は驚愕した。（孫思邈は医学薬学の大家で、唐の太宗のころ齢百余歳の長寿を以て亡くなったと伝えられる人物。）また戻ろうとしたが、案内の子供を見失い、山中で三日も道に迷った。僧は、あの斎を食べたことによって身軽で病知らずとなった。天禧中（一〇一七―一〇二一）、すでに齢百五十歳を誇り、やがて姿を隠した。

山中で不老長生の「異人」に会い、再び赴こうとして果たせなかったこと、仙界の食物を口にして自らも不老長生となったことは、仙境訪問の枠組みだが、この僧は偶然に迷い込んだわけではなく、薬市で「待ち合わせ」の約束をし、案内されて赴いたのである。神仙の方から一方的に見込まれて招待されたのではあるけれども、そこには招待や約束、道案内といった調和的なルールがある。帰宅したら数百年を経ていたという仙界と人界の時間のずれもない。薬市という時間と場所の固定された環境が、遥か彼岸の神仙を人界に引っ張り出し、都市の内部で起きる不思議として抱え込む。神仙は深山幽谷に隠棲しながらも、薬市を介して都市の営みにかかわるのである。

この都市との関わりという点で、第一章で挙げた『鉄囲山叢談』の解毒丸を売る薬売りの話をもう一度見てみたい。行動は推し量り難く、神仙ではないかとあやしまれる、いわゆる「異人」であるが、しかし、この神仙らしき薬売りの活動には、最低限「薬市に現れる」というルールがある。出くわすか出くわさないか、それはわからない。可能性は限りなく低いかもしれない。ただ、その不確実性は、それと意図せず広く深い山中を歩くうち偶然仙境に迷い込むこともあるという不確実性に比べると、はるかに限定的である。五月五日と九月九日という決まった日、薬市という決まった場所で、「薬は要らんか」という売り声に賭けて、待ち受けるのである。千銭という金があるなら、この異人との売買は成立する。

この解毒丸を売り歩く異人のように、薬市に出没する神仙は、むこうから進んで人間社会に関与し不思議な薬をもたらしてくれることがある。宋・蘇轍『龍川別志』巻下にいう。

張安道が成都の長官をしていたとき、日々医官が付き従っていた。重陽節に医官が薬市へ出かけ、雨に遭って玉局観に逃げ込んだ。すると一人の道士がいて、「張公が蜀に来たのは、これで二度目だな」という。「いや、初めてだ」と答えると、道士は、「そなたが知らぬだけだ。凡人の元気は重さ十六両あるが、老いると次第に消耗する。張公はもう半ば失くしてしまった。わしはかねてより縁がある。今そなたに会ったのは偶然ではない」とて、薬を二粒出した。一粒で一両分の気が補えるという。医官が、「張公は道術を好むが、慎重なたちだから信用しないだろう」というと、道士は、「それゆえに二粒ある。一粒はそなたの分だ。一粒を水銀と混ぜて蓋をして火にかけ、ぐつぐつ音がしたところで蓋を取って松脂を入れれば、不思議な変化がある。三度松脂を入れれば薬が完成する。そうすればただの薬ではないことがわかるはずだ」といった。医官は張公にそれを伝えて、試して見ると、金色の炎が立ち昇り、「紫金（赤銅）」ができた。そこで残る一粒を飲んだ。そして医官に成都中を探し回らせ、道士ともう一度会おうとした。後に孔明廟の前で再会し、また一粒手に入れたが、これを飲んでも何の変化もなかった。

二匹目の泥鰌はいなかった、ということであるが、しかし山中の仙境のように「二度と探し出せなかった」というほど条件は厳しくない。町の中を探せば会えることは会えたのである。それにしても、信用を得るために、製薬の方法まで披露するところなど、金こそ取らぬが一種のセールス・トークであり、道士がパトロンを得るためや布教のために腕前をアピールしたり、薬売りが往来の客を振り向かせるために効能を弁じたてていたであろう現実を思わせる。実際、道教にはさまざまな丹薬訣や仙薬秘方が伝えられている。参考までに、明・周王朱橚『普済方』巻一七七「班龍脳珠丹」によると、成都府で薬市が開かれるたび、「緑髪美顔（黒々とした髪に血色のいい顔）」の道士が、酒楼で酒に酔って

尾閭不禁滄海竭　尾閭　禁ぜず　滄海竭《つ》くるを
九轉靈丹空謾説　九転霊丹　空しく説くなかれ

惟有班龍腦上珠　ただ有り　班龍腦上珠
能補玉堂關下穴　能く玉堂・関下穴を補う

と歌っており、この処方を手に入れた人もいる、という。同書巻二一九「茸珠丸」[11]にも同様の記事があり、こう歌ってこの薬を売ったのだという。

薬市に紛れ込んだ神仙・異人も、その主な活動は「売薬」であった。『太平広記』巻八十六「黄万佑」（出『述異録』）にいう。

黄万佑は、黔南（今の貴州南部）の無人の地で仙道修業をし、累代変わらずこの世にあった。二、三十年に一度成都に出てきて薬を売り、人の災禍を予言したが、言い当てられないことはなかった。

また、『太平広記』巻八十五「蜀城売薬人」（出『玉谿編事』）にいう。

前蜀の嘉王頃が親王鎮使になったとき、官邸を片付けていて鉄鏡を見つけた。下に篆書で十三文字あるが、誰も読めない。職人に磨かせたところ、光り輝いて物をくっきりと見分けられるようになった。楼台に置くと、百里四方が一度に見渡せ、さらに市内で刀や槍を振り回して薬を売っている人物を映し出した。そこでこの人を呼んで尋問すると、「薬を売っているだけだ。刀や槍は使っていない」という。嘉王は「わしの持っている鉄鏡が、お前を映し出したのだぞ」といった。薬売りはひるむ様子もなく、鏡を見せてくれと頼んだ。手で腹を切り裂くと鏡を腹中に納め、足が宙に浮いて、ゆっくりと天へ昇って行った。ついにどこの何者かはわからなかった。

刀や槍を振り回して薬を売るといえば、明代の小説『水滸伝』に登場する大道武芸の薬売りの姿である。

分開人衆看時、中間裏一箇人、仗着十來條棍棒、地上攤着十數箇膏藥、一盤子盛着、挿把紙標兒在上面、却原來是江湖上使槍棒賣藥的。（人だかりをかき分けて見ると、中で男が十本余りの桿棒を手にし、地べたには十数個の膏薬を盆に盛って、上に商売の紙札が挟んである。江湖で棒や槍を使って薬を売る輩であった。）

（百二十回本『水滸伝』第三回）

火把下認得、不是別人、却是江湖上使槍棒賣藥的教頭打虎將李忠。（松明の下にそれとわかったのは、ほかならぬ、江湖で槍や棒を使って薬を売っていた教頭、打虎将の李忠であった。）

（同第五回）

前蜀時代の蜀城で鏡に映し出された薬売りは、このような大道芸を披露して膏薬などを売る輩であった。そして腹を割いて中に鏡を納めるという、尋常ならざる技を持った「異人」でもあった。

また、こうした神仙・異人らが薬市にもたらす薬の中には、錬金術の秘薬もある。錬金術は不老長生の術と並んで神仙の道を究める人々の夢であった。宋・何薳『春渚紀聞』巻十「点銅成庚」は、錬金術を研鑽する道士の話である。以下、関連部分の概要のみを記す。

焦山の僧法全は、二十歳で身寄りをなくし、はじめは道士になった。同輩三人と共に煉丹術を学んだが、どうしても完成しない。そこで紹熙元年（一一九〇）七月十五日、三人で相談し、各地へ散って術を研鑽し、十年後の同じ日に同じ場所で落ち合うことにした。期日が来て四人が集まったところ、一人が「成都の薬市で道を極めた人に会い、暈薬を手に入れた。大変珍奇なものだといわれたが、まだ試していない」というので、使ってみると銅が純金に変じた。これを都で売って大金を得た四人は有頂天になり、宿で酒盛りをしながら銅を煮たが、火花が建物に燃え移って大火事になり、法全だけが命拾いした。それから法全は錬金術を封印し、僧侶になったという。

このくだりにおいて、「成都の薬市で異人から手に入れた薬」は、もはや薬の効能を保証するブランド・イメージとして機能している。

以上のように、薬市での神仙・異人の主な活動は、薬をもたらすこと—売薬であり、それが薬市で起きる不思議なできごとを形成する。彼らがもたらす薬は、当然ながら神仙術における不老長生や錬金術を反映したものであるが、それは、病気や怪我の治癒、すなわち壊れてしまった体を治す薬よりも、健康増進、気血の補充、若返りなど、今ある体をよりよく改造すること、バージョン・アップの発想に基づいた薬であることが多い。それが行き着く究極の身体改造が、不老長生であろう。錬金術も同様である。貧困からの脱出や救済よりも、それは薬市で手に入れた秘薬をもとに、一攫千金を果たそうとする物語、人生の飛躍的な大改造を夢見る物語なのである。

五、おわりに

漢魏六朝の昔から、神仙は深山の仙境に隠れ住むだけでなく、気まぐれに人界に姿を現す存在だった。しかし、薬市に現れる神仙がそういった気まぐれな人界出没と異なるのは、出現自体は予測や識別が不可能でも、不思議を行う彼らの活動環境が「重陽節の玉局観門前」といった決まった時間、決まった場所に囲い込まれることである。人間の都合、都市の経済活動の都合に合わせて、神仙は街中へ引っ張り出されることになったのである。

宋代に天下に名を広めた成都の薬市は、青城山や峨嵋山をはじめ甘粛や吐蕃国境の薬材を受け入れると共に、青城山から崑崙まで通じる仙界の住人を呼び寄せた。「龍蛇を混雑す」る賑わいの中で、「薬気を吸」って健康を願う人々は、その希求の先に不老長生という究極の身体改造を夢見つつ、薬材を並べた薬売りや行き交う道士や槍を振り回して膏薬を売り込む大道武芸者らに期待を託したであろう。そうして数多くの伝承や詩詞が生まれ、「成都の薬市で秘薬を手に入れる」という文学モチーフは、薬都成都のイメージを定着させたといえよう。

注

(1) 明・謝肇淛『五雑俎』巻四にも同様の記事がある。
(2)『新刻繡像批評金瓶梅』。詞話本にこの一節はない。
(3)『天中記』には「九月」の二文字がない。
(4) 唐廷猷『中国古代的薬市与当代的薬交会』(『中国薬学雑誌』第32巻第3期、一九九七年三月)
(5)「化」は道教の廟宇を意味し、「玉局化」は「玉局観」に同じ。
(6) 姚大勇『放翁原本又薬翁—南宋詩人陸游与医薬』(『南京中医薬大学学報(社会科学版)』第2巻第4期、二〇〇一年十二月)
(7) 本二編のほかに、巻四十「章仇兼瓊」、巻一二六「曹惟思」、巻三三五「章仇兼瓊」、巻三五六「章仇兼瓊」。
(8) 南朝梁・任昉『述異記』および北魏・酈道元『水経注』巻四十。
(9)『太平広記』巻六十一「天台二女」、出『神仙記』。明鈔本『太平広記』は晋・干宝『捜神記』を出典とする。現存の『捜神記』にこの条は見えない。

（10）出『原仙記』。明鈔本は「出『原化記』」とする。

（11）「尾閭不禁滄海竭、九轉仙丹都謾説、惟有班龍頂上珠、能補玉堂關下血」としており、若干字句の異同がある。

書籍の流通と地域言語

―明末清初を例として―

古屋昭弘

一、はじめに

十六世紀後半から十七世紀にかけての時代、特に明末清初は、中国にとって驚天動地の激動期であった。満洲族の勃興、李自成による北京陥落と崇禎帝の縊死、呉三桂の投降と清軍の南下、南明政権の転変、鄭成功の反清活動、日本への乞師（援軍要請）、三藩の乱…どれを取っても大変な事ばかりである。

書籍の出版と流通という意味でも非常に活発な時期である。(1) 大航海時代とも重なるこの時期、ヨーロッパの商人や宣教師の来華に伴い、東アジアのみならず欧州にまで通俗文学を含む多くの漢籍が渡った。スペインのエスコリアル修道院に、十六世紀後半に伝わった『三国志演義』の古い版本が眠っていたことは象徴的である。(2) 白話戯曲小説の貴重な版本が日本に所蔵されていることは有名であるが、その多くはこの時期に舶載されたものである。その後の時期にも漢籍の外国への流通が途絶したわけではないが（後述）、鎖国政策や宣教師の追放のため相当の制限が加わったことは否めないであろう。

日本ではイエズス会によって西洋の印刷機械と活字が伝えられ、日本語ローマ字表記を使った『平家物語』や『日葡辞書』のような「キリシタン版」が出現、更に秀吉の朝鮮出兵に伴い、朝鮮王朝の銅活字とその技術が日本に伝わり、慶長古活字本が出現、また、ベトナムではイエズス会士ロードによりその言語のためのローマ字が考案され、詳細な辞書が作られたことも忘れられない(3)。

書籍に直接関連するわけではないが、言語の面でも、この時期、東アジアでかなり大きな変化が起こっている。たとえば、音韻変化の現象に限っても、満洲語や北方中国語、更には琉球方言において、軟口蓋音子音が前舌狭母音の前で口蓋音化すること、朝鮮語において漢城(ソウル)のアクセントの音韻論的な区別が消失していくこと、日本の標準語において所謂「四つ仮名」の区別が消失していくこと(4)など、みなこの時期のことと考証されている。

本稿では、まずこの時代の中国知識人の言語生活と、その同時代の書籍における反映について概観し、更に書籍の流通と地域言語の全国化の具体例を挙げてみたい。

二、知識人の言語生活

中国の地域方言(5)と共通語との関わりという意味からも大変興味深い時代である。明清の(標準)共通口頭語としての「官話」が南京なども含む北方方言に基づいていることは確実であるが、音声のことまで含めてそれがわかるのは、この時期の西洋宣教師資料のおかげが大きい。「官話」すなわちMandarinと、「郷談」すなわち地域方言との関係について、宣教師の中にも異なる見方があったこともわかる。たとえば、インドのゴアを経由して広東のマカオに来たイエズス会の宣教師たちは、方言の存在はもちろん知っていたが、概して、官話を学べば帝国全体に通用すると考えた。一方、メキシコシティからフィリピンのマニラを経由して福建に来た托鉢修道会系の宣教師は、官話の重要性も熟知しつつ、概して、地域の言語をまず学ぶべきであると考え、福建語つまり閩語を習得しようとした。中央と周辺に関する戦略が異なっていたというべきであろう。

地域の方言は周辺に位置すると言えようが、方言の中にも中央と周辺がありうること勿論である。たとえば明末以来の江南の説唱演芸「弾詞」「宝巻」では蘇州の言葉が標準であり、浙江の言葉は周辺となる[6]。地域共通語という考え方もある。たとえば、現在、四川の少数民族にとっては北方方言の一種である西南官話が中心的位置つまり地域共通語の地位を占める。

いま一つ社会階層の問題がある。たとえば『老乞大』[7]のような朝鮮資料と『賓主問答』[8]のような宣教師資料を較べると、明らかに口頭語としてのスタイルの違いがある。

老乞大：你有甚麼主見？　（どんな考えがあるんだい？ p32）

賓主問答：尊意何如？　（ご高見をお聞かせいただきたい）

老乞大：哥哥你與俺排布者（兄貴、おれ達のために仕切ってくれ p330）

賓主問答：但勞尊裁就是　（ご高裁にお任せいたします）

このような違いは明らかに時代差に由来するものではなく、北方と南方という地域差に由来するものでもない。前者は（モンゴル語の影響を受けた）北方の庶民・商人の言葉、後者は官僚を始めとする知識人の口頭語を反映したものである[9]。また、多くの資料が、明清の皇帝・皇親や宦官は口語の比率の高い「文語・口語混交体」（以下「文口混交体」）

の口頭語を、そして官僚たちは文語の比率の高い文口混交体の口頭語を使っていたことを示す。後者の発音は官話音だったと推定されるが、それがあまりに地方的であると問題になることもあった。地方的読書音の問題である。

知識人たちは自らの読書音に絶対的自信を持っていたらしい。それが書籍とくに韻書や字書に現れることがある。十六世紀嘉靖年間の崑山県方音を反映する『声韻会通』（丁鋒2001）、十七世紀の安徽県方音を反映する『音韻正訛』（古屋1998）、十七世紀の江西贛方音を反映する大型字書『正字通』など、書名からも各作者の自信をうかがうことができる。ほかにも十七世紀の江西客家方音を反映する魏際瑞『翻竊』（古屋1997）、十七世紀の閩南方音を反映する廖綸璣『拍掌知音』（古屋1994）など、みな方言的読書音に基づく資料である。

知識人の口頭語は、官話と方言を場面によって使い分けるという意味で、多かれ少なかれ左のように二重言語的である。

口語体	官話	口語体	方言
文口混交体	官話・官話音	文口混交体	方言・方言読書音
文語体	官話音	文語体	方言読書音(10)

北方方言の話者であれば両者は相対的に接近するが、それでも完全に同じになるということはありえない。東南方言の話者の場合、官話音と方言読書音の関係に関して様々な段階がありえたことであろう。そもそも官話自体、均質ではありえず、地方的変異を許容するものであった。とはいえ、一五八〇年代、広東のマカオで福建の生員に中国語を習ったマテオリッチたちが残した資料によれば、ローマ字表記が未完成であることを除けば、その音韻体系は十七世紀の宣教師資料のそれと大幅な違いはない。知識人という狭い範囲の中ではあるが、官話の標準化が進んでいたことは確実である。

これに対して庶民の口頭語は左のとおりである。

口語体　方言	（文口混交体　方言　方言音）[11]

庶民といっても、各地を転々とする商人や言語状況の複雑な地域の住民など、その言語生活が単純でない場合もあろう。それでは口頭語としての官話や地域方言は当時の書籍にどのように反映しているのだろうか。まずは書面語について整理しておこう。口頭語と同じく左のようなスタイルが考えられる。

口語体（方言を含む）	文口混交体	文語体

書面語のうち「文言」は文語体を重点とし、「白話」はこの三者のうち口語体と文口混交体を重点とする。「文言」も時代による違いがあること勿論である。

そもそも文言という書面語が君臨する中国で、漢字で書かれたテキストから、基づく言語の様相がどれほど見てとれるのかという問題がある。明代の出版文化の繁栄に伴い、読み物としての白話戯曲小説が一挙に普及するが、その言語は特定の方言に基づいていると言えるのかどうか。たとえば『金瓶梅』の言語が山東方言に基づいているという説[12]があるが、それほど確定的なことは言えないというのが現状であろう。明清の白話文の言語は、口頭語としての官話と同様、大雑把に北方方言を基礎とするとは言えようが、平準化あるいは規範化の傾向が強いため、具体的な基礎方言の地点を云々することは困難である。方言が見られるといっても、夙に伝統化した白話文体の中に、作者の方言が、語彙・語法・仮借などの面で（恐らく多く無意識に）顔をのぞかせるといった程度のものに過ぎない。

反対に、特定の方言が意識的に使われた場合、漢字の使い方が一般の白話と甚だしく異なるため、見分けることは却って容易である。たとえば閩方言のものとして『茘鏡記』[13]などの戯曲、呉方言のものとして『鉢中蓮』[14]などの戯曲、『山歌』[15]などの歌謡がある。漢字による方言表記がありうることについて例を挙げてみたい。

茘鏡記：只一位是乜人？（「この方は誰？」官話であれば「這位是誰？」）

山歌：阿娘睏在脚根頭（足元ではおっかさんが寝ていました[訳は大木2003]）

前者では「只」や「乜」の使い方が普通でないため、また後者では「阿娘」や「睏」が官話で使わない語であるため、方言を意識的に表したものとすぐに見て取ることができ、当然それ以外の「一位是」「人」「在脚根頭」も方言音で読むべきことがわかる。官話と全く同じ文字遣いになると見分けようがないなどの欠点はあるとはいえ、漢字による方言表記はほぼこの方法により広く行われてきた。

三、具体例

書籍がどのように作成され、どのように伝播していくのか、またそれによって地方的色彩の強かった本がどのように全国的なものとなっていくのかについて、上述の『正字通』（作者は張自烈）を具体例として詳しく見てみたい。この字書の音注がたいへん特殊であることは古屋1992などに詳しいが、簡単に言えば、江西の一地域にしか通用しないはずの読書音が如実に反映しているということである[16]。そのような字書が、『康熙字典』ができるまでは、一部の知識人には批判されつつも、皇帝の御覧に供すべく翻刻され、全国的、更には日本・朝鮮、ヨーロッパまで伝わったという事情がある。

三、一　本ができるまで

『正字通』の場合、本として完全にできあがるまで長い道のりがあった。まず、明末崇禎年間、張自烈は『字彙』（万暦年刊）を批判する『字彙辯』という名の字書をほぼ完成させていた。清初の順治年間、一度出版したらしく、その段階の面影を伝える『増補字彙』が康熙二十九（一六九〇）年に刊行されている。晩年の張自烈は大幅に増訂した後の『字彙辯』すなわち『正字通』を長年の友人、南康府知府の廖文英に譲る[17]。恐らく廖が管理する廬山の白鹿洞書院で講学させてもらうことへのお礼の意味もあったであろう。廖は張自烈の了解と福建建陽の書坊の協力のもと白鹿洞書院で『正字通』を自分の名で刊行する。康熙十（一六七一）年のことである。

三、二　贈書および序文の依頼

廖は白鹿洞書院で刊刻したばかりのこの大型字書を中央の高官を含む以下のような友人達に贈るとともに、序文を依頼する。

張貞生、江西廬陵の人、清初の翰林院侍読学士である。その著『庸書』巻十二の「荅廖太守」の文には「正字通は今後の学習者に大いに益をもたらすと思われますので、序を書くことにやぶさかではありませんが、大人物に序を書いてもらえば、本書の価値がもっと高まるでしょう。（今回、序を依頼に）遠いところからわざわざ来て頂いたご子息は、風格を備えておられます。我ら南人の誇りがまた一つ増えたと嬉しくなりました[18]」と言い、廖文英が刊行を間近に控えた『正字通』（おそらく原稿の写しか見本刷り）を翰林院侍読学士の張貞生に贈り、北京にいた息子の廖綸璣を通じて序文執筆の依頼をしたことがわかる。しかも「大人物」というのは、明らかに「翰林院侍読学士より高位の人」という意味であろう。実際に書かれた序は『正字通』の数種の版本により見ることができる。康熙九（一六七〇）年の執筆。

張貞生の勧めにより、廖文英は、文官としての最高位にあった礼部尚書の龔鼎孳[19]に序文を依頼する。康熙十一（一六七二）年正月執筆の『正字通』龔序には「（南康府）知府の廖氏は…その政務の間に編纂したこの本を、子息の仲玉氏を通して私に示すとともに、序文を依頼された」[20]と言い、刊行された『正字通』を仲玉（廖綸璣）が龔鼎孳に直接贈り序を請うたことがわかる。

銭捷、浙江寧波の人。劉炳補修本『正字通』の序に「甲寅（一六七四）郵寄一部、藏家笥中」とある。銭捷が湖広岳州府の推官だった頃、廖文英は湖広衡陽府の同知だったため、その縁で『正字通』を銭捷に贈ったものと思われる。

白鹿書院本の序文こそ書いていないものの、本を贈られた人として以下の二人がいる。

金堡、浙江仁和の人、崇禎十三（一六四〇）年の進士、臨海州の知州。国変後、南明永暦政権の兵科給事中。後述の阿字和尚とは同門の関係。廖文英との関係については、『徧行堂集』巻二十六に南康府知府廖文英宛の書簡「荅廖昆湖太守」が見え、「二十年ほど前にご高名を伺ってからずっと直接ご教示を仰ぎたいと思っておりました…今回お贈り下さったご高著は、すばらしい業績だと心より敬服しております。拙著をお送り致しますが、ご高著に較べて余りに貧相で、お恥ずかしい限りです」[21]という。ここから金堡は廖と直接の面識はなかったが、廖から著作を贈られ、返礼に自著を贈ったことがわかる。この「高著」が『正字通』である可能性は高い。知識人が自著を贈りあう様子がわかり、その点でも興味深い。

呉源起、浙江秀水の人、順治十八（一六六一）年の進士、礼科給事中。書室名は清畏堂である。『呉鼎吾行實』の著あり。鼎吾は父呉鋳の字である。『正字通』呉源起序および『廣信府志』『洛陽縣志』によれば、明の崇禎年間、呉鋳と廖文英はそれぞれ江西広信府と南康府で推官を務めており、二人の間には交流があった。清畏堂本『正字通』の呉源起の序に「惠以所梓正字通一書」とあるとおり、呉源起は康熙八（一六六九）年以降、洛陽県知県の任にあった時、廖文英から『正字通』を一部贈られている。

三、三　書店での販売

今のところ書店での販売についての情報は少ないが、劉炳補修本『正字通』の銭捷の序に「憶壬子途過金陵、坊人出『正字通』一刻」とあり、壬子（一六七二）年の秋、南京では『正字通』が既に売られていたことがわかる。また、架蔵の『正字通』三畏堂本（後述）には見返しに「江右三畏堂校訂古今書籍經史時文詩集於本坊發兌」の朱印が押されている。「江右」というところから三畏堂が江西の書坊であったこと、翻刻する書坊と販売が一緒であることがわかる。

三、四　版木の移動と三藩の乱

『正字通』は四十冊から五十冊ほどに綴じられることの多い大型字書であり、版木の量も相当なものであったと思われる。

康熙十二（一六七三）年、張自烈は廬山で病死する。享年七十七歳。康熙刊『宜春縣志』によると、廖文英は張自烈のため盛大な葬儀を営み、張を白鹿洞書院に近い青龍山に埋葬したという。ほどなく廖文英は任期を終え広東連州に帰郷する。東北大学蔵劉炳補修本『正字通』の六篇の新序によれば、帰郷に伴い『正字通』の版木も連州に運んだという。その頃、三藩の呉三桂と耿精忠が相継いで清朝に反旗を翻し、連州一帯も戦乱に巻き込まれる[22]。康熙刊『連州志』によれば、平南王の尚可喜（あるいは尚之信）は一人の将軍（厳密には総兵）を連州守備のため派遣する。その将軍が『正字通』を新たに印行した劉炳（字は煥之）である。劉炳補修本『正字通』の六篇の新序によれば、劉炳が『正字通』の版木を入手した経緯は以下のようである。

劉炳は連州で廖文英と知り合ってから、戦乱の中、廖一家を保護する。その後、なぜか廖文英は仲玉（廖綸璣）・叔玉を連れて他の地に行き(23)、そこで病没。仲玉兄弟は（恐らく呉三桂側の）監獄に入れられそうになるが、劉炳のおかげで事なきを得、連州に帰る。謝意を表すため仲玉兄弟は『正字通』の版木を劉炳に贈る。その頃、広州海幢寺の阿字和尚が（恐らく金堡とともに）連州に来て、『正字通』の本当の作者が張自烈であると劉炳に告げる。劉炳は版木の欠けた箇所の補修を阿字に依頼する(24)とともに、第一集初めの「連陽廖文英百子輯」の八字を「南昌張自烈爾公輯、連陽廖文英百子梓」の二行十六字に改刻し、見返しも「張爾公先生輯」に換える。張自烈は南昌の人ではなく袁州府宜春の人であるとはいえ、この段階で張自烈の名誉もようやく回復されたというべきであろう。

その後、康熙二十四（一六八五）年、礼科給事中の呉源起が広東を訪問する。彼の『正字通』序によれば、彼の父と廖文英が交友関係にあったため、廖文英を訪ねに行ったが、廖氏はすでに死去したあとであった。この頃『正字通』の版木は「久屬他姓、東之高閣」という状態であった。呉源起は私財を投じて版木を買い取り、『正字通』を印行、これこそ清畏堂本である。清畏堂本には蔵板本と原板本の二種類がある。比較対照の結果、もともとの清畏堂本が蔵板本であり、後の人が同じ版木を使って印行したのが原板本であることがわかる。いずれにせよ白鹿洞書院で開彫され、のちに劉炳によって印行された版木である。そのため清畏堂本と白鹿洞書院本・劉炳補修本を比べてみると、しばしば版匡の亀裂まで一致する。ただ後になるほど亀裂と漫漶の程度が激しくなるだけである。

三、五　覆刻出版

上述の白鹿洞書院系版本以外にも、版式を同じくする多くの覆刻本が出版され、普及を促進する。たとえば、弘文書院本（二種あり）、三畏堂本、芥子園本などである。このうち弘文書院本（第一種）の巻首には「正字通姓氏」の項があり、「鑒定」として龔鼎孶と張貞生の二人、「較閲」として黎元寬・熊維典・文燈巖（文德翼）を初めとする全二十三人、「同志諸名流姓氏」として江一経を初めとする全十九人、「白鹿書院受業姓氏」として銭正振を初めとする六十八人（張自烈の弟張自勲の名も）、更に「正字通承同官諸名公參訂」として高不矜を初めとする八人、「監刻」として徐容を初めとする五人の名が並べられている。おそらく『正字通』の成書過程を知らない中央の高官たちが友人の廖文英を顕彰し、更に皇帝の御覧に供するために[25]、白鹿洞書院本を翻刻したものだと推定される。

三、六　地域言語の全国化

『正字通』の音注に反映した字音は江西省宜春の贛方言音と密接な関係がある。そのように地方的なものがなぜ堂々と中央にまで進出できたのであろうか。まず、『崇正同人系譜』という客家の系譜を述べた本によれば、白鹿洞書院本に関係する六人（廖文英、廖綸璣、張貞生、尹源進、黎元寬、姚子荘）のうち少なくとも四人（廖父子、張、姚）が客家の人だということが注目される。彼らがみな『正字通』の音注の贛方言的色彩に気がつかなかったかに見えるのも、或いは客家方言が同様の特徴を備えていることと関連するかもしれない。

次に、音注が特殊だとしても、全体として見た場合この字書がたいへん有用であったことも忘れてはならない。張自烈は日頃「理を窮め実用に適応させる」という考えを主張しており、『正字通』にもその考えが貫かれているため、各字の注釈は往々にして甚だしく詳細かつ親切である。また俗字や僻字に対する論議も傾聴に値することが多い。清朝考証学者のような知識人から見ると雑駁に見えるであろうが、中国の一般知識人や、特に日本や朝鮮の知識人、更にはヨーロッパの宣教師や漢学者にとっては、参考価値が非常に高かったと思われる。たとえば「宣教師たちは自らの編纂した辞書のなかで、編纂に使用した中国の辞書として『西儒耳目資』などには言及せず、むしろ『字彙』『正字通』『(諧声)品字箋』などを挙げている」(石崎2005)という。

三、七　日本への流通

『正字通』が日本に初めて船載された正確な時期は未詳であるが、伊藤東涯(一六七〇―一七三六)『助字考』の元禄六(一六九三)年の自序によれば、東涯は当時すでに『正字通』を利用している。また、木下元高の文(一六九四年)に『正字通』の名が見え[26]、元禄七(一六九四)年、新井白石が甲府藩のために『十三経註疏』『正字通』『三才図絵』を金五拾八両で買い入れている(『藩御書物買上日記』[27])。以上から、遅くとも一六九三年までには日本に齎されていたことがわかる。

中国近世の有力な字書としては『正字通』の前後に『字彙』(一六一五年頃刊)と『康熙字典』(一七一五年刊)がある。大庭1967・1972により、これら三書の船載状況を附表にまとめてみた。この表からも『正字通』が十八世紀初頭から幕末まで継続して船載されていることがわかる。一部(一セット)ほぼ三十二冊から四十冊に綴じられ、四套(時に六套)にまとめられていることが多い。特に壮観なのは、宝暦九(一七五九)年、長崎来航の一番船に積まれていた『正字通』が、なんと六十五部六百五十二套の多きに達していることである。日本では『正字通』が売れるという消息が中国の書坊や長崎の商人の間に飛び交っていたことはほぼ確実であろう。浄土宗の珂然という『正字通』の熱烈なファンも現れる[28]。

四、おわりに

以上からも、江西の一地域にしか通用しないはずの読書音を反映した字書が、勅撰の『康熙字典』ができるまでは、更には『康熙字典』ができたあとも、日本・朝鮮、ヨーロッパ(29)まで伝わっていたことがわかる。中国の地域的なものが東アジア、更には世界へ流通して行く一例として注目に値すると言えよう。

最後に、廖文英の子、廖綸璣の言語状況について触れておきたい。張貞生が廖文英への文の中（上述）で「ご子息は風格を備えておられる」と誉めているとおり、お世辞を差し引いても、廖綸璣はなかなかの人物だった思われる。廖一家は広東の西北に位置する連州の出身である。ここの言語状況は現在でも相当複雑であり、粤北土語、客家語、少数民族語などいろいろな言語が交錯して存在する。上述のとおり彼の母方言は客家語だったと思われるが、粤北土語だった可能性もないわけではない(30)。彼は一六七一年頃、北京で正黄旗教習を務めており、満洲語の字母表「満字十二字頭」を単刊の一冊にまとめ序文を書いている（のちに『正字通』に綴じ込まれる）。また、十七世紀後期の閩南方音を反映する韻図『拍掌知音』も彼の作である。つまり客家の廖綸璣は満洲語や閩南方音にも精通していたことになる。

十八世紀初頭のこととなるが、日本では廖綸璣の「満字十二字頭」や尤珍『清書千字文』を見た荻生徂徠が、満洲字の原理を見事に看破して「満文考」(31)を発表する。ちょうど同じ頃（或いは少し前）、在華宣教師によって書かれた満洲語の文法書や中国語官話の文法書(32)、ひいては四書のラテン語訳や易経の原理がヨーロッパに伝わり、在欧の学者たちを大いに刺激することになる。大航海時代を経て書籍の流通もいよいよ地球規模になってきたことが伺われよう。

参考文献

荒木典子 2006『金瓶梅詞話』基礎方言研究概況、『中国古籍文化研究』第四号

古屋昭弘 1989 宣教師資料に見る明代の官話、『早稲田大学文学研究科紀要』35、文学・芸術編
――1992 正字通和十七世紀的贛方音、『中國語文』5、北京商務印書館
――1993a 張自烈と『字彙辯』――『正字通』の成書過程――、『東洋学報』74‐3・4
――1993b 張自烈の『增補字彙』、『中国文学研究』19、早稲田大学
――1994『拍掌知音』的成書過程、『中國語文』6、北京商務印書館
――1995『正字通』版本及作者考、『中國語文』4、北京商務印書館
――1998 明代知識人の言語生活―万暦年間を中心に―、『現代中国語学への視座―新シノロジー・言語篇』
――2000 金堡「刊正正字通序」と三藩の乱、『村山吉廣教授古稀記念中国古典学論集』、汲古書院
黄沛榮 1998 正字通之版本及其作者問題、第九屆中國文字學全國學術研討會宣讀論文
岩見輝彦 1980 方以智『通雅』と新井白石の言語論、『早稲田大学文学研究科紀要』別冊7
石崎博志 2005 Francisco Diazの『漢語・スペイン語辞典』について、『中国語学』252
神田信夫 1993 荻生徂徠『滿文考』和『清書千字文』、『第六屆中域外漢籍國際學術會議論文集』
金文京・玄幸子・佐藤晴彦訳注／鄭光解説 2002『老乞大　朝鮮中世の中国語会話教本』（平凡社東洋文庫）
大木康 1991 明末江南における出版文化の研究、『広島大学文学部紀要』50（特集号一）
大木康 2003『馮夢龍「山歌」の研究』、勁草書房
大庭脩 1967『江戸時代における唐船持渡書の研究』、関西大学出版部、1981年第二刷
大庭脩編 1972『宮内庁書陵部舶載書目』
潘建明 2001 明清時期通俗小説的讀者與傳播方式、『復旦學報（社會科學版）』1
呉晟 2005 萬曆・嘉慶鈔本『鉢中蓮』比較、『典籍與文化』1

薛瑞録 1991 尚之信、『清代人物傳稿上篇』第六巻
Coblin,W.South and Levi,Joseph A. 2000 *Francisco Varo's Grammar of the Mandarin Language*, Amsterdam:John Benjamins
Coblin,W.South 2006 *Francisco Varo's Glossary of the Mandarin Language*, Monumenta Serica Institute
Mungello,David 1985 *Curius Land*, Honolulu

注

（1）大木1991や潘2001による。
（2）井上泰山編1997/1998『三国志通俗演義史伝』、関西大学出版部。
（3）Alexandre de Rhodes,1651,*Dictionarium Annamiticum Lusitanum,et Latinum*,Rome
（4）口蓋音化とはkiなどがtʃiのような音に変ること。四つ仮名とは「ぢじ」「づず」のこと。なお、英語でも同時期に大規模な母音推移（GVS）が起こっていたりするので、言語の変動がアジアだけに限らないことは勿論である。
（5）現在、中国の方言はその言語的内部特徴（音韻・語彙・文法など）に基づき十大方言あるいは七大方言に分類されるのが一般的である。ここでは便宜的に後者の分類、すなわち北方方言、呉方言、粤方言、閩方言、客家方言、湘方言、贛方言という分類による。あくまでも言語的特徴に基づく分類なので、地理的にはやや南方というべき南京・揚州のような長江下流一帯の都市や、はるか西南に分布する四川・貴州・雲南の多くの地点も北方方言に属する。呉方言は江蘇南部や浙江を中心に分布するが、安徽・江西の一部の地点も含む。粤方言は「広東語」と言われることが多いが、広西にも分布する。閩方言は「福建語」と言っても良いが、広東や海南島にも分布する。客家方言は広東や江西、そし

て四川、台湾に散在する。湘方言は湖南省、贛方言は江西を中心にして湖南の一部に分布。以上の分布は問題の時代にも既にほぼ形成されていたと推定される。

（6）清末のものであるが、『梅花戒宝巻』などはセリフに浙江方言が多く使われている。

（7）漢字表記のみの旧本は十四世紀、ハングルの訳と音を伴う崔本は十六世紀。金文京等2002による。ここの訳は古屋。

（8）一五八四年頃、マテオリッチたちが作成した短い会話教材（古屋1989）。

（9）元雑劇のセリフは前者に近く、明の南曲のセリフは後者に近い。

（10）表の「官話・官話音」とは文口混交体の場合、口語的な部分は官話の語彙・文法・音声により、文語的な部分は官話の音声によるという意味。「方言・方言読書音」もそれに準じる。知識人たちは文語的あるいは文口混交体の口頭語を使っていた可能性が高い。同郷であれば方言音、そうでなければ官話音を使ったと推定される。

（11）長田夏樹氏の示教によれば、たとえば「豈有此理」（そんな馬鹿な！）のような表現は知識人の文口混交体が庶民の言葉に影響した例との由。文口混交体（文白混交体とも）や方言読書音については、金文京・平田昌司・山崎直樹の諸氏から多くの啓発を受けた。

（12）荒木典子2006に最近の様々な説が紹介されている。

（13）十六世紀嘉靖年間の刊行。呉守礼氏による研究がある。

（14）万暦抄本（一六一九年）と嘉慶抄本がある（呉2005）。

（15）大木2003による。

（16）主要な特徴のみ挙げれば、中古全濁声母と次清声母が平仄に関わらず同音化していること（例：柱＝杵、地＝替、局＝曲）、山・咸二摂や臻・深・梗・曽諸摂がそれぞれ合流していること（例：蘭＝藍、殷＝音＝英＝鷹）等である。

（17）廖から約束の五百金をもらわないうちに死去したという。

(18) 正字通大有益來學、拙言固不敢辭、祈再借巨筆弁首、為全書之光。令郎翩翩品格、自當遠到、吾嶺東又喜得一桂林枝矣。

(19) 字は孝升、号は芝麓、安徽合肥の人、原籍は江西臨川。康熙八（一六六九）年から漢礼部尚書。

(20) 廖使君昆湖…以其暇纂輯是書、屬長君仲玉持以示余、竝索弁首。

(21) 耳熱雅望二十餘年…垂示大刻、鼎鐘立業、金玉宣音、如拜百朋之錫。山書附正、未免布鼓過雷門矣。

(22) 『清史列傳・尚可喜傳』に「因三桂精忠連結為寇、未能以重兵達粤。粤東之連州恵州博羅…土賊蠢動、可喜發兵征剿、屢奏捷」とある。

(23) 廖文英は明末崇禎年間の南康府推官、その後、清初の順治年間、洪承疇によって抜擢された。つまり呉三桂と同じく明と清に仕えた所謂「弐臣」である。呉三桂軍あるいはその友軍が連州に近づいたこの段階で廖文英は呉三桂陣営に投じたのではないだろうか。劉炳補修本『正字通』の新序の中にはそのことを示唆する語句も見える。

(24) たとえば呉盛藻の序に「廖君之歸連陽也、徘徊故道、震衄鋒烟。於斯時也、始與連帥劉君煥之善、凡恃以無恐。繼而劉帥提孤軍死力、三連不致躪於賊。廖君先翺翔異地、竝其二子而出、未幾物故、而二子幾逮繫封獄、劉帥…遂力出二子歸。二子德劉帥、因以是書謝…及檢視而殘缺漶滅什之一。適阿字禪師游於連。劉帥以補殘之事屬阿師」とある。銭捷の序に「此刻百子攜入連陽…余將行、於海幢晤阿字上人、知此書乃江右張爾功sic所輯也」と言う。『四庫提要・經部小學類存目』の「正字通」の項には概括的な描写が見える。

(25) 白鹿書院本の段階ではあるが、黎元寛の序に「昆湖廖公、當右文之世、事文思之君、乃行其正字通之書、将以進御」とある。なお黄1998に『正字通』の各種序文が整理されている。

(26) 神田1993。『新村出全集』第一巻p66によるとの注あり。

(27) 岩見1980。

（28）珂然『正字通作者辯』（一七四一年刊）の影印（野川博之氏及び古屋の解説を含む）を近々刊行予定。
（29）同時代のヨーロッパへの舶載については石崎2005に言及がある。朝鮮王朝への流通については現在調査中。
（30）中山大学の荘初昇氏の書信での教示による。
（31）神田1993。
（32）ここで言う満洲語文法とは一六九六年刊の旅行記に附載されたもの。イエズス会士フェルビーストの作と言われる（『言語学大事典』第二巻一〇六七頁、三省堂）。一七〇三年には中国広州でフランシスコ会士ピニュエラによりドミニコ会士バロ作成の官話文法が刊行される。それまでも写本の形で数種作られているが、刊行された欧文中国語文法書としては初めてのものである(Coblin・Levi 2000)。バロは詳細なスペイン語・官話対照語彙集も作っている（Coblin2006)。

附表：江戸日本への三字書の舶載（大庭1967・1972により作成）

	『字彙』	『正字通』	『康熙字典』
宝永七年1710	二套拾四本	一部四套	
正徳元年1711	一部二套 （一部）*	（三部）	
正徳二年1712	（二部以上）	（四部以上）	
正徳三年1713	（一部）	（一部）	
正徳四年1714		五部	
正徳五年1715	一部二套十四本		
享保三年1718		三部各四套四十本	
享保四年1719		一部	
享保五年1720			一部六套
享保九年1724	（一部）	一部四套四十冊	一部六套四十冊
享保十年1725	三部二部二套／一部十四本	一部四套	一部六套
享保十一年1726	一部十四本	一部四套	
享保十六年1731		一部四套	
享保二十年1735	五部 一部二套		
元文元年1736		二部八套 三十六本・四十本	
元文二年1737			（一部）六套
元文四年1739	壹部二套十四本	四部各四套四十本 一部	二部各六套四十本 壹部六套四十本
元文五年1740		二部 一部ハ四套三十二本 一部ハ六套四十本	

		一部	
寛保元年1741	二部各二套十四本 （一部）	一部四套三十二本 一部四套 （その他二部）	一部六套四十本 一部六套四十本 二部十二本 （一部）
寛保二年1742		（一部）	（一部）
寛保三年1743		四套三十二本	
寛延四年1751		五部各四套 二部各四十本 三部各三十二本	七部各六套四十本
宝暦四年1754			三部各六套四十本
宝暦九年1759	五部十套	六十五部六百五十二套 五部二十套	十九部百十四套 十九部百十四套
天明六年1786	(一部)四十本		
寛政十二年1800			十部六套
享和三年1803			二部各六套
文化元年1804			一部六套 一部四十本 一部六套
文化二年1805			壹部 一部六套
文化七年1810			袖珍 五部各六套
文政十二年1829			拾八部 四拾五部
天保十二1841	一部十四本	一部六套	

天保十四年1843		壱部六套三十六冊	一部
天保十五年1844			二部各四套
弘化二年1845			一部 一部六套
弘化三歳1846		一部三十二本 弐拾目	廿部各六套
弘化四歳1847		一部六套 弐拾目 一部四包 弐拾目	一部六套 一部四十本 二部各六包 二部各六包
弘化五歳1848			一部六包 一部六套
嘉永二歳1849			二部各六套 三部内 一部四十本 二部 各六套 一部六套 一部六套 四部各六套
嘉永三年1850			二部各三包 一部六套
嘉永四年1851			二部各三包 一部四十本
嘉永五年1852		一部六套	三部各二套 一部六套
嘉永六年1853			三部各六套

			一部六套
嘉永七年1854			一部六套 四部各六套
安政五年1858			壱部四拾冊 弐部
安政六年1859			壱部四套 壱部四套

*「（一部）」のように括弧を加えたものは原資料自体の表記ではなく状況から判断したもの

あとがき

本書はアジア地域文化学叢書の第二巻である。第一巻においては、全体を第一部「東アジアの形成—四川モデルの原点」、第二部「広域文明と地域文化—地域文化としての日本」、第三部「理論モデルの検証—乾燥アジア史と文化人類学」に編成し、アジア地域文化学を構築する上で事業推進担当者を如上の三つの研究グループに分け、その研究成果を各グループごとに編輯した。これに対して、第二集の内容は、その発展形態としての研究成果を編輯したので、第一集のように三部構成にすることはしなかった。しかし本拠点の研究はどうしても史学分野がメインフレームを作り、文化史分野が実証的な議論を展開するという傾向があるので、本書では自ずからそのような構成となっている。論文をご執筆いただいた事業推進担当者の方々に、厚くお礼を申し上げる次第である。全部で十巻を予定しているうちのこれらの二巻は、すべて事業推進担当者による執筆である。

この二巻における共同研究の成果をもとにして、さらに八つの研究チームが本拠点の共通テーマ〝アジア地域文化学〟に対してどのようにアプローチし、どのような新局面を切り拓いたかを示す論集が出る予定である。長江流域文化研究所編『長江流域と巴蜀、楚の地域文化』、朝鮮文化研究所編『韓国出土木簡の世界』、奈良美術研究所編『仏教美術から見た四川地域』、中国古籍文化研究所編『中国古籍流通学の確立』、シルクロード調査研究所編『中国シルクロードの変遷』、モンゴル研究所編『近現代内モンゴル東部の変容』、水稲文化研究所編『東アジアの儀礼と水稲文化』、ラオス地域人類学研究所『ラオス南部の文化的景観と記憶』がそれである。

本拠点の五年間の共同研究はこれらの論集として結実することになったが、これを基盤として〝アジア地域文化学〟という新分野をどのようにリードしてゆくか、これが今後の大きな課題である。

今回の刊行でも雄山閣社長宮田哲男氏に大変お世話になった。厚くお礼を申し上げたい。
また、本書の刊行には早稲田大学より経費補助を受けたことを付記する。

工藤元男

執筆者紹介（掲載順）

高橋龍三郎（たかはし・りゅうざぶろう）
事業推進担当者
一九五三年生
早稲田大学文学学術院・教授・シルクロード調査研究所
日本考古学
主要論著
『現代の考古学6　村落と社会の考古学』（編著、朝倉書店）
『縄文文化研究の最前線』（早稲田大学　トランスアート社）
『マルカタ南Ⅱ―ルクソール周辺の旧石器遺跡―』（編著、早稲田大学出版部）

工藤元男（くどう・もとお）
事務局長・事業推進担当者
一九五〇年生
早稲田大学文学学術院・教授・長江流域文化研究所
中国古代史
主要論著
『睡虎地秦簡よりみた秦代の国家と社会』（創文社）

『中国世界遺産の旅3　四川・雲南・チベット』（編著、講談社）
「禹の伝承をめぐる中華世界と周縁」（『岩波講座世界歴史3　中華の形成と東方世界』岩波書店）

李成市（り・そんし）
事業推進担当者
一九五二年生
早稲田大学文学学術院・教授・朝鮮文化研究所
朝鮮古代史、古代東アジア史
主要論著
『東アジアの王権と交易』（青木書店）
『古代東アジアの民族と国家』（岩波書店）
『東アジア文化圏の形成』（山川出版社）

新川登亀男（しんかわ・ときお）
事業推進担当者
一九四七年生
早稲田大学文学学術院・教授・水稲文化研究所
日本古代史
主要論著
『上宮聖徳太子伝補闕記の研究』（吉川弘文館）
『日本古代の儀礼と表現』（吉川弘文館）

『日本古代の対外交渉と仏教』（吉川弘文館）

大橋一章（おおはし・かつあき）
アジア地域文化エンハンシング研究センター・拠点リーダー
一九四二年生
早稲田大学文学学術院・教授・奈良美術研究所
東洋美術史
主要論著
『天寿国繡帳の研究』（吉川弘文館）
『飛鳥の文明開化』（吉川弘文館）
『図説敦煌：仏教美術の宝庫莫高窟』（河出書房新社）

紙屋敦之（かみや・のぶゆき）
事業推進担当者
一九四六年生
早稲田大学文学学術院・教授・水稲文化研究所
日本近世史（対外関係史）
主要論著
『幕藩制国家の琉球支配』（校倉書房）
『大君外交と東アジア』（吉川弘文館）
『琉球と日本・中国』（山川出版社）

深谷克己（ふかや・かつみ）
事業推進担当者
一九三九年生
早稲田大学文学学術院・教授・水稲文化研究所
日本近世史
主要論著
『増訂百姓一揆の歴史的構造』（校倉書房）
『近世の国家・社会と天皇』（校倉書房）
『百姓成立』（塙書房）

菊池徹夫（きくち・てつお）
事業推進担当者
一九三九年生
早稲田大学文学学術院・教授・シルクロード調査研究所
比較考古学（現在の専門）
主要論著
『日本の遺跡』（企画・監修、同成社）
『社会考古学の試み』（編著、同成社）
『世界の考古学22　文字の考古学Ⅱ』（編著、同成社）

稲畑耕一郎（いなはた・こういちろう）
事業推進担当者
一九四八年生
早稲田大学文学学術院・教授・中国古籍文化研究所
中国古代学
主要論著
『神と人との交響楽―中国 仮面の世界』（農文協）
『中国古代文明の原像』（共編著、アジア文化交流協会）
『一勺の水』（二玄社）

岡崎由美（おかざき・ゆみ）
事業推進担当者
一九五八年生
早稲田大学文学学術院・教授・中国古籍文化研究所
中国文学
主要論著
『漂泊のヒーロー　中国武侠小説への道』（著書、大修館書店）
『古老心霊的回音　中国古典小説的文化』（共著、四川文芸出版社、中国語）
『三国志演義大事典』（共編訳、潮出版社）

古屋昭弘（ふるや・あきひろ）

事業推進担当者

一九五四年生

早稲田大学文学学術院・教授・中国古籍文化研究所

中国語史

主要論著

『花関索伝の研究』（汲古書院、井上泰山、大木康、金文京、氷上正との共著）

「『斉民要術』に見る使成フレーズVt＋令＋Vi」（『日本中国学会報』52）

「出土文献と上古中国語の音韻について」（『中国文学研究』29）

Distribution of Books and Regional Languages
Examples from the late Ming and early Qing periods

FURUYA Akihiro

The late Ming and early Qing periods was an extraordinary period of dramatic upheavals for China. It was also a very active time from the perspective of book publishing and distribution. During this period, which coincided with the Age of Discovery, a myriad of Chinese-language books including popular literature made their way not only to other regions of East Asia but also to Europe as European merchants and missionaries arrived. Considerable changes took place in East Asian languages at that time. This paper conducts a general review of the linguistic lives of Chinese intellectuals and their reflection on books at that time, and then introduces specific examples of the nationalization of book distribution and regional languages. In spoken languages, intellectuals were by and large bilingual in that they used the official language and dialect interchangeably to fit the situation. It seems they had absolute confidence in their pronunciation of characters. This fact is occasionally encountered in books, especially rhyme books and dictionaries. Sheng Yun Hui Tong , which reflects Kunshan Wu dialect readings in the mid-16th century, Yin Yun Zheng E which reflects Anhui Wu dialect readings in the mid-17th century, and Zheng Zi Tong, a large-sized dictionary, which reflects Jiangxi dialect sounds in the mid-17th century are examples of titles of which the confidence of each author can be strongly felt. Books with such titles did not usually come into common use, but Zheng Zi Tong was an exception. Despite criticisms from some intellectuals, the dictionary was reprinted to be presented for the use of the emperor and it spread across the country, reaching Japan, Korea, and even Europe. This paper examines how Zheng Zi Tong was produced and distributed, and as a consequence, how a dictionary with a strong local character won nationwide circulation.

Sichuan's Herbal Medicine Market and Tang and Song Literature

OKAZAKI Yumi

Medical culture in China has contributed motifs, story ideas, and worldviews to literature, or supported their transmission. Sichuan in particular has been famous since ancient times as a trading center for ingredients used in Chinese medicine. Active trading takes place there even now. From the viewpoint of local medical culture, this treatise examines the literary development of images of the herbal medicine market using literary works from the Tang and Song Periods in which these markets frequently appear.

According to legends, the herbal medicine market in Sichuan began during the Tang Period, and grew into a major event on the Chrysanthemum Festival (observed on September 9 in the lunar calendar). It was visited by famous poets, such as Huang Tingjian and Lu You, who wrote poems of the liveliness of the herbal medicine market. As a result, it can be said that the herbal medicine market in Chengdu has even become a kind of motif of poetry.

Behind this image of the herbal medicine market in fictional writings was a Taoist view of supernatural beings, backed up by folktales holding that supernatural beings often hide in the market selling medicines.

In the background of the motif of encounters with supernatural beings in novels of the Tang Period is the idea of a movement from the human world to another world, with a herb collector wandering into a spiritual realm, and of the movement from another world to the human world by a supernatural being wandering into the hustle and bustle of a big city. In Sichuan, Qingchengshan is an important place where the herb collector encounters the spiritual realm. Many novels of the Tang Period describe the mystery of chance contacts or encounters with supernatural beings, ghosts, and spirits, often in urban settings, which can be considered as the urbanization of tales of visits to a strange world as depicted in Six Dynasty ghost stories where a living creature wanders deep into mountains where a spiritual realm is hidden. These ideas were inspired by the herbal medicine market in Chengdu, crowded with various kinds of people such as Taoists, mountain herb collectors, foreigners selling novel ingredients for medicine, and medicine sellers performing martial arts on the street.

developed indigenously within the "locality" and cultural background of Souzhou.

In addition, in some localities where Buddhist worship was practiced, caterpillars were exterminated on Buddha's Birthday on April 8 under the lunar calendar, in what was called the "Marriage of a caterpillar," and specially colored rice called "crow rice (colored rice)" was eaten, in addition to the observance of the Bathing Buddha Festival, which was celebrated across almost the entire area. These unique customs were spread in a number of localities, with a form of "locality," as confirmed through a survey of local literary documents since the Ming and Qing Dynasties. In terms of administrative districts, however, these "localities" are spread over many present-day provinces, going far beyond the common unit of a "state." This seems to create the necessity for developing a definition of "locality" in so-called regional studies.

The survey on the last item-concerning the distribution of the "Tea-picking song"-demonstrated that this folk song had a nation-wide "universality." Originating as a work song, it has gone far beyond the initial expectation that it would be confined to tea-producing "localities." Further, when looking at the vitality of this folk song, with a tradition of over 300 years even as traced from solid documentary evidence, its substratum culture has been shown to have unexpectedly strong roots in society and to be free from effects from different ages and changes in society.

The survey has already achieved several outcomes, and by accumulating this kind of work, the shape of "localism" and "universalism" in China's complex substratum culture is expected to emerge.

The elementary survey has revealed that the common roots of "universality" are found within a cultural phenomenon that can be regarded as "local," and even "universal" cultural phenomena contain a core that can display "localism." The author's tentative conclusion in this light is that in citing "localism" in human culture, we must make sure not to overlook not only special features, but also elements common to the base of local culture.

I have become convinced that these cave engravings are eloquent testimony to the process of formation of Ainu ethnic culture. The reasons for this conviction are: common motifs are seen in the petroglyphs in these caves; even if they are not letters, they have characteristics of pictograph picture writing that cannot be found anywhere else; and they resemble the Kohoku-type pottery of Epi-Jomon culture, Hokudai-type pottery, and Satsumon pottery, and the shiroshi and itokupa emblems of the Ainu people. I long hoped to confirm these facts and demonstrate my assumptions, and was fortunately given an opportunity to see the Franco-Cantabria cave art and rock art in Northeastern Asia. In this article, I introduce the record of my expedition to the areas near Khabarovsk in the Russian Far East and Pusan in South Korea.

Following my survey, I became convinced that the petroglyphs in Fugoppe and Temiya are unique heritages of their own, different from those found in foreign sites, and that they are closely connected to the local ceramic cultures. In other words, I cannot but believe that these rock engravings were created out of an independent, specific local cultural history, like the history of northern Japan and Ainu ethnic history

Locality and Universality of Chinese Substratum Culture as Seen from Customs and Folk Songs

INAHATA Koichiro

In this paper, the author surveys and examines the "locality" and "universality" of Chinese substratum culture cultivated among China's grassroots people, by focusing on three phenomena.

They are: (1) A poem commemorating "The marriage of Ms. Mouse," that remains on a Spring Festival picture from Suzhou; (2) distribution of customs concerning the "marriage of a caterpillar" and "crow rice" concerning Buddha's Birthday on April 8 under the lunar calendar; and (3) distribution and transmission of the folk song "Tea-picking song."

The "Marriage of Ms. Mouse" in the New Year picture from Souzhou is known to be widespread across almost the entire area of Eurasia, indicating its universality as a folktale and pictorial image. In Souzhou it is associated with "His-yu chi" (Journey to the West), and this paper indicates that it has history, they stood on the base of a political culture of the East Asian world involving "moralistic politics with a strong teaching nature" which tried to unify people in the face of the state as komin (citizens), using the terms tamihyakusho or kokumin. At the base of this political culture lay the characteristic of early modern East Asia, where "personal dependence (influence) in politics" carried large weight, and politics depended on the moral judgment of the monarch and superiors to a major extent, while also focusing on legal development. Rule by teaching in early modern Japan materialized as the influence of China and Korea since ancient times was amplified domestically, on one hand, and by conquest of the warring period on the other. Additionally, it developed through the continuous direct inflow of the legal civilization of "teaching," which was accepted and applied. The importation of rikuyu (six tenets of Confucian teachings) via Ryukyu and the decision by the Tokugawa Yoshimune shogunate to disseminate it in the early part of the 18th century was an example. This paper aims to put these historical facts in a consistent context and examine the significance of rule by teaching in early modern Japan.

Rock Art as Local Culture-The Petroglyphs of Fugoppe/Temiya in the Context of Northeast Asia

KIKUCHI Tetsuo

Two caves that open toward Ishikari Bay on the Japan Sea coast of Hokkaido-the Fugoppe and Temiya caves- have been known since early times for their unique cave wall engravings. The "petroglyphs" in Temiya Cave, located in what is now Otaru City, have been famous as "ancient writing" since the early Meiji period. Since their initial discovery was accidental, however, their significance has been controversial-whether they are pictures or letters, and whether they are in fact genuine. In 1951, similar engravings were discovered in a cave in Fugoppe in Yoichi Town, which borders Otaru to the east, and a subsequent archeological survey confirmed their authenticity in terms of the soil layer, completely dispelling suspicions that the engravings were fakes. The petroglyphs in the two caves are now considered to be products of Kohoku-type pottery of Epi-Jomon period. The conclusion is not disputed. Incidentally, both caves are now designated as national historical heritages.

succeeded in having the Bakufu guarantee its tributary relationship with China.

Following his enthronement, the King of Ryukyu sent a written pledge to the lord of Satsuma Han. After the sending of a pledge by Sho Tei in 1670, the justification for loyalty to the lord of the Satsuma Han switched from a doctrine of a "subsidiary country" to one of "preserving the security of Ryukyu." Seen covertly, the logic that Ryukyu owed its security to the Satsuma Han involved obliging the Satsuma Han to assume responsibility for the security of Ryukyu. This is why the Satsuma Han had no choice but to approve Ryukyu's concealment of its relations with Japan.

Legal Civilization and Governance by Teaching-Focusing on Early-Modern Japan

FUKAYA Katsumi

As the transition to modernity in Asia was influenced by the "Western impact," "East Asian legal civilization" was also dismantled under the influence of "Western legal civilization." The study of the history of legal systems, therefore, has concerned itself with the transformation of the Ritsuryo legal system into Western laws. This paper, however, focuses on how "East Asian legal civilization" transformed the transplanted "Western legal civilization" to form a new type of "East Asian legal civilization" through a secondary fusion. This paper examines the characteristics of the "East Asian legal civilization" that constituted the premise for the transition rather than addressing the process of the transition to modernity. What characterized the process of transition was an interaction between many elements, from which this paper chooses the rule of governance by teaching, examining it by focusing on the early-modern Japan (the Edo Period). In early-modern Japan, many official announcements, as distinguished from laws, contained the Chinese character 諭, including words such as kyoyu (教諭), setsuyu (説諭) and noyu (農諭), as well as similar terms such as rikai (利解), iken (異見), furegaki (触書), moushikikase (申聞), kunkai (訓戒), maegaki (前書), yuigon (遺言), and kakioki (書置). These were kyorei (rules) as distinguished from laws, and constituted an important part of early modern legal civilization. While they also had the individual characteristics of conforming to the unfolding of the Japanese

Ryukyu's Tributes to China and Concealment of its Relations with Japan

KAMIYA Nobuyuki

Even after the Ryukyu Kingdom was conquered by the Satsuma Han in 1609, it was allowed to retain its diplomatic relations with China as before. Until its annexation into Japan as Okinawa Prefecture in 1879, it continued to maintain its tributary relationship with the Chinese emperor. In order to continue its tributary relationship with China, it concealed its relations with Japan. This paper examines the shaping of the concealment policy.

Past understanding of the concealment of Ryukyu's relations with Japan held that at the time of King Sho Tei's pledge of loyalty to China in 1683, officers and seamen sent by the Satsuma Han to Ryuku met with the Chinese envoy using the guise of takarajin (people from Takara), but that these meetings were stopped at the time of Sho Kei's pledge in 1719, and that Ryukyu had accepted the Satsuma Han's policy as its own policy, proposing in 1725 the doctrine of "exchanges with Tokara." But this was not the case. The decision to use the takarajin disguise was an invention of Ryukyu. At the time of the loyalty pledge, a form of tributary trading took place, and Ryukyu used the takarajin camouflage as an expedient means to invite many merchant ships from Japan.

In 1710, the Ryukyu mission was treated as a foreign mission in an effort to raise Japan's external prestige. Tokugawa Tsunayoshi had died the preceding year, and was succeeded by Tokugawa Ienobu. When the Satsuma Han proposed the dispatch of a congratulatory mission in celebration of the change leadership of the Shogunate, the Bakufu (Shogunate government) rejected it as "useless." When the Satsuma Han responded that Ryukyu, small as it was, was the second ranking country after Korea among China's tributaries, the Bakufu accepted the mission on the ground that receiving it would bring, among other benefits, added prestige to Japan. The reference to being second after Korea was likely made at Ryukyu's suggestion.

With the decline in the quality of silver as a result of a series of debasement of gold and silver coins after the Genroku Era (1688-1704), Ryukyu demanded that it be allowed to debase silver for import to China to the same quality as Genroku silver, and the Bakufu government accepted the demand in order to allow Ryukyu to continue its tributary relationship. This meant that Ryukyu

Kingdom at the end of the fifth century, and reached Japan from Paekche in the first half of the sixth century. Huge wooden structures were built and painted in brilliant colors as Buddhist temples, which were modifications of traditional Chinese palace buildings. Inside these temples were installed huge gold-plated bronze statues of Buddha made following the traditional Chinese foundry method. These Buddhist objects of art were architectural objects and sculptures unlike anything that had been seen in Japan. They represented Chinese civilization itself and were objects of an advanced foreign civilization. The most effective element allowing the reception of foreign civilization was the presence of foreign leaders who taught about the foreign civilization. Paekche sent two experts to Japan-one Buddhist sculptor and one temple carpenter-in 577 for the purpose of educating Japanese experts who would be able to build full-scale temples. In receiving this advanced foreign civilization, the Japanese adopted things as is in most cases.

Based on this knowledge, Japanese apprentice temple carpenters began to copy the design and structure of temple architecture, although they used cypress as a building material, as they had a solid knowledge of the characteristics and uses of different woods acquired since before the arrival of Buddhism. Thus, the foreign knowledge was not adopted as is for the use of woods. Apprentice sculptors of Buddhist images learned from their Paekche teachers the carving of images and foundry technology, which naturally was adopted in toto. But from among apprentice workers emerged Tori Busshi, a sculptor from the Kuratsukuri clan, whose Shaka triad statue housed in Horyuji Temple displayed excellent proportions, representing a form more beautiful and refined than any existing Buddhist images made during the Chinese Northern and Southern dynasties or the Korean Three Kingdoms period.

Although Japanese apprentice workers adopted the advanced foreign civilization completely, they were strongly motivated by the desire to improve on what they learned from their foreign teachers, in pursuit of a more perfect art. They had, in other words, a strong desire to catch up with the original Chinese Buddhist art and surpass it. The same phenomenon was seen among latter-day Japanese, as evident from the modernization during the Meiji Era and the postwar reconstruction.

examination of social organization and the construction of power recognized in Japan in the sixth and seventh centuries. In recent years in particular, a basic rectification of past understandings of history and a new idea of history have become possible on the basis of new findings and subsequent achievements that have become available thanks to a plethora of new documentary materials, such as mokkan (writing inscribed on wooden plates) and other new materials. To begin with, this will facilitate a rethinking of the generally accepted historical interpretation that Japan's Ritsuryo state system (based on laws) was a mere imitation of the Tang's system. The new developments have also created the necessity to delve into the realities of social organization and the emergence of power structures over a long period of time preceding the compilation of the written statutes (Asuka Kiyomihararyo Code and Taihoristuryo Code) in the late seventh century through early eighth century. Previously these were regarded as a starting point or point of origin, but it appears they should rather be seen as a point of arrival.
More specifically, many newly discovered materials concerning the family registration system and a number of old materials whose importance have been reconfirmed by the new materials are expected to make a large contributions to this issue and to perspectives regard it. This paper, therefore, examines how the political culture of the Japanese archipelago was related, or not related, to continental Asia (taking note of pre-Tang history) and peninsular Asia, making full use of these new and old materials. The author intends to provide a new line of thinking to the thread of the history of the Japanese archipelago. It is not merely based on the theory of the import of civilization, nor does it see Japan as a unique culture. It is intended to provide answers to questions about what Tang represented for the Japanese archipelago, and why rice growing stood out, and what was created by connections between people.

Receptivity toward Chinese Buddhist Art in 6th Century Japan

OHASHI Katsuaki

Chinese Buddhism, accompanied by Sinified scriptures, represented the most advanced civilization in East Asia in the 5th and 6th centuries. This Buddhism had been conveyed from Southern Chinese Dynasty to the peripheral Paekche

As a case study, we note that Goguryeo, which was involved in protracted political struggles with Chinese dynasties, rapidly accepted Chinese civilization, but that the civilization was significantly transformed by Goguryeo own selective acceptance. Chinese civilization, as accepted and transformed by Goguryeo, made its way to Silla, Baekje, and Gaya in the southern part of the Korean Peninsula, and to Wa in the Japanese archipelago as Goguryeo culture accompanying Goguryeo's external expansion after the 4th Century. This phenomenon can be seen in a broad range of areas from politics to society to culture.

The East Asian countries that came under the influence of Goguryeo culture constituted a special area where the acceptance of Chinese civilization was exceptionally positive compared to other countries in China's periphery. We assume as a working hypothesis the existence of a "Nangnang region culture," denoting the local cultural sphere running from northeastern China to the Korean Peninsula and the Japanese archipelago where these countries developed. Based on this, we can conclude that the process of the spread and acceptance of Chinese civilization, as a universal civilization in this region, was a process of acceptance and transformation by Goguryeo, which opened the way for its cultural acceptance in the Nangnang (Lelang in Chinese) region.

The major cultural characteristic of this region was the skillful preservation of a peculiar culture in the acceptance of the framework of Chinese civilization. This cultural condition should be evaluated as meaning civilization, rather than Sinicization. The role played by Goguryeo as a cultural media in the civilizing of the Nangnang region should not be undervalued.

Social Organization in the Japanese Archipelago and the Continental and Peninsular Asian World

SHINKAWA Tokio

The relationship between the political culture of the Japanese archipelago and continental Asia (China, etc.) and peninsular Asia (Korean and the Indochinese Peninsulas) is a major issue historically and for the future. It is equally important for the Japanese archipelago and for continental and peninsular Asia, and for all maritime countries and societies.

This paper examines the major theme cited above through a concrete change after the Min-yue and Nan-yue were conquered by Han. With this, Han moved from a defensive external policy to a proactive imperialistic expansionary one. Han also invaded the southwestern frontier lands and placed the Korean Peninsula under its control. Out of this process of military invasions, the East Asian world was shaped and brought into an order.

The states on the periphery of Han which were incorporated into the East Asian world centered on Han became waichen (a category of subjects of the Han Dynasty), but attempted to achieve independence by secretly building a political order centered on themselves. This paper examines a typical example of this process, focusing on the Nan-yue. It is documented in the literature that Nan-yue retained its own imperial title while becoming a Han waichen. This paper demonstrates these facts by analyzing articles unearthed from the tomb of the Nan-yue king Zhao Hu (a golden seal, a jade seal, a clay seal, and writing carved on metal). In addition, various matters of importance concerning the Nan-yue state's imperial title and legal system were surveyed through an analysis of writing engraved on wooden plates, some of which were made public only recently.

The Place of Goguryeo in the History of Civilization: A View from East Asia

LEE Sungsi

In postwar Japanese academic circles of history, much importance has been attached to the fact that a cultural sphere that shared Confucianism, a code of administrative law, and Buddhism formed among East Asian ethnic groups, based on the medium of Chinese characters. The convention view was that this cultural sphere was spread and accepted through political dynamics involving the establishment of political relationships between the Chinese emperor and the kings of the various peripheral nations, rather than as the spread of the culture itself on its own.

As we examine the process of cultural spread in East Asian countries, however, what stands out is the fact that the spread and acceptance of Chinese civilization was accelerated by the mutual relationships among peripheral nations, rather than their relationships with China, and that the process was not governed by the bilateral relationships between the Chinese emperor and the kings of peripheral nations.

the leadership of KUDO Motoo, is clarified through a comparison with Immanuel Wallerstein's world system theory and the "world empire" theory.

In the 18th and 19th centuries, European perceptions were of "despotic and stagnant Asia," "historically backward Asia," and "exclusionist Asia." All the norms of the East Asian world were too far removed from Europe and the United States when seen against the "progressive theory of history" or the "enlightenment worldview." Under the current process of globalization, however, China, Japan, South Korea, and ASEAN are creating a regionalism that has significant weight in the world economy. However, these countries are not completely Westernized. Rather, by building on traditional culture and society, they are emerging as a new regional culture and society with a new image. This process prompts us to reconsider the meaning that "tradition" carries in history, culture, and society.

Formation of East Asian World and the World of the Bai-yue
— Focusing on the relationship between the Former Han dynasty and the Min-yue and Nan-yue —

KUDO Motoo

This paper examines the process of the conquest of the Bai-yue world (Bai-yue, or "Hundred Yue tribes," is a general term that refers the non-Sinicized people who were scattered in the southeastern regions of ancient China) by the Former Han Dynasty as an important first step toward the formation of the East Asian world. It searches for clues to demonstrate that assumption by focusing on the relationship between Han and the Min-yue and Nan-yue in the early Former Hang period.

The external policy of the Former Han centered on its relations with the Xiongnu, and this required as an essential precondition the stabilization of the southern world. In that sense, it can be said that policy toward the north was connected to the policy toward the south. Han's southern policy, specifically speaking, was toward the Bai-yue world, as the moves of the Yue tribes in this region were of critical importance and could influence the political situation facing Han. Han, therefore, constantly pressed the Yue monarchs to pay tributary visits and attempted to keep them under its control. This relationship between Han and the Bai-yue world underwent a profound

General Outline
Development of Area Cultural Studies of Asia

TAKAHASHI Ryuzaburo

Our project on the "Study of East Asia" embraces a vast area from China and Mongolia to Southeast Asia, the Korean Peninsula, and the Japanese Archipelago. Our objective is to conduct a multi-faceted survey of East Asia's culture, society, and history. The key issues of the project focus on the elucidation of pre-modern history from antiquity through the middle ages and to the early modern era. This area was shaped by an East Asian world system based on tributary rule under the Chinese empire, which reached its apex under the Qin and Han dynasties of ancient China. The system emerged with the Qin and Han Empire, and continued throughout the Sui and Tang Empire until the collapse of the Qing Dynasty in 1912. As this system neared its end, the European modern world system was becoming dominant in much of the world, and was replacing the East Asian world system centered on the Chinese empire.

There is a need, therefore, to trace clearly from antiquity the historical process of the formation and collapse of the East Asian world centered on China. This requires inquiry into the ruling order of the Qin and Han Empires, pursuing subjects from ancient times. In this process, it is necessary to look beyond Chinese history, culture, and society; cultural, social, and historical studies of the peripheral regions must be carried out simultaneously.

In studying the East Asian world, we must avoid the one-sided approach of "rule" and "subordination" in the relationships between the Chinese empire as the center and its peripheral regions. What is important is to clarify the logic of the ruled, together with the clarification of the logic of the ruler. In the peripheral regions, the countries under Chinese rule were not content with merely being incorporated into that system. Rather, they took advantage of it for their own development and consolidation, in spite of the many conflicts and rivalries among themselves. This sense of independence must also be brought to light. Within the peripheral regions, various forms of international relations were at work, making it impossible to lump all the regions together as "peripheral." Therefore, instead of a simplistic scheme of "core" versus "periphery," we need to adopt a multi-dimensional view. Under this thesis, the effectiveness of the "Sichuan Model," which was initiated and developed under

平成18年11月20日初版発行 《検印省略》

アジア地域文化学叢書《ちいきぶんかがくそうしょ》Ⅱ

アジア地域文化学《ちいきぶんかがく》の発展《はってん》 —21世紀《せいき》COEプログラム研究集成《けんきゅうしゅうせい》—

編　者　©早稲田大学アジア地域文化エンハンシング研究センター
発行者　宮田哲男
発行所　㈱雄山閣
〒102-0071　東京都千代田区富士見２－６－９
ＴＥＬ　03-3262-3231㈹　FAX 03-3262-6938
振替：00130-5-1685
http://www.yuzankaku.co.jp
組　版　創生社
印　刷　吉田製本工房
製　本　協栄製本

Printed in Japan 2006
ISBN4-639-01953-X C3020